丛书主编 /贺雪峰

湖北省学术著作出版专项资金资助项目

·中国现代农业治理研究丛书·

小农理性及其变迁

中国农民家庭经济行为研究

袁明宝 著

本书探讨了农民家庭勤劳经济态度和行为选择的动力以及这种勤劳经济态度的形成方式，并分析了其对农村家庭中具体经济实践的影响。本书还关注了农民家庭经济在农村地区出现的一些变迁以及导致这些变迁的因素。

華中科技大學出版社
http://www.hustp.com
中国·武汉

图书在版编目(CIP)数据

小农理性及其变迁:中国农民家庭经济行为研究/袁明宝著. —武汉:华中科技大学出版社, 2017.12

(中国现代农业治理研究丛书)

ISBN 978-7-5680-3310-7

Ⅰ.①小… Ⅱ.①袁… Ⅲ.①农民-家庭经济学-研究-中国 Ⅳ.①F063.4

中国版本图书馆 CIP 数据核字(2017)第 198801 号

小农理性及其变迁:中国农民家庭经济行为研究

Xiaonong Lixing ji qi Bianqian:
Zhongguo Nongmin Jiating Jingji Xingwei Yanjiu

袁明宝 著

策划编辑:易彩萍

责任编辑:易彩萍

封面设计:刘 卉

责任校对:何 欢

责任监印:朱 玢

出版发行:华中科技大学出版社(中国·武汉) 电话:(027)81321913

武汉市东湖新技术开发区华工科技园 邮编:430223

录 排:华中科技大学惠友文印中心

印 刷:武汉市金港彩印有限公司

开 本:710mm×1000mm 1/16

印 张:21.25

字 数:303 千字

版 次:2017 年 12 月第 1 版第 1 次印刷

定 价:88.00 元

本书若有印装质量问题,请向出版社营销中心调换

全国免费服务热线:400-6679-118 竭诚为您服务

目　　录

第一章 导论

农民家庭所进行的一切经济活动和实践都是指向一个具有哲理性和超越性的问题，即为了什么。这个问题虽然不及人“从哪里来”“到哪里去”这样终极，但却能够决定农民以及农民家庭对经济行为的选择，并决定农民选择任劳任怨、勤奋辛劳、只求付出不求回报的经济态度。

一、中心主题与问题缘起

本书的中心主题是农民家庭经济态度和经济行为选择，及其社会文化因素，并在经济人类学框架中讨论农民经济行为嵌入社会文化结构中的形态与变迁。

家庭是农民经济的组织基础，家庭经济是家庭再生产和社会再生产的物质基础。"传统中国农民占人口总数的80%以上，农民的劳动是传统中国社会秩序的生产基础"①。家庭经济自古以来就发挥着相当重要的作用，主要是指在"同财共居"的家庭范围之内，家庭成员间通过劳动投入与资源消耗等活动构成的关系，家庭经济行为包括生产、投资、消费等。中国农民家庭的组织结构不同于西方社会以个人为单位的组织结构，中国农民自古以来就形成了勤俭节约、吃苦耐劳的品质，并在当前农村去过密化、农业生产机械化和化学化水平不断提高的情况下仍然保持，这成为本书尝试理解农民家庭经济的背景。

具体来说，本书问题的意识来源主要有以下四个方面。

第一个是笔者个人的生活和家庭经历，即笔者父母的家庭经济行为。他们为了维持整个家庭的运转而时刻不停地从事各种劳动，如农业生产、开展副业以及外出打工等。整个家庭经济的总体特征是生产积累多、休闲消费少，基本上是不计成本地投入体力劳动，从而为家庭发展积累财富。就像费孝通(2006)所说过的，"中国农民经常会遇到这种状态，耐了一世的苦，没有享着半点尘世之福"。

第二个是具体调研经验。在具体调研中，虽说家家都有一本难念的经，但每家每户都在努力从事经济活动以获得较多收入，"挣钱"成为每个农民家庭的共识。不管从事何种经营，其目的都指向获取足够多的家庭收入，从而支撑家庭运转。这种情况的基本行为特征都是多积累、少消

① 麻国庆.家与中国社会结构[M].北京:文物出版社,1999:150.

费，如农业生产、兼业副业以及务工经商等，这些多元经营方式都是为了实现家庭总收入的增加，从而获得较高的家庭生活品质和完成家庭再生产。

第三个是调研经验中的差异性。虽说家庭经济总体上都是建立在家本位基础上的，但不同区域农村的家庭经济行为存在差异，如华北平原农村的农民家庭经济行为就不同于中部地区农村的。不管是在农业生产中还是在外出务工时，华北平原农村的农民都比中部农村的农民具备更高的忍耐度[①]，即承受能力更强。如在农业生产中，华北平原农村的农民更能吃苦耐劳，愿意承受较高的边际辛苦程度，即使会获得较低的边际收入。中部农村家庭则更倾向于降低劳动辛苦程度，选择抛荒或外出打工行为。在外出打工行为中也存在明显差别，在安徽省的农村调查时，一个经常外出打工的村民曾跟笔者讲过他眼中北方人和南方人的差别，最好的体现就是每个月月底发放工资时的行为表现。“当建筑工地上发放一个月的工资时，南方籍工人大都会出去吃喝玩乐一番，再把剩余的工资寄回家；而北方籍工人大都在第一时间将大部分工资寄回家或存到银行，用于娱乐消费的份额很少。”由此可以看出，农民家庭经济行为存在区域上的差异性。虽然总体上看农民经济都指向家庭整体，但也存在节余型经济和生活型经济[②]的差异。

第四个是调研经验中对农民家庭经济行为变迁的认识。在当前消费主义观念下，很多农民家庭更多地走向经济理性和个体主观享受，即开始考虑边际效益。如果农民家庭投入一项活动所能得到经济收入的主观评价不及所付出的劳动辛苦程度的主观评价，他们就会选择退出这项经济活动。比如农民对兼业的经济态度，在以前，兼业机会少、收入也少，农民很少考虑主观评价而投入到兼业行为中，如农民在乡村建筑队中做小工，

---

① 中部农村主要是长江流域农村和东北地区农村，其中长江流域农村包括上游的云贵川渝，中游的湖北、湖南和安徽，以及下游的江浙地区。

② 本书将在第五章重点分析这两种家庭经济类型。

一天能挣 60 元。而随着外出打工机会和收入的增多，一部分村民就开始产生比较收益观念。如当前外出打工，一天的收入是 100 元，因此，在具有兼业和外出打工同样的机会条件下，村民就不会选择去建筑队中做小工。再比如，湖北省恩施土家族苗族自治州的农村在宜万铁路修通之前是没有劳动力价格这一概念的，当宜万铁路修到当地时，工程队雇用了很多当地村民参与工程劳动，劳动力价格是一天 100 元。这使得当地村民的劳动力价格不再是影子价格，从而改变了当地村民的经济行为和社会行为。在以前，村民修房子、种田时经常会请帮工，这是一种没有任何工资的无偿劳动，一般帮工只会在主人家吃顿饭。而当劳动力价格显现后，村民就不会再去请其他人来免费帮工了。

总体而言，中国农民以及农民家庭大都保持一种一生忙碌和不断操劳的状态。这种状态具体表现在农民家庭经济形式的多样上，以及经济实践活动也呈现多元化，如务农、打工、兼业、副业以及半工半耕等经济形式。但总体来说是多元一体的，即不管农民家庭从事何种经济活动，其奋斗和努力都指向整个家庭内部每个成员的需求满足、家庭层面上的不断延续以及村庄层面上家庭的较高地位和面子，也即将家庭生活和家庭再生产进行下去，这也是陈辉(2013)所讲的“过好日子”。农民家庭所进行的一切经济实践活动都指向这样一个具有哲理性和超越性的问题，即为了什么。这个问题虽然不及人“从哪里来”“到哪里去”这样终极，但却能够决定农民以及农民家庭对经济行为的选择，并决定农民选择任劳任怨、勤奋辛劳、只求付出不求回报的经济态度。

中国农民的这种经济态度类似于资本主义与新教伦理的关系，新教伦理作为资本主义经济实践的伦理基础，促使现世的个体不断努力、积累资本、扩大再生产和消费，以现世的辛劳来荣耀上帝，从而在来世获报。这是资本主义经济下个体或企业家经济行为的伦理基础。对于中国农民和农民家庭来说，也存在这样一种经济伦理，类似于费孝通(2006)所说的“经济态度”。中国农民在这一经济态度支持下表现出来的是一种“勤劳经济”，既不同于前资本主义社会或者原初丰裕社会的“消遣经济”，也不是西方社会那种消费经济。消遣经济主要是建立在低需求基础上的低劳动付出，从而达成一种低水平上的需求满足，其追求的是为了个体享乐而进行消费，快感是建立在消费基础上的。而中国农民家庭要持续不停地进行一系列经济实践活动，并且要付出相当多的体力劳动，为的是什么？

基于以上四个来源，笔者思考了中国农民家庭经济的行为特征和农民家庭经济背后的社会文化系统是什么，农民家庭经济行为取向的变迁因素，以及在社会文化因素影响下农民家庭经济的资源配置方式。农民家庭自古以来的经济态度就是不断辛苦劳动，并在历史发展过程中形成了去经济算计的劳动伦理观，要不停地从事农业劳动生产、兼业、副业或其他行业，以及进行当下如火如荼的打工经济。而且，农民家庭在家境好转时还会辛勤劳动，机械化水平提高后也同样寻找其他就业增收渠道，在去过密化后也会提高劳动力利用率。这就是中国农民的勤劳经济选择或者是一种勤劳哲学。这用微观经济学的语言表述就是，中国农民家庭在劳动与闲暇之间的替代率较低，不会像舒尔茨所说的那样考虑边际劳动生产率降低的情况，因为农民家庭有强大的动力去劳动，并且很多时候是在消耗自身体力和增加劳动辛苦程度基础上形成的。因此本书要探讨的是农民家庭勤劳经济态度和行为选择的动力是什么？这种勤劳哲学的经济态度是如何形成的，以及如何影响其在农村家庭中的具体经济实践？农民家庭经济在当前出现了一些变迁，以及导致这些变迁的因素是什么？这些都成为本书要关注的具体研究内容。

二、研究回顾

关于农民经济行为的研究，学界已经形成了较为厚重的学术积累和历史脉络，对小农行为的动机、目的等都做出了一定解释。其中，理性小农、道义小农、综合小农和社会化小农等概念（舒尔茨，2006；詹姆斯·C.斯科特，2013；黄宗智，2000；郭于华，2002；徐勇，2006；徐勇，邓大才，

2006)都是在不同层面上对不同类型、不同时间点上的农民群体进行的概念界定,并对小农性质进行界定和判断,解释小农行为的合理性。但这些概念都是孤立地讨论以农民为个体单位的行为,而没有将其放在家庭这一结构基础上。家庭是农民经济的组织基础,农民的行为和策略选择并不只是考虑个体,因为个体是嵌入在整体性的家庭经济结构中的。而且,不管是小农的理性算计、道义选择还是社会化选择,其行为都指向家庭经济好转、财富增加和家庭的代际再生产。

因此,农民家庭经济综合了小农经济行为的道义性和市场理性。其中家庭经济活动的道义目标或者是社会文化目标是维持家庭再生产,用朴素的话语说就是"过好日子"、养家糊口等。而对于这一道义目标,农民的市场理性行为就是实现这一目标的具体手段,即二者之间是手段和目的的关系。所以,本书在已有关于小农行为研究的基础上,在农民家庭经济整体结构下考察其生产行为、积累行为和消费行为的具体实践及变迁。

(一)微观经济学和家庭经济学视域中的理性家庭

在微观经济学领域中,家庭经济是其讨论的重要组成部分。曼昆(2003:23)指出:"经济由两类决策者——家庭和企业——所组成。企业用劳动、土地和资本(建筑物及机器)这些投入来生产物品和劳务,这些投入被称为生产要素。家庭则拥有生产要素并消费企业生产的所有物品与劳务。"微观经济学的两个基本领域是生产和消费,卡尔·E.凯斯和雷·C.菲尔(2003)认为,微观经济学"主要研究单个行业的运行和个体厂商及家庭的经济决策行为,即厂商关于生产什么和如何定价的选择,以及家庭关于购买什么和购买多少的选择"。而家庭经济行为又是最原本的经济行为,是企业经济行为的前提和保证。

在家庭经济理论中,最令人瞩目的研究是家庭内部决策问题。微观经济学主要运用消费选择理论来分析家庭内部如何在家庭主观偏好和收入预算约束下达到家庭经济的效用最大化。对家庭消费偏好的分析主要是利用基数效用概念和序数效用概念,"今天的经济学家一般都拒绝接受基数效用(cardinal utility)概念,它来自人们消费物品或服务的感觉或经验。假设效用可以用某种单位衡量,而一个人的主观感受是很难用具体的单位进行测算和衡量的。现代需求理论所注重的是序数效用(ordinal utility)理论。根据这种学说,我们考察消费者对商品组合的偏好顺序。(保罗·萨缪尔森,2007:76)"继经济学家保罗·萨缪尔森之后,学界的主要观点是序数效用论,即不对物品的效用量化,而只是比较不同物品的效用,即偏好。因此,微观经济学对家庭决策的讨论主要是基于家庭消费偏好和预算约束,选择效用最大化的消费均衡。

家庭经济学是运用微观经济学对家庭行为进行分析的。在新家庭经济学中,家庭不仅是消费单位,还被视为生产单位,正如弗兰克·艾利思(2006:138)所说:"家庭使用购入的物品和自有的劳动,加上家庭的资源,生产出具有消费效用的最终使用价值。家庭有一个效用函数,从而对一系列物品和服务进行偏好的排序。"家庭经济学不同于一般理论之处是,常见理论中是单个消费者的效用函数分析,代表个体对物品和服务进行偏好排序。不同之处除了效用分析单位外,还有效用来源,即效用不能仅仅,或者不能一般化地从市场商品中直接获得,它是从家庭内生产的最终消费物品中获得的。家庭效用最大化的约束条件不再是单一的预算收入,而是家庭生产函数、总劳动时间和货币收入三个条件(弗兰克·艾利思,2006:139)。加里·斯坦利·贝克尔(2005)的新家庭经济学就是将家庭作为微观经济单位来阐释家庭经济行为的:"我力图用研究人类物质行为的工具和理论框架去分析婚姻、剩余、离婚、家庭内分工、威望和其他非物质行为。"

关于中国农民在家庭经济中的勤劳行为,用微观经济学的语言解释,就是生产与闲暇的替代率问题,即中国农民总体上保持一种生产对闲暇的较高替代率。农民将大部分时间用于农业生产、副业或务工经商等生产活动,而闲暇的时间较少。微观经济学和家庭经济学对经济行为的讨论主要是运用消费选择理论分析经济决策中对劳动-闲暇的选择偏好,是利用无差异曲线和收入曲线来描述的。它的含义是闲暇与劳动之间不同组合所产生的特定效用(个人幸福)水平。无差异曲线上存在一个消费者效用最大化的点，在这一点上，消费者获得一定水平的闲暇时间和收入水平。无差异曲线斜率可以解释为收入的少许增加而必须放弃的闲暇数量，也可以解释为收入与闲暇的边际效用之比。在这一领域中，闲暇与劳动共同构成了消费者的个人幸福，而个体主观偏好决定了家庭经济选择劳动还是闲暇。

加里・斯坦利・贝克尔(2005:159)认为微观经济学中利用主观偏好分析存在一些问题:“特别是近代的经济学家一般很少在理解偏好的成因上有所建树，因此假定偏好不随时间的变化而发生根本变化，同时也假定，富人和穷人之间，即使来自于不同社会和文化的人们中间，偏好也没有很大的差异。”传统选择理论的缺陷在于，它既不能说明偏好如何形成，又不能预言偏好的影响，但它却基于偏好上的差异去“解释”行为。加里・斯坦利・贝克尔(2005)进而从时间价值的角度去分析生产和分配对闲暇的需求、对生产成本的影响，他认为时间价值与市场商品成本具有同等重要性，可以通过减少用于消费的时间并增加用于工作的时间而将时间转换成商品，并能使家庭效用最大化。这同样是从经济分析、成本核算的角度分析非工作时间的投入对整个家庭经济效用的重要性，也是人们不愿意将非工作时间用于闲暇娱乐等活动的原因，而这与中国农民选择更多勤劳投入而少闲暇的行为逻辑是不同的。

刘茂松(2001)在对加里・斯坦利・贝克尔新家庭经济学进行分析的基础上，认为传统选择理论是把消费者的需求作为外在条件，未能说明家庭的欲望是如何产生的，以及欲望的影响，仅仅是基于欲望或偏好的差异去解释家庭消费行为。传统选择理论是根据货币价格与货币收入建立的，通常仅限于以“货币标尺”来衡量的市场领域。而家庭活动中的许多非市场行为，如生育、婚姻、教育、闲暇等，却被排除在传统选择理论分析框架之外。加里・斯坦利・贝克尔认为家庭经济活动不仅仅是一种单纯的消费活动，还是一种生产活动，生产某种“满足”的活动。为了获得最大的满足，家庭使用大量从市场购买的“输入品”，即各种消费性商品和家庭商品，生产所需的生产资料商品，还使用时间资源。

总体上，加里·斯坦利·贝克尔还是在微观经济学范畴中对农民家庭经济行为进行分析，将农民经济行为放在货币和时间两个因素下，并用这两个因素来衡量农民的经济决策选择。周长城、韩秀记(2010)结合加里·斯坦利·贝克尔的家庭经济学分析中国传统的家庭主义传统，认为加里·斯坦利·贝克尔所主张的利他行为绝不是真正无私的利他行为，归根到底仍然是经纪人的效用最大化假设。家庭中的利他行为并不是个体理性的利益算计所能完全解释清楚的，而是由制度性的社会文化共同塑造和维持的。整个社会的文化和传统价值诉求对于个体的行为选择都起着潜移默化的影响，如家本位和尊老爱幼思想等。这是在中国现实基础上对加里·斯坦利·贝克尔家庭经济学的补充和深化。

在微观经济学和家庭经济学理论基础上，有众多学者对家庭经济理论做出了分析和解释。Pranab Bardhan，Christopher Udry(1999)通过一个农业家庭模型证明，在完善的市场条件下和不完善的市场条件下，家庭的生产与消费决策是不同的。在完善的市场条件下，家庭优先考虑最大化利润，然后在标准的预算约束下最大化其效用，家庭的生产决策与消费决策是相互独立的，即存在“分离特性”。这主要是在发展经济学的视角下讨论家庭经济问题。

郭继强(2008)提出了对家庭经济核算的分析，认为经济学中关于农户研究的一个基本假设是可分性原理，也就是说生产决策与消费决策的分离。在生产决策中，“解决最优的投入与产出组合，以使得从生产中获得的收入(包括劳务收入与利润收入)极大”；在消费决策中，“解决效用极大问题，即在收入给定的情况下，解决自产品、市场商品和闲暇的最佳消费组合”。生产决策与消费决策虽然分离，但其最终目的是要达到生产收入和消费效用的最大化。这还是在微观经济学视角下根据个人偏好等因素来决定如何做出生产决策和消费决策，但这些仍然没有分析为什么会做出这样的生产决策和消费决策。

刘怀宇等(2008)运用微观经济学理论讨论了农村居民为了追求收入和闲暇的最大化而选择"被动闲暇"，主要是指农民在收入相对低下时虽然有增加收入的强烈愿望，却只能选择闲暇的经济现象，称为"被动闲暇"。在边际收益出现递减时，如尚未满足生存需要，则仍会继续生产；满足生存需要后，又开始根据收益情况理性地选择继续生产或享受闲暇。选择"被动闲暇"是出于个人偏好，认为劳动对闲暇的替代率高，将会带来边际劳动生产率的降低和劳动辛苦程度的上升，从而选择闲暇活动。

总体上，微观经济学和家庭经济学是在理性选择理论的基础上，对农民经济行为选择进行分析，认为使农民作出选择的是个人偏好以及理性算计，即考虑劳动辛苦程度和劳动边际收益问题。但这仍然回答不了那些在边际劳动生产率不断下降的情况下仍从事生产劳动的农民家庭经济行为。这就需要在经济人类学视角下展开对农民家庭经济行为的理解，即不仅分析农民家庭的主观偏好，还要分析这种偏好形成的社会文化因素。

(二) 恰亚诺夫劳动-消费均衡研究

恰亚诺夫对农民家庭经济进行了深入分析，其最主要的两个理论来源是生物学规律基础上的生命周期论和新古典经济学理论基础上的边际效用论。首先是家庭经济活动量受家庭人口结构、规模和生命周期变化的影响。恰亚诺夫(1996:20)认为，"家庭结构首先决定了家庭经济活动规模的上限与下限"。恰亚诺夫(1996:49)提出"农民劳动者受其家庭需求的驱使而从事劳作，并随着这种需求压力的增强而开发更大的生产能力。自我开发的程度极大地取决于劳动者承受的来自于家庭消费需求的压力有多大"。据此，恰亚诺夫对家庭经济行为选择作出的第一个判断是，"家庭经济活动的量完全由消费者的数量决定，而根本不由劳动者的数量决定"，从这一点可以看出，恰亚诺夫对农民家庭经济行为的分析是建立在消费决定论基础上的，而不是生产决定论。

另外，体力劳动具有辛苦和乏味的特点（弗兰克·艾利思，2006：121），决定了劳动量不可能无限付出。因为“体力劳动的经济活动不同于其他形式的经济活动，人类体能的耗费绝不是无限制的。在一段有限的时间之内，一个人的劳动量越大，他所付出的最后一单位劳动（边际劳动）的辛苦就越大”。这就是恰亚诺夫强调的第二个判断，即劳动能力的耗费会受到劳动本身辛苦程度的制约。“同收益相比较，劳动越艰苦，生活水平就会越低；尽管即使要达到这种低等的生活水平，农民家庭也往往必须付出巨大的努力，但低到一定程度，他们就会放弃从事该种艰苦的劳作。换言之，我们能够肯定地说，农民劳动自我开发的程度靠需求满足程度和劳动艰苦程度之间的某种关系来确定”（恰亚诺夫，1996：53）。在这一基础上，恰亚诺夫进一步分析了边际劳动耗费的辛苦程度与劳动所获价值总量的边际效用的主观评价之间的均衡点。对于恰亚诺夫理论的核心观点，秦晖（1996：13）也作出了自己的总结：“农民家庭是农民农场经济活动的基础，而家庭经济（恰亚诺夫在此抽掉了产业界定，即并不仅指农民家庭经济）以劳动供给与消费的满足为决定要素，当劳动的投入增加到主观感受的‘劳动辛苦程度’与所增产品的消费满足感达到均衡时，农场的经济活动量便得以规定。而由于生物学规律，家庭规模与人口构成中的劳动/消费比率呈周期性变化，因而农场经济活动量也随之变化。这种‘人口分化’而非‘经济分化’是形成农户间差别的主因。”

恰亚诺夫描述农民家庭经济行为也可以用农户收入曲线和“收入-闲暇”无差异曲线组成的几何图形表示。在收入曲线图中，两条曲线必然会相交于一点，这就是对于边际劳动所获收入的主观评价相等于对边际劳动所付出辛苦的主观评价。在这一基础上，劳动者的产出一旦达到这一点便会自然停止。如图 1-1 所示，横坐标代表农民家庭经济的总收入，曲线 AB 代表为获得相应的家庭收入而付出的劳动辛苦程度，像恰亚诺夫所说的，获得第 10 个或第 20 个卢布时所付出的辛苦是微不足道的，但随着所获卢布的增多,劳动者每多挣一个卢布就会越发困难。

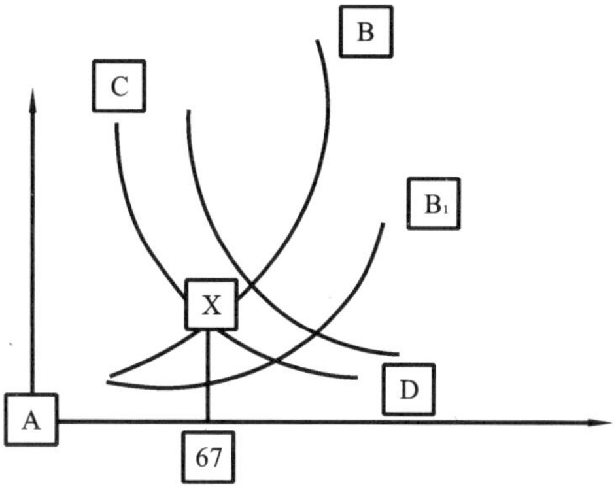

图 1-1　恰亚诺夫劳动-消费均衡点

曲线 CD 代表获得相应家庭收入的需求满足程度或者边际效用水平。对于获得的第 20 个或 30 个卢布的主观评价会非常高,因为家庭获此微薄收入后,将能够应付一年的最基本需求。随着年收入额的递增,对于边际卢布收入的主观评价将日益降低,因为新增收入所满足的需求在家庭成员看来是不太重要的需求。曲线 CD 的走势显示了对于边际卢布收入的主观评价的变动情况,它与曲线 AB 相交于点 X(假设点 X 的年收入为 67 卢布),在这一点上,对于边际劳动所获收入的主观评价相当于对于边际劳动所付出辛苦的主观评价。至于 X 点以后的边际效用,每 1 个新增卢布所得到的评价都要低于对获取该卢布所付出劳动辛苦程度的评价。

随着家庭经济所获得收入的增加,劳动辛苦程度会不断提高,而其边际效用却不断下降。但两条曲线总有一个相交点 X,在这一点上,劳动辛苦程度与需求满足程度达到均衡,如果继续投入劳动,则劳动辛苦程度就开始大于需求满足程度,这自然是不符合农民经济理性行为的。

恰亚诺夫在此基础上进一步讨论了劳动辛苦程度和需求满足程度均衡点的变迁,主要从两个因素入手,一是劳动生产率的提高,二是家庭消费需求的提高。对于劳动生产率的提高,同样的辛苦努力可以获得比之前更高的收入水平，从而曲线 AB 就会下降到 AB_1，就出现新的均衡点。劳动生产率的提高意味着付出与之前相同的劳动投入会获得更高的消费需求主观评价，从而达到单位劳动收入增加和劳动强度降低的效果。如恰亚诺夫所说，农产品价格上涨，使得劳动生产率翻了一番，那么同样的辛苦和努力现在就可以达到获取第 n 个卢布的水平，而在以前，则只能获取 $n/2$ 个卢布。

同样，当 e/p 比率提高时，即家庭中消费者增多、消费需求增长时，同样的辛苦和努力所获得的收入可以有更大程度上的需求满足，从而要付出更高的劳动辛苦程度以获取更高的收入水平，以满足家庭消费需求。实际上，恰亚诺夫利用收入曲线对劳动-消费均衡点进行探讨，还是借助微观经济学无差异曲线进行序数效用论分析。即，恰亚诺夫在讨论劳动-消费均衡点的时候并不一定明确指出确切的数量点，也无须知道具体的效用差距数量，而只用知道农民家庭的偏好顺序选择。在讨论均衡点变迁时也是同样的道理，不需要分析出具体均衡点的数量，而只需明确均衡点会在相关因素的影响下产生变化，也即明确了劳动者在偏好选择下愿意付出更高的劳动辛苦程度。

恰亚诺夫的理论引起了众多学者的讨论，秦晖认为恰亚诺夫首先跳出了以“经济人”这一逻辑预设为前提的经济学古典传统，转而从农民本来的心理状态出发，分析其经济行为，同时首创大规模地采用“参与观察”的人类学方法对农民社会进行田野调查与微观研究，因而从理论与方法两方面都为经济人类学的建立创造了条件。因此，恰亚诺夫如果不是“经济人类学的奠基者”的话，那么他至少也是“对当代人类学思想有很大影响”的人(秦晖，1996)。最重要的是，恰亚诺夫理论被归入“道义经济”和实体主义经济学研究范畴，主要是因为恰亚诺夫在其《农民经济组织》中指出，“资本主义计算利润的方法不适用于小农的家庭农场，因小农家庭农场的生产目的主要是满足家庭的消费需要，而非追求最大利润，小农的经济活动和经济组织均以此作为基本的前提”，从而形成与以波普金和舒尔茨为代表的“理性小农”范式的对立。黄宗智(2000)和郭于华(2002)等既分析了恰亚诺夫理论“道义经济”范式的合理性,同时将其与“理性小农”理论进行了综合。因此,恰亚诺夫“道义小农”范式就成为了农民学和经济学领域中的经典命题,并且得到了广泛认同和应用。

当然,学界也有对恰亚诺夫理论的质疑,主要是针对恰亚诺夫研究的对象和研究的适用性问题。秦晖(1996:14-17)认为,“由于劳动-消费均衡论假定农场的‘经济活动量’只受劳动供给的制约,而不受其他要素(如土地、资本等)供给的制约,而这一假定很少得到满足”,因而其认为恰亚诺夫的分析对象适用于市场关系不发达的传统农业社会,可以免除“经济因素”的挑战,但却忽视了如身份、权势、等级壁垒、人身依附等“超经济因素”,但后者在传统农民社会中起重大作用。恰亚诺夫的分析很重要的一个前提是土地和劳动力市场的缺失,“恰亚诺夫理论的实证支撑源于19世纪末俄国乡村的农户普查数据,以缺少市场要素的俄国小农社会为历史背景”[①]。即在俄国革命前,俄国土地资源丰富、农村劳动力雇佣市场没有形成,这也成为其重要的理论缺陷。潘璐(2012)认为:“恰亚诺夫模型的有效性和解释力也因其对市场经济的完全隔绝和对政治与超经济力量的忽视而受到争议与质疑。”因此,恰亚诺夫讨论的前提是无限土地供给、没有劳动力市场,而中国面临着土地资源限制,从而这一理论就无法解释中国农民家庭的经济行为选择。以上对恰亚诺夫理论的质疑主要是认为其研究对象是革命前俄国前商品化的小农家庭,从而认为其研究结论不具有适用性。而经济人类学家萨林斯通过对美拉尼西亚等地部落经济的人类学调查,表明即使在土地供应弹性较大的原始经济中,边际主义的分析也是无效的。这是进一步对恰亚诺夫理论的质疑。

还有学者对恰亚诺夫理论的文化适用性提出质疑,张江华(2004)提出:“劳动辛苦程度和消费满足都是指个体的主观感受,而这种主观感受要接受文化的导引。恰亚诺夫不加区别地使用不同地区的材料进行横向

---

① 潘璐.“小农”思潮回顾及其当代论辩[J].中国农业大学学报(社会科学版),2012(6).

论证的做法，实际上假定这些地区文化上的同质性，而这一点显然亦未经证实。”薛桂霞、刘怀宇(2013)等认为恰亚诺夫的“道义小农”与波普金、舒尔茨的“理性小农”是相通的，他们指出，“在当代中国农户家庭经济行为的研究中，有两个看似对立，实则都是基于理性边际主义经济理论假说，即恰亚诺夫的‘生产-消费均衡’假说和舒尔茨的‘利益最大化’假说”。这两个假说体系互相区别的原因在于，它们基于不同时期和不同国家的不同经济制度背景。其中，恰亚诺夫假说体系基于劳动力市场和土地市场双重缺失极端条件下的要素市场；舒尔茨假说体系则基于另一个极端条件——完全竞争市场下的要素市场。而在本质上，恰亚诺夫和舒尔茨都是在形式主义经济学背景下进行讨论的。

本质上，恰亚诺夫理论的核心所指是农民家庭经济理性决定其要在劳动辛苦程度和需求满足程度之间寻找均衡点，这一均衡点使得劳动辛苦程度的边际效益不会降低，并且需求满足程度得到提高。恰亚诺夫对小农经济行为均衡点的讨论是建立在消费决定生产这一基础上的，是基于马克思关于消费、生产的理论来源。这不同于资本家或企业行为，资本家和企业是一种生产决定论，即考虑产出和回报率的关系，是不断扩大再生产和不断投资的理性行为，而恰亚诺夫的消费决定论考虑的则是消费与辛苦程度的关系。恰亚诺夫的消费决定论有其强大的适用性，其所讲的消费也是相对具体的家庭消费，是根据家庭生命周期来进行调整的家庭消费行为。同时家庭可以根据劳动辛苦程度和需求满足程度这一均衡曲线来决定农民的生产决策行为。当劳动辛苦程度增加、边际收益递减、闲暇相对价值增加时，农民就会在继续投入劳动以换取递减效用还是在不劳动换取闲暇之间作出选择。实际上，这一模式可以适用于美国中产阶级的生产-消费行为，即其可以根据收入情况进行资源配置，如将全部家庭收入用于旅游、养老资金、保险资金以及信贷等项目，完全根据既定收入来决定其消费行为。这就决定了微观经济学和恰亚诺夫的不足之处，即只是用主观性的偏好去解释行为决策选择，但偏好不是真空的，而是由客观性的社会文化因素决定的。

因此，恰亚诺夫的劳动-消费均衡框架在解释中国农村家庭经济行为时就还不够，因为中国农民家庭消费行为有其支撑的社会文化因素，如家庭内部的责任观念、代际伦理以及养老观念和村庄内部的社会竞争、社会舆论等因素，这些都对农民家庭经济行为产生了影响，进而影响小农家庭的投入与产出行为以及家庭内部的资源配置方式。即农民经济理性的均衡点形成不全是由经济因素决定的，而是由社会因素决定经济因素。如在村庄内部，当个体年龄在20岁时，其所挣得的收入基本上都用于自我消费，当到了30岁时就开始感觉到家庭压力，在40岁时就逐渐形成家庭责任感，这包括养老责任以及照顾子代的责任，并开始通过勤奋劳动来积累家庭财富。因此，劳动-消费的均衡点在个体身上就是不断变动的过程，根据年龄不同产生变化。最终在个体完整的生命周期身上呈现出一个倒U形曲线（见图1-2），即均衡点随着个体生命历程的不同而变化，均衡点先是不断上升，当个体年龄达到50岁左右时达到最高，因为这时其面临的家庭压力和责任最大。

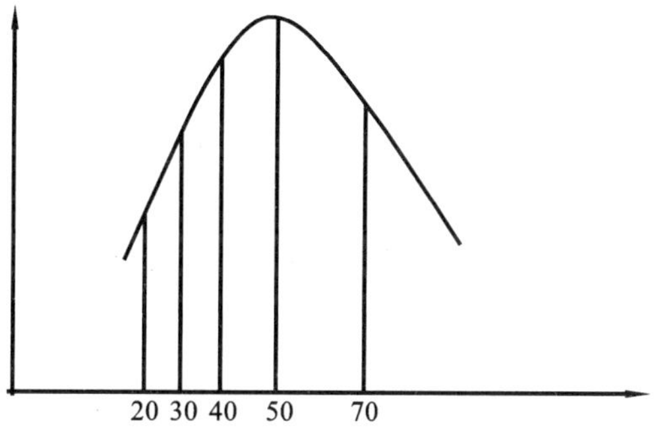

图1-2 生命周期变动基础上的均衡点分布

刘玉照（2009）在研究家庭经营的成本核算和经营决策时也指出："对40～49岁这个年龄段的家庭来说，家庭的负担明显加重，虽然单纯从抚养比的角度来讲变化不大。因为，虽然父母们随着年龄的增长而退出经济活动，然而，与此同时子女们也正值跨出（或将跨出）学校之际，加入到劳动者行列。对于一个家庭而言，年轻人进入劳动年龄并不意味着家庭负担的减轻，主要原因在于，进入这个年龄段的孩子只有两个发展方向，上大学或参加工作，两者都需要较大的家庭开支。”这与笔者所讲的是同样道理。当家庭内部实现了代际再生产和劳动力再生产，其原本很高的均衡点就开始下降，即发生由很高的承受能力到承受能力不断下降的变化。

恰亚诺夫是根据家庭人口结构和家庭生命周期来分析家庭经济行为变化的，这包括家庭消费行为和劳动投入力度。根据家庭内劳动者和消费者的数量比例，家庭内部所面临的经济压力是不一样的，从而决定了家庭在劳动力投入力度上的决策差异。当家庭中劳动者数量 p 等于消费者数量 e 时，家庭经济压力最小，自我剥削程度最低。而在中国农民家庭中却呈现出截然相反的情况，当家庭中包括一对夫妇和成年未婚子女时，虽然 $e/p=1$，但因为中国家庭中存在代际伦理责任，父母要为子女完成人生任务，这时正是家庭经济压力最大、自我剥削最重的时候。这是由中国家庭消费结构造成的，主要有两种消费类型，一种是日常生活支出消费，另一种是大宗消费支出(如家庭中婚、丧、嫁、娶等仪式性消费)。而第二种消费才是真正造成家庭经济压力的原因，在这种因素影响下，如果说中国农民家庭消费压力也受到人口因素的影响，那么其峰值也与恰亚洛夫描述的不同。

以上是从静态的村庄角度来分析农民家庭经济均衡点的变迁过程，是忽略了时间因素和空间因素的。如果分别再加入时间因素和空间因素，那么均衡点就会呈现出另外一种形态。首先，是均衡点上的区域差异，即中国农村区域差异的存在，使得村庄形塑出不同的社会文化因素，从而影响了农民经济对均衡点的追求，这类似于上文提到的张江华(2007)对农民经济行为中文化导引作用的强调。对中国农村来说，华北地区农村均衡点最高，即其承受能力最强；华南地区农村均衡点次之，中部地区均衡点最低。其次，是村庄内部均衡点上的阶层差异，即对处于同样人生阶段的不同阶层来说，其所追求的均衡点也会有所不同。基本上是中等阶层压力最大，因为要在村庄经济分层中往上走，所以其均衡点也就越高；上层阶层因为能够比较容易地完成各种家庭任务，所以其均衡点是较低的[①]。

在动态结构上关于农民家庭劳动-消费均衡点的变迁，恰亚诺夫是在劳动生产率提高和农民消费需求增长的前提下进行的讨论，而在中国农村社会也呈现出不同的影响因素。主要是因为农民家庭经济行为和资源配置方式出现变化同样会受到社会文化因素的影响。如打工经济兴起、城市消费文化等都使得农村生活方式出现变化，农民理性内涵也出现变化，即对劳动辛苦程度和消费满足程度的主观体验出现变化。如过去农民愿意做一天挣 50 块钱的工作，在同等购买能力的情况下，当前就有很多人不愿意做这种工作，而宁愿打麻将或选择其他消遣方式。当前，家庭经济理性的均衡点出现变化，即农民在进行理性计算后开始降低劳动辛苦程度，家庭经济行为所具有的责任伦理下降，而个人享受开始凸显。如在四川省的农村调查时，有一些村民宁可打麻将也不会顶着酷暑外出务农或务工。即社会文化因素的变化导致农民经济理性行为发生变化，“以前做一天工可以有所收入，现在还不如打麻将”。

小结一下，中国农民的家庭经济行为不是纯粹的理性行为，而是建立在家庭伦理责任基础上的，即家庭伦理责任决定了农民家庭的生产行为和消费行为，农民家庭经济活动是建立在家庭责任基础上的资源配置行为。正如桂华(2011)所讨论的：“传统时期农民家庭经济行为选择是围绕整个家庭进行的，是为了儿子或者是完成家庭内部的代际再生产，从而实现资源向下流动，所有的经济活动都以此展开。”当辛苦程度很高而继续投入劳动将带来边际收益递减时，因为有家庭伦理责任的支撑，农民对辛苦程度的忍耐力就继续存在，而不会出现终止家庭经济活动的行为。这都不同于恰亚诺夫新古典经济学关于农民经济行为决策选择的讨论。

(三) 经济人类学视角下家庭经济的社会嵌入性研究

经济人类学是研究人类各种社会的经济生活、经济制度及其演化规

① 本部分内容将在第五章重点展开讨论。

律的文化人类学分支学科，其开创者为马林诺夫斯基(Bronislaw Malinowski)，他在研究了库拉交易圈后认为，西方传统经济学所谓的经济行为的目的——赚钱或获取使用价值的原则，在原始经济中并不存在。原始经济只是其他社会行为(如亲属制度、仪式行为)的一种反映，原始社会的人们从事经济活动的目的是维持和完成人际间的社会关系及责任。赫斯科维茨(Herskovits)在1941年最先提出经济人类学的概念。经济人类学最开始产生于对部落社会经济态度和经济行为的研究，研究视域主要涵盖相对狭义的生产、分配、交换和消费等原始经济范畴(施琳，2011)。马林诺夫斯基(2002)的《西太平洋的航海者》对库拉交易圈的分析就是用人类学方法考察特洛布里恩岛原始部落的"经济"行为。在马林诺夫斯基看来，原始状态的经济行为与现代社会的经济行为有重大区别，难以用现代西方经济理论去阐述和分析原始经济行为。虽然经济人类学是从研究原始社会经济行为开始的，但栗本原一郎(1997)认为它不是原始社会经济史，研究对象不只是原始部落社会，而是以整个人类在不同时期的社会经济活动作为研究对象。

卡尔·波兰尼的两部著作 *The Economy as Instituted Process* 和《早期帝国的贸易与市场》的出版，引发了"形式论"与"实质论"的论战。"形式论"认为在人类晚近的"市场社会"实践中，与"生产交换"有关的市场关系可以超越广阔的社会制度，成为一切社会关系的中心原则。而"实质论"则认为生产活动与社会制度密不可分，不是抽象的物质结构。"形式论者认为从资本主义市场经济中发展出来的新古典经济理论与方法，可以用于阐述、解释前资本主义社会的经济行为(包括原始社会状态下的经济行为)；而实在主义者认为，在前资本主义发展阶段，各种物品、服务的生产和分配是在特殊的社会文化背景下进行的。"①形式论者与实质论者虽然都是借助人类学、民族志的研究方法研究前资本主义社会的经济制

① 施琳. 论美国经济人类学的历史理论源流[J]. 中央民族大学学报(哲学社会科学版)，2000(1).

度和经济行为等问题，但两者的指向确实是不一样的。弗斯就是形式论的代表，他认为原始经济这种社会事务不会偏离“理性经济选择”[①]这一基本解释，这也成为形式论者的基本理论主张，即用经济理性来解释充满社会道德规则的部落社会经济制度和经济行为，这显然屏蔽了地方社会的多样性和复杂性。

舒尔茨和波普金同样也可以归到形式论者之列，他们提出的“理性小农”观点也正是形式论者所坚持的，即认为“农民的经济行为并非没有理性，他们作为经济人比起任何资本主义企业来都不逊色”。“理性小农”解释范式虽然不是对原始部落社会人类经济行为的解释，但其对农民经济行为的研究路径和解释逻辑是一样的，都是在微观经济学“理性经济人”假设这一前提之下去研究人类社会的经济制度和外显的经济行为。萨林斯(2009)认为，将西方的经济理性作为普遍性的观念去揣测原始社会中也弥散着金钱效用的市场理性，就是一种充满暴力色彩的西方中心主义论调，由此引发了经济人类学领域甚至扩展到其他领域去的“形式论与实质论”这一经典命题争论。

正是源于对形式论更多强调个体主义、利益追求以及将经济客体化的不满，实质论才开始兴起，它寻求的是对经济现象和经济行为更丰满的理解。如萨林斯(2009:2)所强调的应该“将经济作为一种文化范畴而非行为范畴，经济与政治或宗教同属一类，而不再与理性和经营为伍，经济不再是满足个体需要的活动，而是社会的物质生命过程”。实际上，在实质论正式成为一种范式之前，就已经有不少学者对经济行为与社会文化的关系作出过解释。理查德·威尔克(Richard R. Wilk)(2007)在《经济与文化:经济人类学的基础》一书中作出了对经济人类学的分析，其中解释了经济与社会文化系统之间的关系，主要是将人看作是具有“道德性的”，具有道德性的人是由其所处的文化体系和价值观所形塑的，并且该

① 施琳.边疆民族志——经济人类学的视角与方法[J].广西民族大学学报(哲学社会科学版),2011(3).

文化体系和价值观指导他们的行为和选择。

例如,早期的人类学家大多认为传统文化特别是原始文化中人的行为最具道德规范性的,但现代社会的人们则丧失了道德性而变得自私自利(牛忠光,2013)。J. H. 波耶克(Broke,1953:44)通过对荷属爪哇农村30年的跟踪研究,也指出在"农民社会"中,由于人们缺乏求利欲望与积累动机,只以"够用"为满足,因而也表现出了与"正常的"供应曲线反常的"非理性行为"。实际上,马克斯·韦伯(1987:42)对传统主义下农民的分析也呈现出这样一种观点,即传统主义下的农民行为,其追求的并不是得到最多,而只是追求为得到够用而付出最少。用现代经济学的语言来说,即不追求利益的最大化,而只追求代价的最小化,因此马克斯·韦伯认为这种行为是非理性的。埃里克.沃尔夫(1955,452—471)也指出小农生产活动的出发点是由其所处文化所界定的"需求"决定的。霍尔珀林(1988)在《农民生计:经济人类学与文化人类学的研究》一书中也主张类似的观点,即将农民生计这一非经济性行为纳入到社会文化领域中去考察。陈庆德(2001)在其编著的《经济人类学》一书中指出:"农民的经济行为,是一个内在的关联于农民生计与经济脆弱性的问题,经济人类学所使用的'生计'一词有两重含义,即生存所必需的最低限量的食物和庇所,以及获得这一最低量的手段。"因此,早期实质论者对人类经济行为的分析都已经开始寻求逃离形式主义经济学所作出的普遍经济理性假设,而在地方社会文化范畴内寻找经济行为的解释变量。

实质主义经济学的主要代表是卡尔·波兰尼和他的学生萨林斯,而且萨林斯在这条道路上走得更远,因为他出于对形式主义经济学的不满,认为"必须对认为原始社会中弥漫着金钱效用和市场理性的论调予以迎头痛击,并做到真正人类学的经济学研究"。卡尔·波兰尼(2007:47)的主要理论观点是嵌入性,即经济过程要嵌入到社会过程中去,经济制度要通过非经济动机来运作。卡尔·波兰尼实质主义经济学的形成首先源于他对经济概念作出"形式"与"实质"层面上的区分,他指出,"经济"一词是一个具有不同起源的双重涵义的复合概念，其“形式(formal)”涵义源于以“经济性”“经济化”等术语表达的“手段-目的”关系的逻辑特质。这时经济反映的是人们在稀缺性资源的若干用途间进行选择时的一种明确的情况。如果我们把进行选择时所依据的原则称为理性行为的逻辑，那么我们也可以用另一个词来表达这种逻辑，即形式主义经济学(卡尔·波兰尼，1957:243)。而“实质(substantivist)”涵义则源于人的生活对自然及对他人的依赖关系。

也就是说，卡尔·波兰尼从一开始就认为“经济”包含着双重涵义，而形式论者大部分只是将“经济”客体化，只关注“经济”形式上的一面。由此也可以对形式论与实质论作出区分。卡尔·波兰尼之所以对“经济”的涵义作出区分，主要是因为他对形式经济观的不满，他认为形式经济观的假设过于注重“经济性”，而存在文化局限性，并认为只有从实体经济观涵义中才能产生出关照非西方经济的概念和解释变量[①]。卡尔·波兰尼的学生乔治·多尔顿(1969:67)也提出，个人资本主义中那些“能够体现‘最大化’‘效用’等概念涵义的商品与行动选择的范畴”不能直接用于研究和分析其他“原始社会”。

卡尔·波兰尼关于实质主义经济学的基本观点主要包括在其两部著作之中，即《早期帝国的贸易与市场》和《大转型》。在前一部著作中，卡尔·波兰尼认为，经济只是一种有效地使用资源获取和满足特定目的的过程，他批评了将市场和利润的追求普遍化、将功利的“理性主义”世界化的分析思路与方法，主张在前资本主义小农经济的研究中，用实体经济学代替形式经济学。在《大转型》一书中，卡尔·波兰尼提出“嵌入性”(embeddedness)理论，即经济行为是嵌入在社会关系之中的，经济作为一个过程是嵌入在经济和非经济制度之内的，因此要把经济作为社会制度过程来研究。格兰诺维特在《经济行为与社会结构:嵌入性问题》中也对

① 陈庆德，郑宇.经济人类学理论分析模式的演化[J].西南民族大学学报(人文社会科学版)，2010(1).

嵌入理论进行了分析，认为“人不是脱离社会结构、社会关系像原子化式地进行决策和行动，而是‘嵌入’于具体的、当下的社会结构、社会关系中做出符合自己主观目的的行为选择”(臧的顺，2009)。对于经济制度的理解，卡尔·波兰尼也提出了不同于形式论者的观点。形式主义者认为，市场、货币和商业是三位一体、密切相关的。而卡尔·波兰尼却认为，市场、货币和商业在起源上互不相关，它们分属不同的社会关系。卡尔·波兰尼主张从社会、自然环境与人类之间的交换、代谢关系的角度来考察经济，以取代传统人类学加于经济制度的功能主义和形式主义的规定。[①]具体来说，卡尔·波兰尼(2007:4)提出了三种不同制度环境下的经济活动形式，即互惠、再分配和交换。其中互惠和再分配形式主要是前资本主义时期占主导地位的经济活动，因为市场机制尚未占据统治地位，人类经济生活中所具有的互惠和再分配行为就嵌入在与之相适应的社会和文化结构之中，包括宗教、礼仪、神话等内容。

萨林斯作为卡尔·波兰尼的学生，也一直致力于研究文化与实践理性的关系，其主要观点呈现在《石器时代经济学》一书中，他认为“经济活动是具体生活形式中，价值体系与社会关系的物质表达”(萨林斯，2009)，因此反对将文化系统从物质活动中抽离出来，也即反对经济脱嵌于社会。萨林斯实体经济学理论的出发点还是对形式经济学的不满，他认为：“形式主义经济学的研究视角很多时候还是延续着经济学的研究方法，总是固执地想在没有经济的社会中分析出‘经济’来。”而萨林斯经济人类学的视角就是对其的反拨，是基于前资本主义社会或原始部落民族的狩猎采集经济进行分析。如“在传统时代的斐济或者火地岛，并没有分化且自我规范的经济领域：不存在资本主义-市场体系模式下，纯粹的利益交换关系领域”。萨林斯认为斐济人有着自己的传统经济术语。斐济人的理性运行于斐济这个相对的文化序列中，其价值体系的每一部分，都有其相应的合理性。

---

① 栗本原一郎. 经济人类学[M]. 王名，等，译. 上海：商务印书馆，1997:7.

具体来说，萨林斯通过对原始狩猎采集社会的分析，认为原始部落社会中的人类并不是之前西方经济学家所设想的那样，懒惰、贫苦、生活水平低下。他认为原始狩猎采集社会是一种较低生活水平上物质繁荣的丰裕社会，他们劳动生产的节奏特点是“干一两天活，歇一两天工，然后在营地中坐看云卷云舒”。最重要的是“他们不连续工作，生计的追求是间歇性的，一旦人们获得了眼下足够的食物，就停止工作，留下足够的闲暇时间”(萨林斯，2009:27)。之所以形成这样的经济态度，主要是狩猎采集者并未刻意压制自身对物质的追求，他们只是未能形成此种欲念，而且欲求能够轻易满足。即原初丰裕社会在低水平基础上就能达到生活需求的基本满足，是低生产、低消费的。这很类似于费孝通所讲的消遣经济，即清心寡欲、无欲则无求，通过减少劳动来获取满足。“重要的是，当地习惯的消费品数额(以及消费者数量)，从文化上维持在适度的标准”①。

这样，通过对原初丰裕社会中人们经济态度和经济行为的分析，萨林斯得出了不同于经济理性的解释，将其放在社会文化规范的视域中，并形成对理性和文化的两维理解。在萨林斯(2009:5)看来：“二者分属两个无法统协的讨论范畴，一个范畴是人们会算计个人行为实际的得失，另一个则指的是社会形式，如母系氏族、仪式义务、统治等级关系、家庭关系、贡赋关系，以及其他有关社会供应分配的组织形式。经典经济主义认为文化只是一种外在因素，经济关系才是社会的本质，从而无视经济的文化形式。”而萨林斯所要做的就是将经济制度、经济关系以及经济行为纳入到社会关系和文化形式当中去，也正是在这个意义上实现了萨林斯所追求的“真正人类学的经济学”研究。

在当前学界公认的实质论领域内，与卡尔·波兰尼和萨林斯密切相关的另外两位学者是恰亚诺夫和斯科特，其中恰亚诺夫先于卡尔·波兰尼等人对小农经济行为的道义作出解释，斯科特则是在恰亚诺夫和卡

---

① 萨林斯. 石器时代经济学(新版前沿)[M]. 张经纬，郑少雄，张帆，等，译. 北京：生活·读书·新知三联书店，2009:13.

尔·波兰尼之后继续深化对“道义经济”的解释。卡尔·波兰尼、萨林斯、恰亚诺夫和斯科特构成了当前实质论者的主力，但卡尔·波兰尼和萨林斯的研究与恰亚诺夫、斯科特的研究还是有所区别的，卡尔·波兰尼在《大转型》一书中阐述了经济嵌入社会的理论观点，随后格兰诺维特也借用嵌入性理论对经济社会学进行了分析。

根据上文笔者所提到的，恰亚诺夫根据微观经济学边际收益理论对农民家庭劳动-消费均衡的分析，很大程度上仍然没有跳出形式主义经济学的框架，恰亚诺夫虽然认为资本主义计算利润的方法不适用于小农家庭农场，因为后者进行家庭生产经营的主要目的是维持家庭基本消费需要，但其仍然是从经济理性和边际收益的主观偏好角度去分析农民家庭内部如何实现劳动-消费的均衡。斯科特在卡尔·波兰尼基础上深化了对农民经济行为和政治行为的理解，认为小农经济行为的主导动机是“生存伦理”“安全第一”和“避免风险”，在同一共同体中尊重人人都有维持生计的基本权利的道德观念，以及主客之间的“互惠关系”等。斯科特(2013:5-16)对小农“道义经济”论述的起点是基于农民外部生产生活环境的制约，“由于生活在接近生存线的边缘，受制于气候的变幻莫测和别人的盘剥，农民家庭对于新古典主义经济学的收益最大化，几乎没有进行计算的机会”，这便决定了小农家庭为了维持基本生存而在经济行为中做出技术的、道德的和社会的安排等，如互惠模式、强制性捐助、公用土地、分摊出工等，这都有利于弥补家庭资源的欠缺和维持家庭基本的生存状态。

因此，这也决定了“道义小农”的经济活动要“嵌入”当地村庄的社会道德关系中，既要通过劳动吃饱肚子、继续耕作，还要履行乡村社会内部必要的礼仪和义务，即农民要被附加一些假定的特质，如村庄的团结、互惠和平等，以及对以家庭、社区、血缘和地缘为基础的生活方式及其价值观的认同等。最后，斯科特认为，“以生存为目的的农民家庭经济活动的特点在于:与资本主义企业不同，农民家庭不仅是生产单位，而且是消费单位，小农家庭所有的经济安排都要以稳定可靠的方式进行生产，从而满足最低限度的人的需要”。

实质上，斯科特所讨论的道义小农具备两个核心变量，即生存伦理和道义关系。在形式论和实质论之争中，斯科特因为没有从经济理性角度去分析农民的经济行为和活动安排，从而成为实质论的代表。但斯科特所讲的生存伦理和道义关系都还不是关于纯粹实质论的分析。首先，斯科特的道义小农本质上是在“水淹脖子”这一生存压力下的产物，由此推出的农民经济决策标准都是在匮乏压力下做出的。比如风险规避就是经济学问题，农民因为承受不起风险打击，一次风险就意味着丧命，所以在经济活动安排中要做到对市场、利润风险的规避。农民之间的道义关系，本质上也是在匮乏情况下，农民之间通过互惠体系结成的一种规避风险的策略，道义规范是在长期生活博弈中形成的对各方有利的非正式合约。因此，斯科特所讲的道义小农都是可以转化为经济模型来解释的，道义规范都是为了达到减少风险、提高生存的目的。

因此，斯科特对农民经济行为和经济决策进行的分析，仍然是在形式主义经济学层面上的，“道义经济学”的本质是“道义”具有“(形式主义)经济学”性质，而非“经济学”具有“道义”性[①]。针对“波普金—斯科特”命题争论，郭于华(2002)也认为农民的行为选择究竟是理性的还是道德的恐怕并不是一个真问题，“在斯科特的论述中，‘水深齐脖’的危机边缘生存状态是农民‘生存伦理’产生的基础。生存伦理进而成为农民行为选择——生产活动与技术、交换与互惠等社会安排或者奋起反抗——的根本依据”。即郭于华也指出了斯科特所讲的道义小农是在客观生存压力下产生的，是一种农民家庭的客观选择，而不一定涉及真正的道德伦理。而真正的实质主义经济学，应该将社会文化因素作为独立于经济过程的事物，或者说经济过程属于整个社会生活中的一部分，社会文化不可以被(形式主义)经济学解释，这才是卡尔·波兰尼“嵌入”(embeddedness)的

① 桂华.“没有资本主义化”的中国农业发展道路[J].战略与管理，2013(6).

真正含义，也是萨林斯将文化看作独立变量的出发点。在这个意义上，费孝通等(2006)在《云南三村》中所讲的“消遣经济”即是实质主义的，因为农民追求消遣这一经济态度主要是受社会文化生活因素的影响，而与农民追求经济利益没有关系。

另一方面，黄宗智所讨论的“过密化”农业也是在形式论层面上进行的，因为他所讲内卷化的起点是人地关系紧张造成的资源匮乏，所以劳动力不计劳动成本的投入也是一种经济意义上的勤劳，这种解释都是基于客观条件作出的，类似于斯科特所讨论的内容。黄宗智(2000:7)在《华北的小农经济与社会变迁》中指出，“不用追求最高利润的观念(来自企业行为的理论)，而用‘效用’观念(来自微观经济学中关于理性消费者的抉择的理论)的好处是:它可以顾及与特殊境况有关的主观抉择。最主要的是要把家庭农场当作一个生产和消费合一的单位来理解”。黄宗智的意思是用微观经济学的效用概念来理解作为生产和消费统一的农民家庭经济行为，重要的一点是可以考虑农民在主观层面上作出的经济决策和安排，而在劳动与闲暇之间的主观决策并不能完全解释农民家庭在文化意义上的“勤劳”行为。自古以来，农民家庭的勤劳经济态度和行为选择主要体现为劳动对休闲的无差异曲线，并在此基础上形成行为选择偏好。而这正是萨林斯实质主义所要解释的。实质主义不是农民外在行为与现代资本主义行为的差异，因为传统农民面临的市场条件与资本主义社会完全不同。文化意义上的勤劳主要是在主观上存在劳动对休闲的较高替代率，是在解决温饱问题时继续劳动的行为逻辑，内卷化讲的是在温饱问题没有解决的情况下，农民投入劳动的行为，这就成为形式论与实质论的核心区别。

概言之，形式主义经济学是用经济理性解释道德规则，实质主义经济学则反之，是用伦理解释经济行为。对中国的农民家庭来说，其家庭经济决策和经济行为选择包含两个层面上的理性:一是经济理性，即城乡二元就业市场结构下，农民如何具有机会成本观念而重新选择劳动投入;二是目的理性，即伦理和文化如何影响农民的生计安排和家庭资源配置。对中国农民来说，挣更多的钱是经济理性，为何挣钱、挣多少钱是合理的、挣钱的目的是什么，则属于目的理性。而影响农民目的理性选择的主要是社会文化因素，这也是在实质论层面上对农民经济行为作出的解释。

另外，实质主义经济学的产生和发展很大程度上是建立在对新古典经济学和新制度经济学的反拨基础上的，陈平(2013)就指出对新古典经济学研究的反拨，很多方法论要从人类学研究文化、风俗、部落、村落和部族等对象的启发而来，这构成了经济人类学研究方法论的重要来源。

(四) 家庭社会学中家庭性质、价值与农民行为研究

对农民家庭经济行为的讨论离不开对家庭这一社会经济组织的理解，因为农民经济行为是发生在家庭这一层面上的，不同于西方社会个体理性人的经济行为。从社会学视角对家庭的分析大都集中在对家庭性质、家庭结构和农民社会生活行为的分析，即将农民社会生活行为置于家庭和村庄层面上进行分析。按照阎云翔(2009:10)对中国家庭模式研究的分类[①]，从家庭性质和价值层面上分析农民社会行为显然属于"文化家庭模式"，主要关注的是家庭或家族伦理价值对农民日常社会行为的影响。农民家庭是中国社会的基础，梁漱溟(2011:62)认为中国是一个"伦理本位"的社会，而伦理本位即是家本位，从这里可以看出家庭对于中国社会的重要性。而且之后很多从文化价值角度展开的对农民家庭性质的分析都是从这一基础开始的，进而深入到家庭性质对农民生活行为、社会交往行为、宗教行为和经济行为的分析中去。

对农民家庭性质的理解主要是强调其价值伦理性，家庭甚至家族不

① 阎云翔提出，目前关于中国家庭存在着三种理论模式：经济家庭、政治家庭和文化家庭。第一种是西方社会学者提出的经济家庭模式，这一模式认为中国家庭是一种经济合作组织，家庭成员有共同的收支计划、共同财产、共同的家庭经济，个人收入必须统统归入家庭。第二种是政治家庭模式，主要是女权主义学者通过对中国家庭内部人际关系的研究，来揭示家庭内部存在着根深蒂固的不平等以及权力之争。第三种是文化家庭，强调儒家伦理对家庭的深远影响。阎云翔是在这三种范式基础上进行的个体主义的研究。

仅仅是满足农民基本生活和交往的单位，更是农民的精神归属。杨懋春(2012:45)在对山东省抬头村的研究中也指出，农民家庭不完全是生活在一起的一群人，家庭是家庭成员、家庭财产、家庭牲畜、家庭声誉、家庭传统和家庭神祇构成的复杂组织。家庭应该包括还未出生的后代和早已死去的祖先，基于这一性质，中国家庭或个体所做的许多事情基本上是为了讨祖先神灵的喜欢，如祭祖、生儿育女以及增加家庭财产等，这就是农民家庭所蕴含的超越性对农民行为的影响。许烺光(2001)在其著作《祖荫下：中国乡村的亲属、人格与社会流动》中指出，祖先崇拜和家族组织在生活中扮演着重要角色，每个人都生活在祖荫下，通过延续祖荫而赋予短暂肉体生命以永恒意义，这也强调了农民行为在祖荫下所具备的超越性追求。孔迈隆(1992:357-377)从两个角度来分析中国人的家庭生活：一个是"终极期望"，代表着中国人的传统家庭理想，如家庭的大小及其延续；另一个是"生活经营"，即是农民日常生活中凡俗行为的具体展开。

在对农民家庭性质进行界定讨论的基础上，可以形成对农民行为的理解。家庭社会学中关于农民行为的讨论主要集中在农民生活行为、交往行为、宗教行为等社会层面上。农民生活行为主要包括家庭内部的婚姻行为、生育行为和赡养-养老行为等。交往行为主要是在村庄层面上人际关系的互动，如排涝灌溉、防盗防匪、生产安排、红白喜事等。宗教行为主要是指家庭或家族层面上的祭祀、祖先崇拜等行为。在文化价值层面上对农民生活行为和宗教行为的分析主要是从农民家庭的伦理价值展开的，即农民家庭内部所进行的生儿育女以及祭祀祖先等行为都是为了实现传宗接代、家庭延续的目标。美国学者加里·斯坦利·贝克尔(2007)"力图用人类物质行为的工具和理论框架去分析结婚、生育、离婚、家庭内的劳动分工、威望和其他非物质行为"，实际上是将饱含文化内涵的家庭生活庸俗化为一般的经济行为，很难解释中国家庭的伦理责任关系。比如，对于生育行为，中国农民不是出于经济算计，而是一种人生任务，正如杨懋春所言，"中国农民最关心的事情是家庭延续"。农民在家庭生活中，除了抱着将"日子过好"的目的之外，最根本的生活动力来自于家庭的延续，其表现形式就是“生儿子传宗接代”。

贺雪峰(2008)主要是从本体性价值和社会性价值来理解农民家庭行为的。本体性价值指的是人在精神层面上关于生命意义的思考，“关于如何面对死亡，如何将有限的生命转换为无限意义的人生根本问题的应对，关于超越性和终极价值的关怀”。在本体性价值的关怀下，农民家庭内的生育行为和祭祀行为都是为了实现家庭延续的目标，从而使个体的有限生命在这种家庭延续中获得无限意义感。基于此，就可以理解农民家庭对子女赡养中的无限责任和义务，也可以理解农民家庭对子女婚姻的重视。因为有本体性价值的追求，所以父母必须要为子女操心，不仅将儿女抚养成人，还要为儿子结婚做众多准备，包括建房子、支付彩礼、举办婚宴等。社会性价值是关于农村人与人之间关系、关于个人在群体中的位置及所获评价、关于个人如何从社会中获取意义的价值。因为个人是生活在社会中的，其行为选择不能超然于社会之外，所以农民家庭所表现出的交往行为等都是在社会性价值基础上进行的。对于农民家庭的社会交往行为主要包含两个层面：一方面是农民家庭要从村庄社会中获取生产、生活和情感支持，从而获得生活的意义和价值；另一方面，社会性价值的存在，使得农民家庭之间表现出紧张的竞争行为，如家庭之间的面子竞争、在建房和人情等事务上的攀比行为。

在本体性价值和社会性价值这一框架下，随后有大量学者将其运用到具体对象的研究中。在关于农民生育观念和生育行为的研究中，农民对生儿子的追求不仅仅是出于养儿防老的考虑，更多的是为了“传宗接代”，所以这也决定了农民家庭中父母不辞辛苦地努力劳动，目的就是为儿子“操心”，使其完婚成家，从而可以完成父母的人生任务。进而还有对家庭代际关系失衡的研究，费孝通(1983)最早提出了家庭代际关系中的“反馈模式”理论，即在家庭抚育阶段，亲代要为子代提供生活与发展的物质基础，资源是从亲代流向子代的。在赡养阶段，通过“反馈模式”由子代保障亲代的生活，资源是从子代流向亲代的。

但在当前很多农村，却出现了代际资源流动上的失衡现象，即亲代对子代具有无限的责任义务，子代对亲代却只有有限的赡养义务。对于社会性价值对农民行为的分析，很多学者集中于农村社会中出现的各种攀比、竞争现象，如华北农村的房子越建越高，外面看起来豪华漂亮，房内装修却很简单。还有一些学者对人情异化现象进行了分析①，主要是酒席越办越大、礼金也越来越高。对这些社会现象的分析主要是基于农民对社会性价值的追求，因为同样生活在"熟人社会"中，如果比别人落后就会显得没有面子，由此使得家庭之间的竞争没有抑制机制。

以上对农民社会行为的相关研究都共享着一个前提，即农民家庭具有伦理价值，家庭并不只是"此岸世界"，还包含着对"彼岸世界"的想象。人生任务、家庭责任以及社区竞争压力的存在成为农民社会生活行为的重要影响因素。萨林斯(2002:2)倡导一种"象征理性"的观念，主张"人的独特性在于，他必须根据自己设定的意义图式来生活"。实际上，萨林斯对文化与实践理性的理解很大程度上也是在追求家庭、社会领域上的结构、价值的重要性。然而，家庭社会学领域对农民行为的讨论大部分只停留在阎云翔所区分的"文化家庭"模式上，而没有再进一步对"经济家庭"模式进行分析。实质上，农民经济行为与社会行为是契合在一起的，农民所表现出来的经济行为是其社会行为呈现的基础，如家庭内部的生产劳动、财富积累以及消费行为等。

农民的社会行为固然是建立在对家庭伦理价值的考虑之上，但能够在家庭内部完成人生任务、为儿子建房娶媳妇以及有能力参与到社区面子竞争中去，都需要家庭经济这一物质基础。杨懋春(2012:46)指出："为了给后代积累钱财，父母勤奋劳动、生活节俭。他们会因吃得太好或多花了钱而产生犯罪感，不是消费不起，而是希望省下来留给子孙后代。"阎云

① 陈柏峰．农村仪式性人情的功能异化[J]．华中科技大学学报(社会科学版)，2011(1)．
朱晓莹．人情的泛化及其负功能[J]．社会，2003(9)．
杨华，欧阳静．农村人情的变异：表现、实质与根源[J]．中州学刊，2011(5)．

翔(2009:49)也指出:"在绝大部分家庭必须为基本生存操心时,在他们不得不压抑绝大部分的欲望时,消费的问题还远远上不了被关注的日程。那时,老一辈人最看重的品质是勤俭和忍耐,消费则被减少到最低的限度。"从这个角度看,农民的社会行为和经济行为选择就结合到了一起,正是因为有家庭伦理价值的存在,农民的社会行为和经济行为才能够互相融合,"农民无时无刻不意识到,要努力生产来增加财富,要安排好家庭生计,要抚育儿女,要为后人操心,要告慰先人……归结起来,就是将日子过好"(桂华,2013),这是对农民行为选择的动力分析。

对农民家庭性质和社会行为分析的进一步推进是区域比较方法的引入。费孝通(1998)主要是在类型比较基础上试图形成对中国社会的深度理解,如《乡土中国》是费孝通在对比传统中国社会和现代西方社会基础上形成的理论理解,《云南三村》中对禄村、易村和玉村的研究也是一种类型研究,即这三个村治分别代表"没有手工业的农村""手工业比较发达的农村"以及"受商业中心影响较深的农村"(费孝通等,2006:34)。梁漱溟的《中国文化要义》也是含有对中西两种文化传统进行对比的方法。费孝通(2007)后来在20世纪80年代对小城镇的研究中,提出"苏南模式""温州模式"和"珠江模式",也是在类型比较的基础上进行的。华中村治学者在区域比较调查和历史文化分析基础上也形成了对中国农村社会的区域类型划分。

由于中国农村地缘范围广大,不同地区的农村由于在地方与中央政权的关系、开发时期、移民与战乱历史、种植结构与水利条件、土地占有和使用方式、居住结构等方面差异极大,在村庄社会结构和生活方式、生活观念上形成了明显的差异。贺雪峰(2012)主要是从村庄社会结构的角度,建构了团结型、分裂型和分散型三种村庄理想类型,并从自然生态和历史变迁两方面搜集资料,解释了村庄社会结构形态的区域性,最后将中国农村划分为南方团结型村庄、北方分裂型村庄与中部分散型村庄。在这一类型划分下,农民家庭性质和农民行为也呈现出差异性,主要观点是北方农村社会存在着较强的张力和竞争性，从而形塑出农民对生儿子、传宗接代的需求以及激烈的村庄面子竞争，农民生产劳动、积累财富等都是为了子代、家庭延续和人生任务的完成，从而表现出北方村庄农民对日常生活较低的需求欲望，而全部劳动指向家庭代际再生产。中部农村地区因为移民历史较短，难以形成较为凝聚的村庄共识，村民个体性较为突出，从而形塑出农民在价值观念上的"现代性"，如对生男生女的平均偏好、没有强烈的内生性的家庭责任伦理，村庄社会内部较为分散的原子化状态使得竞争张力较小，这些都表现为中部农村地区农民较为舒适的生活方式。家庭代际伦理责任和村庄社会竞争相对较弱，从而使得农民的社会行为和经济行为都不同于北方农村农民。桂华(2011)通过比较江汉平原农村和华北平原农村也进行了相近分析，主要是将农民家庭经济行为放置于家庭伦理这一基础上，从而得出了"生计型"和"生活型"家庭经济的两个理想类型，这对笔者的思考形成了非常有帮助的启发。

总之，农民家庭具有的伦理价值形成了对农民社会生活行为和经济行为的重要影响，塑造出农民在社会层面上的超越性行为选择，同时在经济行为上也倾向于付出更多辛苦劳动来实现家庭伦理价值目标的达成。以往关于家庭性质与农民行为的研究大都集中于讨论农民的社会行为，而没有往前延伸到对农民经济行为的讨论中。同时农民家庭存在区域差异的视角也成为本书进行农民家庭经济研究的重要基础。即本书将在农民家庭伦理价值对社会行为分析的基础上，再进一步形成对农民家庭经济行为的分析，也在区域比较视野下形成对不同地区农民家庭经济的比较分析。

三、研究框架与核心概念

（一）研究框架

根据上文，微观经济学、家庭经济学、恰亚诺夫理论和形式主义经济学等都没有对农民家庭经济行为进行恰当的分析，本书结合中国农村发展的现实经验，在经济人类学和家庭社会学理论资源支撑下，对农民家庭经济行为的社会文化分析及其变迁进行分析。农民家庭作为一个完整的生产消费单位，要进行一系列经济实践活动，如农业生产、打工经济、财富积累和消费行为等。在当前形势下，中国农民家庭形成了“以代际分工为基础的半工半耕”的劳动力再生产模式，“当前大约有80%的农民家庭都存在年轻子女外出务工以获得务工收入、年龄较大父母留守在家务农以获取务农收入的结构”（贺雪峰，2013），即务农生产和打工经济构成了农民家庭经济的两个基础，这种经济行为的形成主要源于农民的经济理性和目的理性两个方面。经济理性主要是指农民家庭收入来源必须由农业收入和务工收入两部分组成。为了保障家庭基本经济生活，必须最大化利用家庭劳动力，而农业为留守群体提供了这样的机会，打工经济则为中青年人提供了新的就业机会。正是因为有农业生产和打工经济的存在，农民家庭劳动力都可以得到充分就业，从而能够最大限度地提高农民家庭的收入水平。

首先在当前，中国农民已经脱离“水淹脖子”的生存压力和匮乏压力状态，农民选择这种经济理性主要是为了满足家庭经济压力下的各种开支这一客观现实。其次是城乡二元市场结构的影响，农业生产和打工经济构成家庭经济中的半工半耕生产模式，成为农民家庭收入来源的双拐。而“两条腿”走路具有合理性和必然性，因为单一的农业收入或务工收入都不足以支撑整个家庭的经济发展。最后这可以从贫困家庭的形成这一侧面来说明，就是说农村社会中的贫困成因很重要的原因是家庭劳动力结构残缺，如家庭中主要劳动力残缺不能从事农业生产或外出务工，或者留守妇女、留守老人不能从事农业生产，从而使得家庭经济压力迅速增加。

农民的经济理性还包括农民不计机会成本的考虑，从事农业生产不考虑劳动生产率，而只关心土地产出率。另外，留守农业[①]的经济理性还

① “留守农业”在本书中主要指农村留守群体等半劳动力所经营的农业生产形式，如留守老人和留守妇女经营的农业。

可以从恰亚诺夫理论的角度进行分析，即当家庭人口结构中的留守妇女和留守老人等半劳动力仍旧没有退出农业生产时，就可以在一定程度上减少家庭中消费者数量与劳动者数量比例(e/p)。恰亚诺夫对农场“自我开发”和“自我剥削”的分析认为，因为没有充足的劳动力就业机会，而只能通过扩大农场面积来实现劳动力的“过密化”投入，并实现农场经济的总量增加以满足家庭消费需求。而对于中国农村的实际情况来说，人地关系资源紧张是基本国情，农民家庭要想实现消费需求满足就不能通过扩大土地面积来实现。而当前情况下，因为具备外出打工的机会，就可以实现家庭劳动力的分工，家庭留守群体可以从事农业生产，青壮年劳动力可以进城务工经商，从而可以最大化家庭经济收入。这是从经济理性角度对农民家庭经济行为进行的分析。

当前中国农民已经基本摆脱了斯科特所描述的“水淹脖子”的贫困状态，但在农村社会中仍然有很多农民能够不计辛苦地投入到农业生产和其他劳动过程中去。在农忙时间，农民家庭自然会进行较高劳动强度的投入。农闲时间，仍然会选择其他兼业经济进行多种经营，如副业、外出打工等。也就是说，即使在去过密化、农业生产机械化和化学化水平提高的情况下，农民仍旧不断努力劳作，或从事农业生产、或外出打工，并保持着生产对闲暇的较低替代率。总之是要进行多种经营，以使家庭收入最大化。其主要目的就是为了在日常生活中多生产、多积累和少消费，从而在家庭仪式性消费中做到高投入和高消费①。而这种农民家庭经济行为选择显然不是经济理性可以解释的，而是涉及农民家庭的目的理性。就像阿玛蒂亚森(2000)在《伦理学与经济学》中提到的:“挣钱是不得已而为之，财富显然不是我们真正要追求的东西，只是因为它有用或者别的什么理由。”

农民家庭的目的理性主要是指农民群体要在劳动和闲暇之间作出权衡，在劳动辛苦程度和需求满足程度之间作出均衡选择，这一行为并不是

① “仪式性消费”主要是指农民在建房、举办红白喜事等事务上的消费开支。

纯粹由经济理性决定的。比如恰亚诺夫的均衡点分析，当需求满足程度低于劳动辛苦程度的主观感受时，就达到经济行为的均衡，不再继续投入劳动。但在中国农民家庭经济实际情况中，农民往往能够忍受辛苦的劳动，做出劳动对闲暇的较高替代率，在边际收益递减情况下继续投入辛苦劳动，为的是获得劳动产出的总量增加。也就是说，农民在家庭经济压力较小、需求满足的情况下，仍然会做出这种行为，这就是农民的目的理性在支撑，最明显的表现就是农村社会中留守群体的辛苦劳作。

中国农民家庭在目的理性支撑下所表现出来的经济行为，类似于马克斯・韦伯意义上的新教伦理与资本主义发展间的亲和性关系。新教伦理是一种促使资本主义精神发展的道德规则，现世的努力是为了获得来世的救赎。而中国农民没有这种超越性的宗教信仰，其现世的勤劳努力则是在有限生命得以无限延续意义上讲的，即家庭世系再生产。而目的理性的基础则包括家庭责任、代际伦理、人生任务、养老责任、村庄社会舆论和社会竞争等在内的社会文化系统。在这种家庭伦理支撑下，农民家庭可以进行很多经济理性上无法理解的生产经营实践。关于农民经济行为的目的理性，费孝通所讨论的消遣经济就是一种形式，即农民选择低消费以换取少劳动。这也类似于萨林斯等所讨论的狩猎采集时期的原始丰裕社会中人们的行为选择，并不是生活困难拮据，而是选择以较少的劳动投入换取适可而止的需求满足。需求是客观性的要满足人们基本生存的界限选择，而欲望则是超出需求之外的主观意志。自古以来，包括当下，中国农民家庭的目的理性更多的是按照伦理文化来影响家庭的生计安排和资源配置，这包括斯科特所说的在家庭内部做出的各种技术安排和社会安排等。

目的理性与经济理性的差别在于决定经济决策的动机不同，经济理性下行为选择产生于生存压力和家庭经济支出压力。目的理性则产生于家庭伦理、道德规则，这也是形式论与实质论的差别。而且，经济理性和目的理性产生两种类型的“勤劳”行为，即经济意义上的“勤劳”和文化意义上的“勤劳”。中国农民自古以来就形成了吃苦耐劳、勤劳节俭的经济态度和品质，《吕氏春秋集释·士容论·上农》中就提到：“敬时爱日，非老不休，非疾不息，非死不舍。”中国农民的勤劳是世界上无与伦比的，连孟德斯鸠也承认中国人的勤劳精神，马克斯·韦伯更是对中国人的勤劳给予了极高评价，他说，中国人的勤奋与劳动能力一直被认为是无与伦比的（马克斯·韦伯，1995：115）。

经济意义上的勤劳行为主要是为了应对生存压力而不计成本地投入劳动，如斯科特所讨论的风险规避行为和黄宗智所讲的“内卷化”现象都是在这个层面上进行的。而文化意义上的“勤劳”则类似于马克斯·韦伯所讨论的新教伦理与资本主义精神，通过拼命努力来荣耀上帝以获得拯救，进而使得其在世俗经济中不断积累财富和扩大再生产。对于中国农民来说，支撑其进行努力生产和辛勤劳动的内核就是家庭延续。一些学者在研究儒家伦理对东亚经济兴起的影响过程中，也提出了“勤劳”在其中所发挥的积极作用（杉原薰，2006：143）。这就是农民家庭的目的理性，目的理性产生文化意义上的勤劳行为选择，即农民家庭所做出的生产、投资、消费等资源配置行为是基于家庭伦理责任、社区竞争压力等因素进行的，也就是恰亚诺夫所说的劳动-消费均衡点的实现要有社会文化系统的影响，这也与萨林斯、卡尔·波兰尼等经济人类学所讨论的“嵌入性”问题相关。

因此，结合前文的文献综述和当前中国农民家庭的客观特征，对农民家庭经济的讨论就应跳出形式主义经济学中关于经济人行为假设的框架，如对家庭劳动力投入和消费行为的理性行为分析，而将经济行为嵌入在家庭和社会结构中，这是经济人类学和经济社会学的研究视角和方法。在现实中国农村中，农民家庭经济实践不符合无差异曲线、效用曲线和恰亚诺夫的劳动-消费均衡曲线，主要是因为存在制约农民经济行为的其他社会文化因素，农民之所以不计算劳动边际效率而相对无限地投入劳动生产、相对有限地限制消费，就是基于其家庭经济现实考虑的。

概言之，本书的研究目标就是从目的理性角度分析农民家庭经济行为的合理性，具体来讲就是要理解农村社会文化系统与农民家庭经济态度和行为之间的相关性，也即讨论农民家庭经济行为的社会文化因素。在这一基础上，进一步对家庭经济行为变迁作出分析。随着农民经济态度和观念的改变，家庭劳动投入上的承受能力和忍耐度不断下降。不管是农业生产还是外出打工，其所能承受的辛苦程度都有所下降，不会像之前那样无原则、非理性地投入劳动力。而新生代外出打工者表现得更为突出，大都成为“月光族”。其行为逻辑是通过打工挣得收入，然后用于个人消费，这可能是一种积累与消费相平衡的状态，但却没有对家庭产生帮助。出现这种行为选择有两方面的原因：一是城市生活方式、消费观念的影响，消费主义占据主导，从而对年轻人在劳动投入和消费闲暇上的经济行为产生影响；二是村庄社会舆论规约的消解。在以前，村庄中那些花钱如流水的家庭被看作是不会过日子，也很容易被大部分村民边缘化，这成为影响农民家庭经济行为的重要社会结构性因素。而随着年轻人外出打工，其不仅在时空上脱离了村庄，更在舆论心理上脱离了村庄，从而就改变了过去的经济态度和行为。而消费主义的兴起不仅促使外出打工的年轻人消费行为和消费欲望的膨胀，还会使其对辛苦劳动的承受能力下降，而且不再受到村庄社会竞争等方面的约束，从而导致其行为逻辑成为个体性的，而不再是社会性的。

因此，农民家庭经济行为变迁的主要表现形式就是文化意义上的勤劳行为减少，而更多地开始考虑个体享受和消费满足。这与家庭伦理和村庄社会结构密切相关，也即从农民目的理性变迁角度分析家庭行为变迁。

（二）核心概念

（1）家庭经济

家庭是农民经济的组织基础，家庭经济是其他活动的基础。家庭作为“一个‘初级经济群体’，正当的经济来源、合理的物质消费以及恰当的财产分配，构成过日子的物质基础。因此，在生产方面，家庭成员要齐心协力,家庭成员集体劳动,他们为整个家庭,而不是为哪个成员劳动"(杨懋春,2012)。家庭经济就是指在"同财共居"的家庭范围之内,家庭成员间通过劳动投入与资源消耗等活动构成的关系,主要包括生产和消费两个部分。

家庭是一个完整的经济消费单位,全部家庭经济实践都是指向家庭的维系和再生产。具体来说有三个目标,即消遣、消费与勤劳背后的追求,对应的是消遣经济、消费经济和农民勤劳经济,也对应着不同的行为选择,即休闲、消费与劳动。消遣经济态度以及原始丰裕社会中的行为逻辑,保持的是一种灭人欲、低消费而低生产、高闲暇的劳动经济结构,闲暇对劳动有较高替代率。中国农民家庭自古以来就形成了勤劳经济态度和行为逻辑,主要是建立在对家庭延续和家庭再生产的考虑基础之上。农民家庭为了实现这一目标,就要合理配置资源,包括劳动力、土地和资本等。而且也很少考虑边际成本和机会成本、比较收益概念,这样就决定了其行为不是经济人假设,更多的是社会人行为。即在勤劳经济态度下,农民家庭的经济实践是出于家庭社会文化的考量,农民经济是嵌入在家庭社会中的。在具体的经验现象中,本书主要将家庭经济活动操作化为农业生产、打工经济以及消费行为和财富积累等形态。农民家庭经济的呈现形态构成本书分析的起点和基础。

(2) 经济理性和目的理性

这两个概念是本书对农民家庭经济行为进行分析的两个核心解释变量。"理性"一词最先是西方哲学体系中的概念,西方新古典经济学则是借用哲学上的"理性"概念对复杂的人类行为进行抽象假定,分析的重点是经济行为人如何将稀缺资源配置到效率最高的地方去,从而实现效用或利润的最大化,即"以尽可能小的代价换取尽可能大的利益"。关于农民行为的经济理性,舒尔茨和波普金都认为农民行为中同样贯穿着经济理性,是理性经济人的行为逻辑。费孝通(2006)在《云南三村》中也指出:"人生的快感要以痛苦来换取,在这个矛盾上发生了经济。经济就是如何以最少痛苦换取最大快感的打算。每个人都这样打算、这样考虑，相互间合作来达到这一目的而发生经济行为。”

在本书的具体研究中，经济理性主要是指农民家庭收入来源构成上必须由农业收入和务工收入两部分组成，为了保障家庭基本经济生活，必须最大化利用家庭劳动力，而农业和打工经济分别为留守群体和中青年劳动力提供了这样的就业机会。在农民家庭对农业生产和闲暇的选择上，既与家庭经济支出压力有关（也即家庭人口结构中劳动者-消费者比例），也取决于农民的主观工资水平（即是收入-闲暇无差异曲线），这都是经济理性下的考察。微观经济学和家庭经济学主要是用消费选择理论来分析，认为劳动与闲暇的替代率取决于人的主观偏好。恰亚诺夫也是在微观经济学的基础上，利用劳动辛苦程度和需求满足程度这一均衡曲线来分析农民的生产决策行为的。

目的理性主要是指个体经济行动具有目的性和价值取向，其对目的或价值的追求并不局限于狭隘的经济领域中，更包括其他社会、文化以及情感等内容。在本书对农民经济行为的分析中，目的理性主要被操作化为家庭伦理结构和村庄社会结构等价值性内容，是在经济人类学的框架下用伦理价值解释农民经济行为。

（3）消遣经济和勤劳经济

这一对概念是农民目的理性下做出的行为选择，消遣经济最早是由费孝通在《云南三村》中提出的，是一种“宁愿少得，不愿劳动”的基本精神，“少劳作、少消费，空着时间，悠悠自得，无所事事地消遣过去”。他们不想在消费上充实人生，而似乎在消遣中了此一生。农民们企望的是“过日子”，不是“enjoy life”。“减少劳动、减少消费的结果，就导致了闲暇。他们知道如何不以痛苦为代价来获取快感，这就是所谓的消遣。消费和消遣的不同之处在于，消费是以消耗物资来获取快感的过程，消遣则不必消耗物资，所消耗不过是一些闲空的时间”（费孝通，2006：120）。

费孝通所说的消遣经济与经济人类学中所讲的原始传统部落中的采

集狩猎行为很接近,如萨林斯所说的原初丰裕社会。这都是不同于现代资本主义经济意识形态下所讲的理性经济人的行为模式。消遣经济和原初丰裕社会的达成都不能用行为人的人格结构或本性等个体性的东西来说明,因为这是在外部结构性制约下形成的,这些经济行为都与社会结构紧密结合在一起。如互惠交换、亲属关系的维系等,不单纯是经济性行为。费孝通将农民经济形式分为两种:一种是以生产为中心的经济,另一种是以消费为中心的经济。第一个是为生产而生产的活动,即资本主义的生产经济;第二个是为了提高生活愉悦程度,以消费为中心的经济,以快乐主义的人生态度为基础,奉行多生产、多消费和多享受的三多主义。申端锋(2007)认为,以生产为中心的经济是资本主义兴起时的经济类型,经济态度与新教伦理密切相关,人在俗世拼命挣钱是为上帝积累财富;以消费为中心的经济是资本主义成熟时期的形态,人们拼命挣钱,然后拼命消费。这两者实质上都是丰裕经济。消遣经济是通过减少消费来减少劳动,是向内求、灭人欲,这种经济态度是传统社会匮乏经济的特有产物。

具体到本书中,农民想方设法挣钱的内在含义是不同的,有三种层次:一是消遣经济的追求,即以获取消遣为目的进行暂时性劳作;二是勤劳经济,是基于家庭伦理和代际责任等社会文化内核之上的经济态度;三是异化的、货币化取向的勤劳经济,就是指农民拼命挣钱的经济行为发生变迁,过去的勤劳努力是文化意义上的,是由社会文化理性决定的,而当前农民的挣钱行为只包含货币化行为。第一层次包括费孝通所讲的消遣经济,还包括萨林斯所讲的狩猎采集时期的原初丰裕社会,是低生产、低消费结构。第二层次的经济态度是传统以及当前中国农民家庭的经济态度,采取高密集劳动投入和不计辛劳的方式,以实现高积累、低消费的家庭经济结构。第三层次是变迁后的农民家庭的经济行为选择和经济态度。本书正是在目的理性视角下分析农民勤劳经济行为的建构及其变迁机制。

四、田野工作与章节安排

（一）田野工作

本书的主要调查对象来源于安徽省宿州市的吕村和湖北省沙洋县的马村。吕村是安徽省宿州市桃园镇的行政村，共有 7 个自然庄（吕大庄、庙前、圩子、庙东、欧寨、李家、蔡家），有 820 户，约 3336 人，有耕地 4600 亩，人均拥有土地为 1.38 亩左右。吕村在地理范围上属于黄淮海平原地区，地势平坦、土壤肥沃，而且土地能连片成块。当前已基本实现机械化耕作，粮食产量也相对较高，小麦、玉米亩产都能达到 1000 斤左右。

在 2003 年以前，外出务工风潮尚未兴起，农民家庭的主要经济收入来源于土地。吕村普遍以种植蔬菜和养猪等农副业经营来缓解人地矛盾、提高经济收入。种菜和养猪主要是分散的家庭经营，每家每户的规模都不大，都是在一个家庭全部劳动力可承担的范围之内进行。一般都是一个家庭种植三四亩蔬菜，养五六头母猪。种植的蔬菜主要是土豆、辣椒、白菜、萝卜和蘑菇，由于规模不是很大，以自产自销为主，农户主要是用自行车或农用车拉到镇里或市区里去卖。由于靠近 206 国道，临近市区、交通便利，市场条件较好。因此，吕村的蔬菜种植在这一带也一度小有名气。2003 年后，蔬菜行情和养猪行情一直不好，吕村的村民便纷纷外出打工，从而导致很少有人在家种菜，而是种植劳动力和时间投入较小、收益较稳定的基本粮食作物小麦和玉米，养猪的规模也日趋减小，从而形成了现在农忙时务农、农闲时外出打工，或老年人在家务农、年轻人外出打工的家庭经济结构。留守在家的男劳力也不完全依靠土地获取收入，而是通过流转土地或者经营特色产业来增加收入，如规模养猪或者种植蔬菜等经济作物。留守老人和留守妇女等群体除了参与农业生产外，还会想方设法地挣取额外收入。如留守在家的妇女大都会在农闲时间到当地小工厂或者建筑队中做小工，留守老人也会在耕种土地之外发展小规模蔬菜种植或养猪等。总之，只要有劳动就业机会，村民都会积极参与到市场中去，而不会选择闲暇和休息。

吕村的主要姓氏是吕姓，分布在吕大庄、庙前、圩子和庙东。蔡家主要姓蔡，有 900 人左右；李家主要是李姓，有 700 人；欧寨主要是欧姓和陈姓，一共有 500 人左右。7 个自然庄基本上都是单姓村，在历史上形成了用姓氏来命名自然庄的传统以及自然庄内部聚族而居的村落格局。但村庄历史和社区记忆并不长，村民主要是在明朝年间从山西省洪洞县迁移而来的。在历史发展过程中，各个姓氏出现了人口数量上的增减变化，从而导致了当前自然庄范围上的差异。自然庄内部的单姓家族随着历史变迁，不断分化成众多的“门子”结构[①]。“门子”是当地农村“自己人”认同的一个范围概念，主要指“五服”之内的血缘亲属。在各个姓氏发展的早期，“门子”内部的人口较少、范围较小，但随着人口的不断繁衍，拥有同一个祖先的村民就再根据亲疏远近，形成相对独立的“门子”。

在吕村调查期间，村民经常会提到两个概念，即“门子”和“庄子”。“门子”是当地村民观念中最紧密的血缘关系单位，一个“门子”的范围基本划定在五服之内。在这个范围内，村民有最近的血亲关系，是先赋性的自己人认同单位。“庄子”就是指当地村民聚集而居的自然庄，华北农村在历史上基于共同防卫等功能性需求而围绕一个自然庄形成紧密的居住结构，一个自然庄的人因为通过人情走动、互助合作等建构起仅次于“门子”的紧密关系。这样，黄淮海平原农村就存在着基于血缘和地缘的双层认同结构。血缘认同的基本范围是五服或三服之内的“门子”，地缘认同的范围是相对独立的自然庄。“门子”和自然庄共同形塑出当地村民的人格结构、行为逻辑，行为逻辑则包括社会行为和农民家庭行为两个方面。

当地农村“门子”认同结构的形成一方面是通过各种合作建构起来，另一方面也通过“门子”内部的竞争来不断强化。因为黄淮海平原地区没

---

① “门子”是华北平原农村基本的认同与行动单位，一般是以“五服”为边界来分别“自己人”和外人。1949 年之前，“门子”是村庄首事会制度的基础。可见杜赞奇的《文化、权力与国家》，江苏人民出版社，2010 年版。

有南方宗族农村地区较为完整的宗族体系，而在历史发展过程逐渐中演变成碎片化的、以各种形式呈现出来的小亲族结构，“门子”就是其中一种形式。因此，当地农村没有笼罩性的、结构性的规范和力量，只有相对独立的众多小亲族。在这样的样态下，每个小亲族、“门子”都希望发展壮大自己的力量，以在村庄内部占据主导地位，这就产生了村庄内部众多“门子”之间的竞争和张力。“门子”大代表着家族势力大，也就说明拳头大，说话就能硬气，最起码能在各种事情上不吃亏。这样，村庄内部就很容易形成各个“门子”之间的竞争，表现在村民日常生活和农民社会经济行为上。在日常生活上，“门子”之间的竞争主要表现形式有房子、红白喜事、过日子等。家庭之间的竞争因为主要表现在追求外在形象，这样房子就成为了很重要的标志，为了建好房子，就要对生活质量进行压缩。所以，大部分北方农村在吃穿上都不讲究，不讲个体享受，而更注重有没有建新房以及新房的外观等。因此，村庄社会内部存在的这种竞争性结构就不断形塑出农民家庭的经济社会行为，首要的就是在经济上勤劳节俭、积累财富，这样在社会竞争中如建房、红白喜事等场合上才会有面子。

湖北省沙洋县位于汉江下游和江汉平原的西北腹地，地形平坦、土壤肥沃。官垱镇马村正是沙洋县下属的一个行政村，共有 8 个村民小组，有 429 户，1746 人。实际在村庄居住的有 370 户，全村共有计税面积土地 3525 亩，实际面积达 3856 亩，人均耕地面积达到 2 亩。而且，当地每亩标准是 1000 平方米，远远大于全国普遍的每亩 667 平方米，所以当地农户的实际耕地面积就更大。官垱镇所在的荆门市是全国 50 大商品粮基地，以水稻、油菜、棉花种植为主。其种植结构是四五月份种水稻，九十月份种油菜，称为“油套”；或者是四五月份种水稻，九十月份种小麦，称为“麦套”。在以前，村民出于生计考虑，大多种植双季稻，近三年来，种植双季稻的面积大大减少，主要原因是，种植双季稻又要割早稻又要插晚稻，要赶季节整田插秧，劳动强度太大。加上天气炎热，很多人都受不了这种辛苦，而且“搞不好种两季不如种一季收成好”。所以现在大部分村民都是种一季水稻、一季冬小麦或油菜，该地在地形上属于鄂中浅丘地带，属江汉平原与鄂西北山脉的过渡区域，也是典型的鱼米之乡。近几年来，随着种子质量的提高以及农药、化肥的使用，水稻产量不断提高，按照当地大亩面积计算，一亩能达到1800斤，按照1.3元/斤的出售价格，每亩地的毛收入能达到2300元。除去农资、机器等生产成本约700元后，亩均纯收入可以达到1600元。

南方农村稻作区的农业生产不同于北方农村旱作区的农业生产。北方旱作农业区由于机械化水平的提高和化学手段的使用，农业生产呈现较高的去劳动力化的特点，因为旱作农业种植所耗费的工时较少、管理较少，所以村庄内部很多群体都选择外出打工。而南方水稻产区则不同，因为农忙时间需要集中投入大量劳动，并且在农忙完后到收割前的3个月时间，需要不断进行田间管理，比旱作农业要复杂很多，这主要是由于水稻种植更容易发生病虫害。因此，水稻种植上的管理环节就对产量影响至关重要。像当地村民所说，"如果只是简单管理，那么会耽误一季"。北方旱作农业的管理则相对简单，如小麦在播种后就是打药，浇灌都很少，玉米主要是浇灌、追肥等。而水稻的管理要经过几道程序，光打药就要打3次左右，而且针对不同季节爆发的病虫害要用不同的药。灌溉更是频繁，在遇到干旱天气时，一周就要抽一到两次水。

因此，水稻农业对管理的时间投入和要求更高，对技术也有很高的要求。另外，农业对农民的重要性也不同，其中主要有两个影响因素：一个是外出打工机会的多少和打工市场的繁荣程度；二是农业管理的复杂程度。正是在这两个因素影响下，安徽省地区的农业对农民家庭的重要性日益下降，而在江汉平原却仍然成为最重要的收入来源。并且，江汉平原农村对农业越来越重视，因为农业收入越来越高，这样就不会出现抛荒和粗放种植的情况，而大都是精耕细作。

虽然农业生产还有一定收入，但马村的经济也早已形成了务农生产和打工经济相结合的半工半耕生产结构。马村共有劳动力670人，在外打工的就有365人，在家种田的劳动力只有300多人，其中包含65岁以上的老年人。从2000年左右开始，当地村民就到广州、深圳等地方打工。现在的打工地点主要集中在武汉、广州和深圳。年龄在50岁左右的村民仍然是同时进行着农业生产和兼业，主要是在当地建筑队做大工或小工，一天收入能有100～200元。当地的经济结构使得留守农业性质更加突出，即大部分都是60岁以及60岁以上的老年人在种田和管理，并担负起替儿女照顾孙辈的责任。

在村庄社会层面上，马村共有20多个姓氏，大都是每个村民小组有两三个主要姓氏，其他的都是杂姓。因为当地历史较短，没有形成如弗里德曼(2000)、王铭铭(2007)等所讨论的华南宗族性较强的村落，也没有形成像安徽省吕村以“门子”为单位的血缘认同结构。根据张国雄(1995)的研究，江汉平原的移民以江西籍的为主，在《移民档案》中“江汉平原”的107族中，确知迁自外省者有97族，其中江西籍的有77族，占79%(张国雄，1995:35-41)。当地村民之间的凝聚力并不是很强，只是通过地缘关系和后天建构的拟血缘关系来形成人际交往圈，从而在村庄中获得“守望相助、疾病相扶”的帮助。

而且，随着马村村民外出打工收入的增多，越来越多的农户开始到乡镇或县城买房。马村四组共有48户，在官垱镇、沙洋县城和荆门市买房的户数有21户，其中在官垱镇买房的有8户，在沙洋县城买房的有4户，剩下的9户都是在荆门市里买房。马村的其他村民小组也基本都是这种情况，官垱镇的其他村庄也亦是如此。在当地，农民家庭只要有足够的收入来源，就会考虑在外面买房，而村庄中的房子大都建于20世纪八九十年代，基本没有新房子。只有在儿女结婚或者实在没法居住时，才会将其整修一下。因此，当地村民完全没有像安徽省吕村那样在建房等事务上进行竞争，农民选择竞争的方面主要体现在日常生活上的舒适度，如当地村民大都注重衣、食、住等享受性的东西，在吃饭、穿衣上非常讲究，家中的生活设备如洗衣机、电冰箱、太阳能、电脑等一应俱全。

虽然水稻种植相对比较辛苦，但当地农民农忙时间全部加起来总共只有3个月时间,其他时间都基本处于农闲时期。所以当地有一个顺口溜,即“三个月种田,三个月过年,三个月干闲”。所以,当地村民主要将闲暇时间用于打麻将等娱乐活动上,基本上家家户户都有麻将桌,经济条件好的家庭还会购置电动麻将桌。

(二) 研究方法

本书属于个案基础上的质性研究,主要希冀通过村庄个案研究来理解中国农民家庭行为的表现形态及内在机制。个案研究的主要目的是通过对村庄个案的深度访谈和分析,形成对具体个案及相关变量之间关系和机制的深度理解。本书主要是研究农民家庭内部的农业生产行为、打工经济行为、财富积累以及消费行为等,同时通过深入到家庭结构和村庄社会结构层面上展开对家庭经济行为的理解。这可以通过对村民的深度访谈和参与式观察等研究方法,形成对经验现象的最基本认识和把握,进而在这一基础上对农民家庭经济行为进行抽象和理论提炼,最后形成理解中国农民家庭经济行为的解释框架和理想类型。因此,本书在个案研究基础上并不追求个案“代表性”的问题。

在个案研究基础上,本书还通过区域比较的方法形成对农民家庭经济的全面把握。区域比较方法的形成源于中国农村社会的复杂性,受自然生态和历史文化等因素的影响,中国不同地区农村内部的社会关系和结构存在差异。贺雪峰(2012)从村庄社会结构的视角将中国农村分为南方、中部和北方三大区域,南方地区主要是团结型村庄,中部农村地区主要是分散的原子化村庄,北方农村主要是分裂型村庄。其中就本书而言,山东、河南和安徽等地属于北方村庄,主要是村庄内部存在五服内血缘关系的联合,如安徽省、河南省地区的“门子”就是这样一种结构,而且不同血缘群体之间具有竞争关系,这成为影响村庄内农民社会行为和经济行为的重要因素。湖北省沙洋县农村则属于中部农村地区,因为村庄内部缺少紧密相连的具有集体行动能力的农民集群,每个农民都是相对独立地呈现出原子化分散状态。在村庄分类与农民家庭经济行为关联上,因为村庄所具有的外部客观性质不同，从而影响了农民经济行为的表现形式。北方农村农民具有较为强烈的为子孙后代积累财富和延续家庭的理想愿望，从而能够表现出更加辛劳和节俭的经济态度。而在中部农村地区，农民的现世性较强，既没有保持对祖宗、历史的较长序列感，也没有形成对子代的强烈家庭责任和伦理义务感，从而使得其经济态度更加服从于舒适、轻松的行为选择。

因此，在以上个案研究和区域比较方法的关照下，笔者同时将安徽省吕村和湖北省马村作为本书的深度个案研究村和区域比较研究对象。另外，笔者对山东省昌乐县的农村、河南省周口市的农村分别进行过一个月时间的调研，其在区域上同样属于北方农村。笔者还在湖北省襄阳市的农村、辽宁省丹东市的农村做过调研，其在区域上属于原子化的中部农村。这些调研经验可以促使笔者对中国农民家庭经济行为形成更为全面的理解，使笔者能够在整体上形成对中国农民行为的横向比较和认识。

（三）章节安排

第一章是导论，主要交代了本书的研究主题和问题意识来源，同时在微观经济学、家庭经济学、经济人类学和家庭社会学等领域中对农民经济行为做出了研究综述，建构了本书的分析框架。第一章还阐述了本书的研究方法、资料来源以及基本概念等内容。

第二章主要是对农民家庭经济的基本形态进行分析，核心内容是分析“以代际分工为基础的半工半耕”经济结构形成的经济理性。这是对农民家庭经济行为进行社会文化分析的基础。

第三章主要分析农民家庭伦理责任与其勤劳经济选择，通过研究家庭内部的收支结构、家庭生命周期变迁下的农民生计安排，来分析农民家庭内勤劳经济的形成机制和农民家庭的生活理想。

第四章主要是从村庄社会结构的角度来分析农民家庭勤劳经济态度和行为的形成机制，主要是从农民家庭的人情消费、面子竞争以及人际关系建构等方面进行分析，认为村庄社会结构是影响农民家庭经济行为的重要结构性力量，并分析了村庄社会中的“边缘性群体”与其经济行为选择。

第五章主要是在区域比较和阶层分化视角下，讨论农民家庭经济类型，提出了北方农村节余型经济类型和中部农村生活型经济类型。还对农村社会中不同阶层的经济态度和行为差异性进行了分析。

第六章主要分析农民经济行为的变迁，从经济理性和目的理性两个维度来解释经济行为变迁，主要有两个方面：一是农民劳动伦理观变化使得消费经济兴起，二是打工经济中小农理性也同样出现了变迁。

最后一章是结论，主要结论是农民家庭经济并不是纯粹的经济理性行为，而是嵌入在了村庄社会文化结构中，这包括农民家庭伦理责任和村庄社会结构性压力，并共同对农民家庭的生产、消费和积累等行为产生影响。而随着小农理性的变迁，家庭伦理责任意识不断弱化、村庄社会结构性力量也在下降，这使得农民家庭出现了从勤劳经济到消费经济的行为选择变迁。

第二章 农民经济形态呈现与小农理性实践

以代际分工为基础的半工半耕经济模式主要是处于农民家庭在经济理性和目的理性上的双重选择。务工收入和务农收入构成了农民家庭经济的“两条拐杖”，剔除任何一条都会降低农民家庭的经济生活水平，这里体现出的是农民在经济意义上的“勤劳”行为。

中国农民家庭经济主要包括生产和消费两个方面，而农业生产又构成了家庭经济的主要组成部分。费孝通(2007:33)在《江村经济》中就提到:“农村中的基本社会群体就是家，一个扩大的家。这个群体的成员占有共同的财产，有共同的收支预算，他们通过劳动的分工过着共同的生活。”自古以来，农民家庭就依靠农业生产维持着家庭基本生活和家庭延续。黄宗智(2012)也指出，“在中国经济史上，最基本的经济单位一直都是农户家庭，而不是个体化的雇工”。因此中国农民家庭经济的重要组成部分就是家庭农业，而长期以来因为人地关系紧张，家庭式经营农业一直处于“过密化”状态，即通过高密度的劳动力投入换取有限的土地产出，而且高密度劳动力投入下的劳动力边际报酬不断递减，这就陷入了黄宗智(2000:13)所说的“没有发展的增长”“高土地生产率与低劳动生产率的结合，正是农业内卷化的证明”。

因此，中国农业发展追求的理想就是“去过密化”，实现劳动生产率的提高，而不仅仅是较高的土地产出率。随着我国打工经济的兴起，劳动力流动速度加快，农村剩余劳动力减少，这都为农业“去过密化”准备了条件。黄宗智(2010)分析了“三大历史性变迁”交汇状态下中国出现的隐性农业革命，即主要是20世纪90年代以来劳动力增加率下降、21世纪以来的非农就业机会增多以及农产品结构转型(由低值农产品转向更多高值农产品，如菜、果、禽、蛋、奶、鱼、畜等)，中国农业呈现出“资本和劳动双密集化”的高效农业和“新农业”。高原(2011)后来所讲的山东省西部农村的农业经营类型也是这样一种双密集型农业。然而，这种基于农业产业结构调整之上的高效农业并不具有普遍性，构成中国农民家庭经济重要组成部分的农业经营仍旧以小农生产为主。

本书通过对湖北省和安徽省的实地调研，认为当前中国式小农经济的主要表现形式是留守农业和中农经济两种形态。留守农业主要是由农村留守群体经营的农业类型，中农经济则主要是村庄中形成的中等规模种植经济形态。正是在留守农业和中农经济形态下，农民家庭经济形成了“以代际分工为基础的半工半耕”的家计模式和劳动力再生产模式。留守农业和中农经济是农民家庭在经济理性和目的理性考量下作出的适应性选择,其既满足了家庭对经济收入的追求,又是家庭劳动力再生产和代际再生产的重要方式。

一、留守农业中的家庭经济

(一)留守农业的现实和形成机制

留守农业主要是由农村留守群体即留守老人和留守妇女等半劳动力群体从事农业生产的经营形态,在当前农村青壮年劳动力外出打工的情形下,留守群体成为农村农业生产的主要劳动力。据调查,当前农村农业劳动者的平均年龄是 57 岁[①],这可以呈现出农业经营的“留守特征”。在笔者调查过程中,村庄中基本上都是 55 岁以上的老年人和妇女在负责农业生产,马村甚至有很多年龄 70 多岁的老人还经营了十几亩农田。在当前中国普遍担心“谁来种地”的情况下,农村留守老人和留守妇女成为主要的农业劳动力。

留守农业的形成首先与农村劳动力的流动有关。进入 21 世纪以来,打工经济逐渐兴起,越来越多的农村青壮年劳动力开始进入城市打工或经商,打工收入成为农民家庭经济的重要组成部分。根据《中国农村统计年鉴》,2012 年农村外出打工的总人数有 2 亿多,大量劳动力离开农业生产,缓解了农村劳动力的“过密化”状态,农业生产开始呈现出一定的“去过密化”状态。

根据上文,湖北省马村共有 18～60 岁的劳动力 670 人,在外打工的劳动力就有 365 人,刘凤芹(2011:37)在《土地的规模效率和农业经济组织绩效研究》中提到,“目前农村,基本上没有全部从事农业劳动的家庭,

① 朱启臻,杨汇泉. 谁在种地——对农业劳动力的调查与思考[J]. 中国农业大学学报(社会科学版),2011(1).

几乎90%以上的农村家庭都至少有一个主要劳动力长期从事非农业工作”。也就是说，基本上每个家庭中的青壮年劳动力都会选择进入城市打工或经商，湖北省马村的劳动力主要务工方向是南方的广州市、深圳市等地，大都从事服装加工生产。安徽省宿州市吕村劳动力主要是到上海市、南京市等地打工。而且，家庭中劳动力能够外出打工的年龄段集中在18～45岁之间，这是由城市工厂线和服务业的行业特性决定的，“超过35岁的进城农民工会发现，适合自己工作的机会越来越少，且工资越来越低。而35～65岁正是从事农业生产的理想年龄”(贺雪峰，2009)。因此，随着家庭人口结构中青壮年劳动力进入城市务工，就只剩下年龄较大的中老年人和妇女在家种田务农，这样留在农村中的劳动力资源就可以实现一定程度的去过密化，基本上每个家庭都有两个劳动力，从而可以耕种10亩左右的土地。因此，家庭劳动力资源可以在土地和打工上得到较高配置，农村剩余劳动力较少，也就缓解了人地之间的紧张关系。

对家庭经济收入的追求也是促使留守农业发展的重要因素。自古以来，中国农民家庭收入的主要来源就是农业生产，“众多人口挤在狭小的面积上，用着简单的农业技术，靠土地的生产来维系很低的生计。农村劳动力供过于求，没有其他生产事业来和农业争取分配劳动力”(费孝通，2006:13)。而且因为家庭人口众多，获得的农业人均收入也相当不足。而城市就业机会的增多以及打工经济的兴起，改变了农民家庭经济的收入结构，务工收入构成了农民家庭中主要的收入来源，农业收入成为次要的收入来源。在这种形势下，农村家庭中单纯依靠“人均一亩三分，户均不过十亩”的土地收入就很难维系一个家庭的正常经济开支和生活需求，只有将家庭人口结构中的一定劳动力配置到打工经济中去，才能够实现较为丰裕的经济收入。如上文所提到的，农村贫困家庭的形成很大一部分原因就是家庭人口结构的不完整或家庭的不完整，从而很难实现劳动力资源在务农与务工之间的高效配置，也就限制了收入来源的完整性和丰富性。

因此，当前留守农业的形成正是基于家庭人口结构中不同年龄段劳动力在经济领域中的配置方式不同，青壮年劳动力因为具备外出打工的年龄优势和资本，就可以进入城市相对收入较高的行业领域，大部分年轻人“一个月的务工收入就能赶上一亩田一年的收入”。当前中国农业生产中，因为有外出打工的收入来源，可以形成与种田收益的对比，农民也开始有机会成本的比较收益意识。即当在土地上收益低、机会成本高时，就会放弃土地经营，转而寻求效益更高的就业渠道。这是普遍情况，但却没有考虑到农村社会中的群体分化，当前最有机会成本和比较收益意识的群体是年轻人和中年人。而对于中老年人，他们都明白农业生产的机会成本高，但因为影响农业生产的因素还有一个外部性问题，即外出打工的机会选择，中老年人不能选择外出务工，只能投入到土地中。这样就形成了基于家庭人口结构和年龄结构分化的经济收入结构。从而，打工经济收入可以应对家庭经济中的大宗消费开支，如盖房子、娶媳妇等事项，而留守农业的收入可以应对农民家庭经济中一般生活性的开支。

案例1。马村三组村民许忠仁，59岁，其儿子及儿媳都在广州市打工，孙子读小学。现在家庭中只有二老耕种了10亩(大亩)农田，并在4月份与其他两家合伙购买了插秧机。10亩田的收入情况如下：共收割18000斤稻谷，稻谷市价是一斤1.3元，一亩地毛收入达到2300元。

主要开支情况：耕田、整田燃料费一亩田需20元，抽水费一天一夜要30元；插秧机一亩田需油钱10元。种子一亩田需4斤，共200元；管理上，打两次药，最多一次在7月份，需800元左右，一年的总药费是1000元，平均一亩100元；用收割机一亩田需120元，把谷运到家需30元；一亩田需100元底肥，追肥用尿素，一亩田需25斤，一袋105元，一亩田需30元左右。总开支在600元左右。因此，一亩地的收入就是1700元。即10亩地收入为17000元，当然这是大亩，换成小亩的话就是15亩地收入为17000元，平均每亩在1000元左右。也就是说，一年的农业收入可以达到17000元，而这只够家庭基本生活开支，如电费、煤气等生活开支费用，还要赶人情，“基本上够过个嘴”。

案例 2。马村五组村民杨世松，51 岁，两个儿子都已经结婚。老大在 2007 年结婚，办婚礼花了 8 万元。老二前一年结婚，办婚礼花了两三万元，衣服、家具、三金都是自己出的，房子重新维修了一下。虽然两个儿子都已经成家，但杨世松仍旧种有 18 亩地，因此，家庭中还需要各种花费开支，如小孙女上幼儿园一年就要花 4000 元，这都要杨世松负责。两个孙子读书一年得花万把块钱，还有人情开支和生活开支，仅仅能过得去生活。杨世松在农闲时就出去打小工，弄点零花钱。“9 月 5 日左右收回稻谷，10 日种油菜，不种的人就出去打工，有 4 个月左右时间可以打工，这样也能把不种冬播的钱挣回来。而杨世松自己不能出去，因为年纪大了，还要照顾小孩。但过年以后可以出去打工一两个月，只要肯吃苦，就有活干。”

留守妇女种田也是当前留守农业的重要形式。马村七组的陈必新家，陈必新在荆门市区做瓦工包工头，一年能有三四万元收入。家里还有 12 亩田，并且其儿子在官垱镇开有农资门面店。总的来说，陈必新的家庭收入很高，但陈必新妻子还要一个人留守在家辛苦经营这 12 亩田地，而且收入所得都归儿子所有。种子、农药、化肥都是从儿子那里拿，收完谷、晒好后，就打电话给儿子，就会有车将稻谷拖到米厂卖掉。陈必新妻子在家也不怎么打牌，花钱很少。其主要家庭开支就是赶人情的费用，陈必新妻子有 7 个姊妹，所以“办事情”的次数就很多。光去年陈必新家就操办了 4 次事情，第一次是陈必新妻子 50 岁生日，主要的姊妹都过来了。还有其公公去世、婆婆过 70 岁生日，都要“答应客”[①]，亲戚邻居都要来，这样就要准备酒席。中饭、晚饭各 20 桌，人情收了三万多元，基本上与花费持平。陈必新之所以这样勤快是因为其“任务”还没有完成，“要给女儿准备嫁妆”。而且陈必新妻子在忙完自家农活后，还要出去打工，如给别人

① “答应客”的意思就是接收其他村民送的人情，有的村民在办事情时出于各种原因考虑也会不答应客，即不会收取人情。

插秧等。

以上留守老人和留守妇女经营农业虽然不会获得太高的经济收入，但可以构成家庭经济中必不可少的一条重要“拐杖”，如果只有家庭结构中青壮年劳动力的务工收入，也很难保证家庭经济的较高水平，甚至会陷入到家庭的结构性贫困中(吴力子，2009)。

除了以上两个因素，农业生产领域中的机械化、化学化水平的提高也是支撑留守农业的重要客观基础。传统农业生产中机械化水平较低，需要投入大量的劳动力以替代机械，农业生产中很多重体力的劳动如“肩挑背扛”等都是老年人和妇女所不能完成的，这主要由家庭中的壮年劳力来完成。如湖北省沙洋地区是传统的水稻种植区，以前稻谷用人收割需要13道工序，如割、捆、挑、板车拖运、下车、打开、边碾边翻、倒松、挑出去、扬风、拖拉机压谷等。这些工序不仅复杂，而且需要强壮劳动力的投入。而随着机械化水平的提高，稻谷在产中环节的劳动力投入大大减少，主要是插秧机和抛秧技术的使用。过去人工插秧一天只能插1亩，两个人一个星期才可以插完10亩田。而插秧机一天可以插上10亩，不但加快了种植速度，还节省了劳力。在湖北省调查期间，5月份是当地的“忙月”时间，即“双抢”季节，既要忙于抢收油菜或小麦，又要忙于抢种中稻，在以前需要整整投入一个月高强度的劳动时间，所以简称为“忙月”。而最近几年以来，忙月时间只需要一个多星期就可以了，主要是用收割机收割油菜，然后再用插秧机插秧或抛秧，这就明显加快了耕种节奏。油菜也是沙洋县的优势作物，但以前需要耗费较多的劳动力投入，因为油菜是种植在之前的水稻田里，很容易在雨水多时形成积水无法排除的状况，所以村民都要在稻谷收割完后进行“挖沟”，从而便于排水。而且油菜种植还完全依靠劳动力进行播种，速度很慢。随着直播机械的推广，播种速度和劳动强度大大降低，开沟、施肥和播种都能一次性完成。这也大大方便了留守群体进行农业经营和管理。

在安徽省宿州市旱作区农村，机械化水平同样提高了农业生产效率，并节省了劳动力投入。在吕村，村民在小麦种植中所花费的时间越来越少，在耕地、打田、播种、收割、运输方面都基本上由大型机械承担，村民只负责日常田间管理工作，如打药、施肥和浇灌等。玉米种植中需要相对较多的工时，主要是打药、施肥、浇灌等。在玉米种植和收割过程中也基本上实现了机械化，农业生产中的日常管理工作基本依靠家庭中的辅助劳动力就可以完成。

机械化水平的提高主要包括两个方面。一方面是农民自己购买越来越多的农业机械，如小型拖拉机、整田机、插秧机等。在湖北省沙洋县农村，水稻种植前期，首先要进行整田，自古以来都是村民联户喂养耕牛，然后在耕田、整田中轮流使用，一天的耕作面积也就一亩多。而现在基本上每家每户都购置了小型拖拉机和旋耕设备，农忙时间经常看到 60 多岁的老人驾驶整田机在耕田。官垱镇双冢村还有几个近 70 岁的老人购买了插秧机，一台插秧机的费用接近 1 万元，一般都是两三户联合购买和使用。另一方面是指农业机械社会化服务程度的提高，因为受限于农民家庭中的土地面积和资金限制等，很多农户并没有购置整田机和插秧机，但因为村庄中机械使用市场化程度提高以及其他地区机械进入，从而可以有偿获得机械化服务。村庄中的机械市场化服务主要是由大马力耕田机提供，市场价格是 120 元/亩，很多没有自有机械的农户就可以请村庄中的耕田机进行整田，一小时能整两三亩。外部机械的进入主要是在稻谷、油菜和小麦收割期，很多跨地区的联合收割机为村民提供社会化服务。在湖北省马村调查期间，官垱镇上停有很多来自安徽省和江苏省地区的联合收割机，农户如果需要收割服务，这些联合收割机就可以将机械开到村庄农田中，收割价格基本上也是 120 元/亩。

农业生产的产前和产后市场化程度提高，也大大方便了农民种田。产前阶段主要是种子、农药、化肥等生产资料市场销售网络越来越多。以湖北省官垱镇为例，2004 年之前，农资经销主体是乡镇种子站和供销社，主要供应农户需要的种子、农药和化肥，个体经营户很少。种子站和供销社在农资来源渠道上也主要是通过县农业局和一些批发商获得，不仅来源单一，农资种类也很少。如种子品种以前就只有几个，农药厂和化肥厂以前也很少，农资的市场化程度很低。2004 年左右，种子站和供销社相继解体，主要是经营利润太低，无法运营。2005 年之后，个体农资经销店迅速发展，由原来的 10 多家变成现在的 50 多家，伴随而来的就是农资品种增多，销售渠道拓宽。种子、农药和化肥厂家增多，都通过代理商在一个县城范围内推广一个品种，是一个代理商对接多个经销商的模式。现在官垱镇的每个村庄都有三四家农资店面，大大方便了农民购置农资。而且因为市场竞争的存在，每家农资店都会提供农资上门服务，即用车辆将化肥等沉重的农资送到农户家中，而且一般都是以赊销的方式交易，即当农户在粮食作物收获后再交纳农资费用。

在农业生产的产后阶段，主要是粮食销售阶段上的便利性，不管是在安徽省吕村还是在湖北省马村，粮食销售市场都很发达，农户只要给粮食经纪人[①]打一个电话，粮食经纪人就会主动开车来收购粮食。大部分村民也是将粮食收割完后存放于家中，等到粮食价格处于最高峰时再卖出。也有一部分村民则是在将收割完的谷物直接运到村庄的马路两边晾晒，等晒干后直接就卖给粮食经纪人，从而节省了从农田到储藏室之间的搬运付出。这对于留守农业来说是很重要的，因为老年人和留守妇女一般没有重体力来进行粮食搬运，粮食经纪人则负责全部搬运、上车等环节。

因此，农业生产过程中机械化、化学化和社会化服务体系的完善为留守农业的存在提供了客观条件。主要是因为这些客观条件能够在一定程度上实现对劳动力的替代，从而使得留守老人和妇女能够经营“去劳动力化”的农业生产。而城乡二元化的劳动力就业市场和农民家庭收入结构构成了留守农业发展的宏观基础，这在当前学界和政府普遍担心“谁来种地”的情况下，留守群体可以成为强有力的农业经营主体。从农民家庭出

---

① 粮食经纪人主要是每个村庄或村民小组里的粮食贩子，农户的大部分粮食都是通过他们卖给粮食加工厂的。

发，留守农业正适合了家庭人口结构中出现的年龄分化。一般来说，60岁左右的家庭人口结构由60岁左右的老年人、40岁左右的子代家庭和孙代构成。其中，60岁左右的老年人仍然可以耕种10亩农田，并成为老人农业的主体；40岁左右的子代家庭中，孙代已经不用老年人照顾，子代就可以外出打工。而50岁左右的家庭结构则是由“小老人”、已婚年轻子代和需要照顾的孙代组成，已婚年轻子代是要外出打工的，“小老人”群体要负责照顾孙代，就要维持种田和兼业的生产结构。因此，土地种植或土地资源配置就在接续的年龄结构中达成稳定，不会产生土地配置的年龄断层，每个年龄阶段都有其现实任务，从而可以实现劳动力资源和土地资源的天然接洽。

（二）留守农业的经营逻辑和效益分析

当前，留守老人、留守妇女和留守儿童成为重要的社会问题①，而留守农业对留守老人和留守妇女来说具有特殊意义。老年人早已丧失了在城市就业的机会和在农村兼业的机会，中年留守妇女则因为照顾家庭中的父母或子女而必须留在村庄中，农业生产就成为了这两个群体的主要经济活动。留守群体在农业经营过程中最明显的特征是对家庭剩余劳动力的充分利用，实质上就是恰亚诺夫所说的“自我剥削”或“自我开发”。因为留守群体无法获得在城市就业的机会，从事农业生产的机会成本就很低，也不会形成与打工经济的收益比较，不计成本的劳动力投入是留守农业产生经济效益的条件。而且这种经济收益的取得是以土地产出率的提高为前提的，而不是劳动生产率的提高。虽然村庄中青壮年劳动力不断流向城市，缓解了农村劳动力的“过密化”程度，但因为留守群体并没有其他就业机会，就仍然保持着在农业生产过程中的高密度劳动力投入，并在农业生产过程中减少资本投入，形成以劳动替代资本的要素组合模式。

江汉平原的稻作区自古以来就需要进行劳动力的大量投入，这由水

① 参见叶敬忠等关于留守群体的研究，《静默夕阳》《阡陌独舞》和《别样童年》，社会科学文献出版社，2008年8月版。

稻种植的复杂性决定。对沙洋县马村来说，农业生产的一般顺序是，每年4月1日开始准备早熟稻的育秧，4月20日在上年没有种冬播的空白田里插秧。5月7日左右开始收油菜，需要一个星期。5月14日开始插迟熟秧田，5月25日左右忙完。下秧一周后开始追肥、打药、除虫灭草。到8月20日左右，中稻基本到了成熟期，村民开始请收割机收割稻谷。冬播主要是用拖拉机整田、挖沟，栽或撒播油菜，然后进行打药、抽水等人工管理工作，到第二年5月初开始人工收割油菜，然后用收割机打菜籽。以前都是用牛或拖拉机打菜籽，现在收割机打菜籽都是120元/亩。在夏播期，收割油菜后就要用拖拉机或牛整田，然后抛秧或机插秧。有的地方还要请人工插秧，一人一天200元。插秧后就进入了管理阶段，基本用自身劳动力就可以，除非像包种农场地①或种田较多的农户，会请人帮忙打药、除虫。

对于留守群体来说，其要在农业生产过程中充分利用自有劳动力，并减少雇工和机械使用等资本投入。在农业生产准备阶段如耕田、整田阶段，大部分留守群体都会利用跟其他农户合伙喂养的耕牛耕田。随着越来越多的农户开始购置小型拖拉机，这样就可以自己使用拖拉机耕田、整田。马村也有几台大马力整田机，主要服务于那些土地较多或年龄较大而无法耕田、整田的农户。对于一般农户来说，都会在产前阶段减少雇佣机械的资本投入，从而保证经济效益上的较高产出。马村五组的宋洪法，60岁，家里一个儿子已经结婚成家，儿子跟儿媳在广州市打工，女儿嫁到荆门市区。现在老两口种10亩田。“10亩之内的田都不敢请机械，只请收割机”。老宋抛秧、整田等都是用人工，也不会请人，因为工钱越来越贵。老宋和其老伴两个人一天可以抛两亩田的秧，整田主要是老宋用合伙喂养的耕牛进行，一天能整两亩，五天就可以整完。因为后期要赶时间，老宋只用耕牛时间就来不及，才雇请拖拉机整了一亩田。

① 沙洋县在20世纪50年代成立了众多农场，主要是因为当地有广袤的荒地可以开垦。最开始，农场耕地由劳改犯人耕作，后来劳改犯人转移而交由沙洋农场的职工耕作。因为农场都是与当地村庄的土地相连，很多农场土地就以较低价格转包给了当地村民。

留守群体经营农业的另一个特征是精耕细作。水稻种植不同于北方地区小麦、玉米的种植，水稻种植在农田日常管理阶段中更加复杂。一般水稻在插下秧之后，村民就开始进入日常性的管理阶段，主要是水、肥、药等的管理，在下秧一周后，就要进行第一次追肥、打药，然后在水稻生产过程中还要进行三次针对病虫害的防治，主要是防治一化螟、二化螟和三化螟，每次防治时都要在较为密集的时间内到农资店买药，然后要在太阳最毒的中午时间打药，这样才能将病虫彻底消灭。如果错过了打药时间，就会严重影响这一季的粮食产量。水稻种植中还有一项最为耗费劳力的活动，就是抽水灌溉，因为水稻生产讲究"干干湿湿"，水田中既不能太干也不能水量太大，所以留守群体要经常关注农田里的水情。在一般情况下，每隔一周就要抽一次水灌溉农田，因为沙洋地区农田水利设施在近十年来不断破败，集体灌溉水利已经走向终结，农户大都走向了水利单干时期①，即每家每户在农田或家中院子里打深机井，然后购置抽水设备，如水泵、水管、电线和电表等，从而将机井中的水抽到较远的农田中，一般距离在一两百米，较远的距离甚至能达到五六百米。在抽水过程中就需要耗费大量体力，因为要将管道、电线铺设好，然后开始抽水，并不断变换田块位置②。等抽完水后又要将管道和电线收起来，这对留守群体来说都是体力上的巨大消耗。农田管理上的精耕细作还表现在日常管理中。在水稻下秧后，每家每户的村民都要在每天早晨扛着铁锹等农具到自家所有的田块中转一圈，主要是看田有没有漏水，秧苗有没有得病，需不需要除草，牛有没有吃掉秧苗等。这样的过程每天大约需要一到两个小时，并一直持续到水稻收割。

留守农业的最大目标是开发家庭剩余劳动力，以提高家庭经济的总

---

① 贺雪峰，罗兴佐．中国农田水利调查——以湖北沙洋县为例[M]．山东：山东人民出版社，2012(7)．

② 分田到户时，为了体现公平原则，大都按照土地等级进行分配，使得农民土地呈现分散化的插花田格局，有的农户田块达到三四十块，并分布在不同的地理位置，一般情况下每户都有十几块田，这都增加了劳动量。

产出和总收益，而多种经营成为重要手段，如种养结合、半农半经、提高复种指数、发展庭院经济等都可以实现土地产出率最大化和家庭收益最大化。留守群体虽然在农业生产中投入了大量劳动力，但当前阶段的农业生产已经轻松很多，“三个月农忙，三个月过年，还有半年农闲”，这成为大部分农村地区的真实情况。对于留守群体来说，在剩余劳动力相对充足的情况下，其要追求家庭经济收益的最大化，就需要对种植结构和家庭经济结构进行调整，从而可以充分利用农闲时间进行劳动力的“自我开发”，如种植蔬菜、荸荠等耗费劳动力而又有市场价值的经济作物。宿州市的吕村因为距离市区较近，很多村民都在自家农田中种植一定面积的蔬菜如辣椒、卷心菜等，因为涉及的管理工序较多，家庭中的留守老人或者妇女基本上都要将精力花费在蔬菜管理上，要进行打药、灭虫、除草等。荸荠是湖北省沙洋县的特色经济作物，亩产能达到几千斤，但在收割时期需要耗费大量的劳动力，主要是将荸荠从田里挖出来，然后再进行大小标准的分类，因此荸荠属于劳动密集型作物。

马村七组的杨允民已经 70 岁了，两个儿子都已经在深圳和武汉成家、买房，家中二老却一直种有 7 亩田，其中有 4 分地种菜，主要是在冬春两季种菜。杨允民每天早晨都要骑着摩托车到官垱镇卖菜，一天能卖二三十块钱，这样一年卖菜的收入也能有三四千块钱。同时家里还喂养了一头母猪，也能成为家庭经济收入的重要来源。马村的很多留守老人还会选择另一种形式的兼业方式，即在水稻从下秧到收割完的 5 个月中间，到水田、堰塘和沟渠等有水的地方打鳝鱼或抓龙虾。基本上是每天下午五六点钟就要带着抓龙虾、鳝鱼的篓子到水塘去，每次大约要花一个多小时放置，然后第二天早晨要在天还没亮的时候去收网，大约都在早上 4 点多起床，再骑摩托车到距离家里 10 多里路的镇上卖掉，或者卖给到村里收龙虾、鳝鱼的贩子，每天平均收入能有 50 块钱。很多有体力的老年人每天都重复这种活动，看似有很多乐趣，其实也充满了辛劳，选择这种利润微薄的经济行为就是为了充实整个家庭的经济收入。

案例3。马村二组的张生发，65岁，家里种有9亩田，儿子已经结婚，并在镇里做农资生意。在种田上，农资费用都由儿子出，老人就是替他们管理，如打药、除草、抽水等。老人将稻谷收完后，儿子只负责开车将稻谷拖运到米厂卖掉，卖掉后就直接把所得收入拿走，老人得不到任何收入。张生发之所以这样做是因为他认为："儿子家里经济压力大、消费支出多，要养孩子、供小孩读书；儿子还经常在外跑车，结交朋友多，花费自然就多。"老人的收入来源就只能是打点零工，在旱地里种几分地的棉花。张生发的另一个收入来源就是外出打杂工，比如修"U"形渠、帮工钻井，红白事帮忙搭架子、敲锣打鼓等，从而挣点零花钱。其中，帮工钻井一天能挣100元，农户红白事上敲锣打鼓一天也能挣100元。根据张生发的记录，他最近几年每年打零工的收入也能有六七千元。

概言之，留守农业主要依靠缺失市场就业机会的留守老人和妇女群体进行"过密化"的农业生产，追求的是去除生产成本投入后的纯收益。对留守群体来说，他们是不考虑劳动力市场价格的，也就不考虑劳动边际产出。在当前的现实情况下，留守农业并不是指向市场化和社会化的货币伦理需求(徐勇，邓大才，2006)，因为种田是赚不了钱的，不能像打工经商等实现高投入、高产出的利益回报。农业生产剩余产品只能维持家庭运转。

伯恩斯坦(2011:5)对小农的定义是，"小农"这一术语通常指的是为了简单再生产，而且显然是为了满足自身食物的需要(维持生存)而从事家庭农业的农民。此外，小农还常常被附加一些假定的特质，如村庄的团结、互惠和平等，以及对以家庭、社区、血缘和地缘为基础的生活方式及价值观的认同。这也同样适用于中国农村的留守农业现状，留守群体通过农业和多种经营可以获得较高的收入水平，从而能够满足家庭基本需求。如一对60岁的老年人可以耕种七八亩农田[①]，一年两季的收入能有近两万元，还可以通过兼业、打零工以及多种经营获得一些额外收入，虽然"基本上到年底就花完了"，但其具有很重要的经济效益。下面是马村五组宋

① 此处指的是大亩，即每亩为1000平方米。

会计种植 9.5 亩田的收入-开支情况。

冬播部分主要是油菜和小麦。油菜种了 4 亩田，一共收了 1317 斤，市价是 2.4 元/斤，一共收入 1317 斤×2.4 元/斤＝3161 元。剩下的一部分田种小麦，因为种子出了问题，1 亩田的产量只有 300 多斤，种了 4 亩，一共收了 1324 斤，市价是 0.83 元/斤，收入为 1099 元。因此，冬播收入主要就是油菜和小麦的收入，一共有 4260 元。

夏播部分主要是水稻，9.5 亩田一共收获了 18282 斤稻谷，单产达到 1924 斤，市价大约都在 1.35 元/斤，留部分稻谷作为口粮，剩下的出售，收入为 21996 元。因此，全年的农业生产总收入就是 4260＋21996＝26256 元。

表 2-1 和表 2-2 是 4 亩油菜和 9.5 亩水稻的开支情况。

表 2-1　4 亩油菜的总开支

复合肥、碳肥	100 元/亩＋60 元/亩，160 元/亩×4 亩＝640 元
种子	4 亩田共 84 元
硼肥	56 元
盛花期打药	50 元
总开支	830 元

表 2-2　9.5 亩水稻的总开支

水稻生产	每亩开支	总开支/元
种子	3.5 斤种子，100 元	950
肥料	100 元	950
收割机	100 元	950
农药	打两到三次，60 元	570
机整	1 亩为 120 元，其他流程都是用牛整	1140
抗旱税费	70 元，两级提水，最远的田离水源有 600 米	665
秧盘等苗田开支	50 元	475
追肥	共两袋尿素，200 元。一亩 20 多元	200

续表

水稻生产	每亩开支	总开支/元
除草剂	一亩,20 元	190
合计	640 元	6090

因此,水稻种植和油菜种植的总开支是 6090 元+830 元=6920 元。纯收入是 26256-6920=19336 元,亩均收入为 2000 元左右。在当地农村,冬播油菜的收入基本上都是作为第二年水稻种植的成本投入费用。在安徽省宿州市的吕村,因为人均土地较少,且小麦、玉米的市场价格比稻谷、油菜的低,农户经营农业的收入就相对较低,但一亩地两季的纯收入也能有 1000 元。这样,留守群体经营农业收入在家庭经济范围内就可以有相对较好的经济效益。留守农业首先可以满足家庭的基本开支,实现老年人自我养老,从而减轻家庭人口结构中年轻人的负担。

案例 4。马村二组的老朱是县统计局选定的记账户,每年都要详细记录家庭内的所有收入-消费开支。在 2012 年,老朱家家庭开支共 2.9 万元,包括农业生产费用、生活费用、人情开支和读书费用等。农业生产费用主要是春季肥和冬播肥的开销,包括种子、农药、化肥等各种农资。孙子上学费用包括车费和生活费,半年就要分别交 650 元,还有几百元的学习资料费用。春播费用为 3000 元,冬播费用为 2000 元,人情开支每年也有 4000 元左右。老朱家每年都要买一头猪喂养,以到过年时吃,买猪和喂猪的费用得 2000 多元。2012 年,老朱全年的收入有 30000 多元,包括种 10 亩田的收入和打零工、打鳝鱼的收入。其中,种田两季能有 20000 多元的收入,打零工、打鳝鱼能挣点零花钱。

上述案例可以清晰说明留守农业对农户家庭的重要作用。农业经营的收入虽然远远比不上外出打工的收入,但可以保证农民家庭的基本自给自足,并能帮助那些已经进城生活的年轻人,如留守老人会将收获的稻谷和菜籽油等送一部分给城里的子女。如官垱镇友好村一户 60 多岁的村民耕种了 7 亩水稻,每年能打谷 13000 斤,其中留 3000 斤自己吃,还要留一部分给嫁到城里的女儿，因此，留守农业在一定程度上也实现了年轻人对老年人的“啃老”。更重要的是，留守农业的收入可以用于农村家庭的基本开支，就可以使得子女打工的收入成为家庭大宗消费开支的财富储蓄和积累，可以用于结婚、买房等事项。留守群体特别是老年人经营农业还有很重要的社会效益，即老年人留守在家不仅可以从事农业生产，还可以替外出打工的子代家庭照顾孙代。不管是在湖北省马村还是在安徽省吕村，村庄中最常看到的群体就是老年人和其照顾的孙代。很多老年人都有一个以前没有过的重要任务，就是到乡镇小学或幼儿园接送孙子、孙女上学。在调查中还遇到一个刚刚接孙子放学归来的老年人，他认为接送小孩上学、放学是其最重要的职责，而种田、农业生产则还是次要的任务。因此，留守群体在经营农业的同时，代替外出打工的年轻人照顾孙代，就在一定程度上实现了代际再生产和劳动力再生产①。

中国总体上人地关系高度紧张，基本上形成了“人均一亩三分，户均不过十亩”的小农经营格局。在这样的背景下，留守农业对农民家庭就至关重要，其主要功能就是维持家庭生计和发展，即农业生产经营的收入能够满足家庭的日常生活、人情往来等各项开支，使得家庭能够维持、发展下去。对于中国大部分家庭来说，农民进行农业生产并不是为了获得扩大再生产的经营性资本，也即农业生产不是货币伦理取向的，而仍然是家庭伦理取向。而且，留守老人和留守妇女通过农业生产还可以实现自身劳动力的价值，从而也就减少了家庭内部纯消费者的比例，总体上提高了家庭经济的总产出。

二、中农经济及其合理性

当前农村社会，留守农业基本上是“嵌入”在半工半耕结构中的。但是以代际分工为基础的半工半耕结构也会随着城镇化、打工经济和土地

① [英]亨利·伯恩斯坦. 农政变迁的阶级动力[M]. 汪淳玉，译. 叶敬忠，译校. 北京：社会科学文献出版社，2011.

流转而发生变化，随着一部分外出打工者在城镇安居立足，其在村庄的土地就会流转出去，从而形成了一批种植面积在20～50亩、依靠自有家庭劳动力进行精耕细作的中等规模自耕农，也即本书所讲的“中农”群体。中农的种植面积大都多于一般小农，并很少雇工、雇机械，从而可以节约生产成本，其获得的经济收入基本上等同于外出打工收入，这样就形成了一种与打工经济相对应的经济形态，即中农经济。

本书中所讲的“中农”概念不同于土地改革时期对农民阶级成分的划定，1950年6月，《关于划分农村阶级成分的决定》出台，根据当时中国的土地改革现状和需要，将农村阶级划分成了“地主、富农、中农、贫农、工人”。对“中农”的界定是，一般占有土地，拥有一部分牲畜和劳动工具，生活来源靠自己劳动。本书对“中农”群体的界定是指那些在村庄经营的土地属于中等规模、在村庄中的经济收入也属于中等的农民，故称之为中农阶层。中农阶层的重要特征是主要利益关系在土地上，主要社会关系在村庄内部(杨华，2012；林辉煌，2012；徐嘉鸿，2012；袁明宝，2011)。

“中农经济”首先是岳谦厚、张文俊(2010)在对晋西北抗日根据地研究中描述农民经济形态时用的概念，其所说的“中农经济”主要是指农村内的中农户数及其土地占有量在整个农村处于优势地位，在地权关系上中农占有一定数量的土地，在土地经营方式上，家庭所有的土地以自耕为主。总体上，中农经济是以中农为主体的自耕农型小农经济。其所定义的中农经济仍然是在土改时期对农民阶级成分划分的基础上进行的。后来朱静辉(2008)通过在湖北省京山县的调查，提出了“中农经济”，认为其所调查的村庄类型属于“中农经济形态的村庄”。朱静辉意义上的中农经济是指村庄整体土地面积大，人均耕地面积较多，多于一般村庄，在土地资源较为丰富的基础上形塑出来的农民经济形态。刘锐(2014)也对“中农经济”进行了分析，主要是在阶层分化背景下讨论中农阶层在农业生产上的微观实践等内容。本书所探讨的“中农经济”主要是分析农村社会中中农阶层所形塑出来的农户经济行为和逻辑。

对中农阶层的认识最先开始于对土地流转的关注，因为农村土地流转的实现是与农村人口流动、职业分化有重要关系的，而人口流动和职业分化就产生出农民的阶层分化。贺雪峰(2011)对中农阶层的认识是基于大规模土地流转对村庄中一些农户所造成的影响，这些农户的基本特征有：年龄在50～60岁，夫妻均在家种田；从外出务工经商的邻里亲友手中低价接包耕地，从而有约20亩的经营规模；每年能有三万元的收入；一般都盖有楼房，住房宽敞；自种菜园，喂鸡养猪，池塘里养鱼，因此生活中的自给自足成分很高，等等。杨华、林辉煌、陈柏峰和刘锐等人的研究也是在阶层分化背景下对中农进行讨论，主要内容是关于中农阶层在农村政治社会事务中的"中间价值"等①。

伯恩斯坦(2011：155-162)也讨论了家庭农业的阶层动力，主要分析的是生活资料和土地劳动力商品化和小商品生产。他还提到："中等规模的农民特别依赖于农业与非农活动(Off-farm Activities)的结合，包括外出务工，这是支持农业再生产的收入来源，特别是当再生产的成本上升时。"弗兰克·艾利思(2006：7)也认为农民并不是农民社区内同样的、同一的、具有同等地位和前景的所有农业家庭的组合。相反，农民社会在任何地方总是具有多方面的内部层次。黄宗智(2000：5)对综合性小农的分析也是基于对不同阶层小农的区分，一种类型是经济地位上升的、雇佣长工以及生产有相当剩余的富农或经营式农场主，一种是经济地位下降的、在饥饿边缘挣扎、付出高额地租和领取低报酬的佃农或雇农等类型。

本书主要是在家庭经济范围内讨论中农经济的经营逻辑及其对农民家庭经济的效益分析，中农经济也是农民家庭在经济理性考量下作出的选择。中农经济最核心的变量是经营土地面积所获得的收入能够与外出打工收入相近，使得家庭收入水平和生活水平处于村庄中等水平。

① 刘锐．土地流转、阶层分化与乡村治理转型——基于湖北省京山J村的调查[J]．南京农业大学学报(社会科学版)，2013(2)．

（一）中农经济的表达与实践

当前中国农村基本上是“人均一亩三分，户均不足十亩”的种植规模，而中农经济主要是指种植规模在20～50亩的农户经营形态，如果只耕种自家的承包地显然还达不到这种规模。因此，中农经济的形成就与村庄社会中的土地流动或流转密切相关。土地流动主要是指税费时期村庄内部土地权属的变动，土地流转主要是税费改革后不同阶层农户之间的土地变动。

因此，当前中农经济的形成主要有两种形式。第一种形式是税费时期通过农户之间自发丢田—捡田形成的，后来在二轮延包、土地确权时形成一种无田户、少田户和种田大户的格局。从20世纪80年代后期开始，随着粮价低迷、税费负担加重，农民从种田中所获得的收益逐渐减少，再随着外出打工经济的兴起，有能力和社会关系的村民便将土地抛掉，进入城市打工，从而形成了第一次土地的单向流动，这是一种少数农户将土地抛给村集体或其他邻里村民的行为。税费时期的土地流动是由村庄内部少数村民抛田和少数村民捡田构成的。一个村民小组中如果有两三户抛田，就可能形成两三户种田大户，如马村四组的情况，正是3户农户在2000年左右将30亩田丢掉，从而形成了四队有3户农户耕种超过一般村民的田亩面积。这种中农大致是通过两种形式形成的，一是主动捡别人丢掉的田，二是以合同形式承包村民小组的机动地，也是其他人丢掉的差田。这种田后来就改成了计税面积，成为农户户头所有的土地，而不再是合同田。湖北省农村在税费时期收取的税费普遍很高，马村当时每亩的税费费用就高达240元。再加上很多地块的水源条件不好，种植一年的收入甚至还抵不上所交的税费金额，从而出现很多农户抛弃土地的情况，李昌平在《我向总理说实话》中正是描述了这种情况。

马村五组共有380亩计税面积的土地，在税费较重的2000年左右，有五六十亩田被“放弃”，小组长为了不让本组中出现抛荒田，就以较低价格把这些土地承包出去，或者通过抓阄的形式再重新分下去。四组的杨小青家现在的土地面积是 20 亩，而分田到户时的承包面积只有 13 亩，后来又捡了本组 3 户人的田，共有 7 亩。当时这 3 户人都不愿种田而到外面打工去了，杨小青因为家中有两个小孩正在读书，就只能多捡点田以增加总量收入。在土地二轮延包时，这 7 亩田就确权到杨小青家的户头上了。因此，税费时期因为种田税费很重，有的村民组甚至达到了 380 元/亩的费用，使得很多村民选择“被动”抛弃土地，离土离乡。马村四组一共有 44 户村民，其中有 8 户选择了甩田而离开村庄，见表 2-3 所示。

表 2-3　马村四组在外农户情况

搬出农户	搬出时间	搬出地点	从事职业	土地去向
朱传彪	20 世纪 80 年代	全家在深圳打工	服装厂	甩田
王华清	20 世纪 90 年代	官垱镇	卖饲料	甩田
徐云峰	20 世纪 90 年代	官垱—深圳	打工	甩田
徐兴军	20 世纪 90 年代	后港镇—荆门市区	镇玻璃厂上班，在荆门市区买房	甩田
李仁华	20 世纪 80 年代	深圳	打工	甩田
曾令军	1998 年	深圳	打工	流转给堂兄
宋红秀	2000 年	不清楚	打工	流转给多户亲戚
王联华	1998 年之前	荆门市区	打工	甩田
杨碧金	2005 年	荆门市区	跟随子女	流转给邻居

第二种中农群体是在税费改革后，通过农户间自发流转形成的种田大户。自发流转是在打工经济和农民分化背景下形成的格局，因为村庄内部缺乏土地流转市场，能够有关系和能力进入城市打工的群体（包括富裕阶层和全家外出务工阶层）就将土地暂时转包给亲戚或邻里。而村庄中总有一部分年龄在 45 岁左右的中青年群体，因为家庭中老年人需要照顾或者小孩需要照顾，就没有进城或不愿意进城打工，而且因为在村庄内部流转亲朋好友的土地租金较低，通过流转扩大家庭耕种面积就成为有利可图的行为。

在实地调查中，中农群体的大致耕作规模都在 30～50 亩，湖北省马村中等规模的种植面积就在 20 亩左右，但因为当地的田亩是大亩，如果转换成标准亩也正好是 30 亩。安徽省吕村少数的中农经济规模也维持在 20 亩左右的面积。之所以将中农经济的耕作面积限定在 20～50 亩这个区间内，首先是因为在村庄范围内土地不是可以随意无限获得的，这源于基本的人地关系，而且村庄中能够进入城市就业市场的人群终归是少数。也即村庄内部能够有条件将土地流转出去的阶层毕竟占少数。村庄中很多中农群体都想多流转一些土地，但因为流转涉及社会关系、土地地理位置等因素，一般农户可以在其村庄血缘交往圈子和人际交往圈子中，也就只能流转到两三户的土地。其次是因为这一耕作面积所获得的收入基本上接近于该群体外出打工所挣得的收入，农业经营收入能维持在 2 万元左右，再加上其他副业或者兼业收入，中农经济家庭一年所挣得的收入可以达到 3 万元左右。这样其家庭经济收入就基本处于村庄经济结构中的中等位置。

当前因为土地流转还不具有市场地租的概念，流转租金只是象征性地收取，如一亩田为 200 元或者 100 斤稻谷等实物，这使得土地流转方向具有很强的选择性，即不能随便将自家土地以低价流转出去，而首先要考虑具有血缘关系的亲属或具有业缘关系的朋友等。因此，湖北省马村和安徽省吕村在后税费时期的中农群体大都是将土地流转给父母、兄弟或其他亲属邻里而形成的。如果村民之间没有很好的关系，便不会将土地流转出去。就像马村村民所讲的："现在土地俏得很，都想多种点田，因为粮食价格比以前高了很多，原来是 2 毛钱一斤，现在已经达到了 1.3～1.4元/斤。"而且土地流转还要看关系，"关系好的人才能获得土地"。

一般来说，中农经济的形成与三种土地流转类型有关。第一种是农民家庭户内土地流转，即子代因外出打工而将土地流转给父代耕种，形成留守农业。种田收入和补贴都交给父母，但父母要承担抚育孙代的各种开支和在家的人情开支。第二种是兄弟间的土地流转，在兄弟较多的联合家庭中，如果有兄弟外出打工或暂时离开土地，就会首先将土地交给其兄弟耕种。如果不给兄弟种，就会有意见、闹矛盾，因为土地经营还是有一定的收益，多种一亩田就意味着更多的年收入，所以兄弟一般不会将这种能获得收入的机会让予他人。因此，一个联合家庭内如果兄弟众多，就很有可能形成中农阶层，即如果联合家庭中兄弟等亲属较多，就会有条件流转土地。因为在最开始的联合大家庭中，兄弟多就意味着分田后资源减少，就被迫通过各种关系出去打工，这样就会将土地流转给留在家中的其他兄弟，就使得留守在家的兄弟容易发展成为耕种较多土地的中农。而那些人口较少、兄弟较少的联合家庭就很少有机会通过流转获得土地。马村七组的杨维宽和杨伟松都耕种了 20 亩左右的土地，其中有一半都是耕种其兄弟的土地，2 个人各有 3 个弟弟。第三种就是村庄内部亲属邻里关系间的流转，这也是很普遍的流转方向。马村三组的金逸琼家以前只有 10 亩田，后来其在五组的表哥全家外出打工，10 亩田就全部交给金逸琼家耕种。

中农群体的形成有几个重要因素。第一个因素是村庄社区内流出人口较多，通过考学或者外出经商做生意，从而减轻了村庄内部紧张的人地关系。马村七组正是这种情况，七组共有 50 户农户，其中每个家庭中都有 1960 年、1970 年后出生的人群脱离农业、农村而进入城市，主要形式就是在 20 世纪八九十年代考学和进城做生意。七组老杨家有 3 个儿子，都是 1968 年以后出生的，老大和老三现在在荆门市区做生意，老二是通过考学出去的，现在在市民政局上班。杨必华也有 4 个儿子，老大已经在荆门市区退休，老二在荆门市卫生局上班，老三在荆门市区做房地产生意，老四在毛李镇信用社上班。也就是说，人口大量流出使得村庄内部的人地关系发生变化，当小组中的老年人不能继续种田时，就会选择将土地流转出去。七组的情况正与八组形成了鲜明对比，八组共有近 60 户农户，共有 360 亩土地，户均只有 6 亩田左右。但八组基本没有流动出去的人口，从而形成了人口对土地的较高“挤压”，也形成了每个农户对土地的依赖，从而难以产生中农群体。第二个因素是当地就业机会多，从而可以吸纳一部分剩余劳动力。

(二)中农经济的特征、经营逻辑和经济社会效益

中农经济的形成主要是基于城乡二元就业市场的出现,村庄中大部分18～50岁的青壮年劳动力不断流入城市,从事经济收入较高的第二、第三产业,这些人的土地便交给父母耕种,形成留守农业,或者很多农户举家外出,便将土地流转给亲朋好友,从而形成了中农群体。但中农群体在村庄范围内并不是一成不变的,而是具有较强的临时性和变动性,这主要是因为农户间的土地流转具有自由的进入与退出机制。一方面,当时将土地流转出去而选择进入城市务工的农户,会因为家庭中父母和孙代等需要照顾,也会因年龄原因而在城市无法继续立足,从而选择返回农村收回之前流转出去的土地,这样就使得中农重新退回到一般的小规模种植面积。这也与农民的家庭理想有关,"50岁左右的人都想开了,不愿意在外打工了。因为小孩在外干得都不错,自己的责任就是把孙子带起来,在家种点田,家庭生活也可以过得不错"。另一方面是因为中农群体自身的原因,一般中农年龄都是在45～50岁,随着年龄增长而跟不上农业生产的劳动量,便陆续退出农业生产从而转变成为留守农业。中农群体的临时性很重要的一点还在于外出流动人口的短时间性和临时性,如在小组范围内,有一些农户因为各种原因会临时选择退出农业生产,从而可以成就一部分中农群体。

案例5。马村五组的徐云峰,50岁,家里只有9亩田,而今年就能有20亩田,因为其小叔家的8亩田要流转给他。徐云峰的小叔去年有了孙娃子,幺妈就得到城里照顾小孩,而小叔在家还要做瓦工,就没有时间种田,只能流转给徐云峰。马村三组的杨世峰,家中有10亩田。其隔壁邻居要到拉萨打工,主要是投奔那里的儿子。邻居老婆因为要在家照顾孙子,耕种不了太多农田,就只留下1.7亩田作为口粮田,其他的9亩田都临时流转给杨世峰。因为邻居只去打一年工,明年就回来,因此租期只是一年,租金是双方协商好的,每亩250元。这种临时性的中农,也要因种

植面积的扩大而改变经营行为，杨世峰家里之前只有一头耕牛，但因为今年要种近20亩的田，便决定购买拖拉机，“好赶时间”。

在中农经济结构中，具体的中农群体具有变动性[①]，但村庄整体层面上会保持中农经济的常态。黄宗智(2000:78)在《华北的小农经济与社会变迁》一书中也讨论了“经营式农场主”的不稳定性，经营式农场主很少能够连续数代维持富户地位，家道衰落的主要原因是分家。而在当前现实下，中农群体的变动性主要是因为在土地上存在着进入与退出机制，中农可以成为半工半耕群体，也可能因为年龄原因成为老人农业，也可能完全退出农业生产。但村庄在整体上的生产经营结构是固定和稳定的。即在农村社会，从事农业生产经营的年龄结构上总会有年轻人、中年人和老年人。年龄结构的完整性就决定了生产经营结构的完整性，也就决定了中农经济存在的必然性。

而维持中农经济结构的要素主要有两个，一个是保证一定规模的种植面积，一个是进行多种经营。即其主要目标是获得同等劳动力外出务工的收入水平。当前形势下，一个农户家庭中的两个中年劳动力外出打工可以获得的年收入保持在5万元左右，所以这也成为中农经济的基本界限。这是因为中农群体在劳动力市场上还具有机会成本，从事“中农”生产的劳动力是可以进入城市第二、第三产业而获得就业机会的，因此中农经济就会面临着就业市场上的劳动力价格(W)即一般工资水平的约束。如果中农生产的年收入低于外出务工的收入水平，中农就会退出中农经济结构，而选择具有较高比较收益的打工经济。

因此，在工资水平约束下，中农经济必须达到一定的收入才能具有经济社会效益。而这正是中农经济不同于留守农业的地方，在留守农业从业的劳动力因为不存在劳动力就业机会，因此就不存在工资水平约束，其经营规模就是由留守老人或妇女本身体力所能完成的生产限度决定的。

① 另外还有学者讨论了资本下乡推动的大规模流转对中农群体的消解，详细见贺雪峰(2011)，王德福等(2011)，袁明宝(2014)等人的研究。

即主要由留守群体基本的生理能力或者体力劳动决定其能否从事更大面积的农业生产。一些土地承包面积大而留守群体又不能完成农业生产的家庭，就会选择保留一部分口粮田，而将其余的农田流转出去。而且，留守农业不同于中农经济的地方还在于其经济收入对家庭的重要性不同，留守农业只是成为整个家庭经济的辅助来源，而不能成为主要收入来源和经济开支来源，城市务工收入才能成为其主体性的收入来源，这也使得留守家庭主要根据留守劳动能力来决定其能够经营土地的面积。

在中农经济结构中，多种经营成为必要的组成部分。一般来说，“中农”群体除在种植夏季大田作物之外，还可以选择冬季复种小麦或油菜，或者套种其他经济作物。对于中农经济来说，保证一定的经营规模和进行多种经营的本质都是要实现家庭劳动力的充分就业，并能获得家庭经济收入的增加。而要达到这一目标，则形成了对中农经济较为严格的要求。留守农业基本上没有任何约束，而中农经济则有年龄、劳动投入、技术投入和资本投入上的约束。

具体来说，中农经济结构是土地、劳动力和技术等生产资料集中以及资本集约的过程。土地规模约束是中农经济的最基础条件，这在前文中已经做出了分析。除了规模约束外，中农经济还要在相对有限的土地上进行密集投入，如进行多种经营、提高复种指数、扩大冬播面积等。湖北省沙洋县在冬播时间一般种植小麦或油菜作物，但近几年来因为小麦亩产很低，越来越多的农户选择种植油菜。而油菜种植需要投入更多的劳动力，比起种植小麦来也更辛苦，因为种植时要人工挖沟，收割时虽然大部分油菜都可以用收割机，但也有一部分田进不去收割机，就需要人工收割，这是比较耗费体力的。而且，油菜种植还面临着夏收时的“双抢”，即要抢时间收割油菜，然后再抢种水稻，这同样需要较为密集的劳动投入。因此，一些留守群体因为劳动力的限制，就会在冬播时少种油菜，从而可以空出大部分田来，在第二年还没有到双抢季节时就可以种下水稻，从而可以大大减小劳动强度。对于中农群体来说，因为要增加家庭经济收入，就要种植较大面积的油菜。因此,中农要想方设法从土地上谋得更多收入,如马村七组的杨维宽一共耕种了 20 亩农田,并充分发展庭院经济,他在自家院子旁的三分空地上种了棉花,一年就能有 1000 多元的收入。

案例 6。马村三组的范伟明,45 岁,也是村庄中的中农群体。其承包的土地面积有 11 亩,后又流转了妹夫家的 9 亩田,总共有 20 亩田。他每年冬播面积都很多,2012 年冬播油菜面积达到 18 亩。虽然范伟明家有收割机,但在双抢时间仍然成为很大的体力负担。

在广西壮族自治区富川瑶族自治县的农村,村庄中的中农群体大都会选择“水稻+蔬菜”这种种植结构,一般是收完早稻后就开始种植蔬菜。中农种植蔬菜的行为不同于一般小农,一般小农种植蔬菜有很大变动性,即在市场行情好、能挣到钱时,小农就会扩大蔬菜种植面积;而当遇到蔬菜跌价时,就会很快退出蔬菜种植。中农群体则会选择较为固定的蔬菜种植面积,一般保持在 10 亩左右的面积,这样就能保证价格低时不会亏损太多,价格高时也能挣到较高收入,从而能够维持中农经济的稳定性。也就是说,中农群体不会进行风险太大的经营投资和生产,而会选择一个相对较为平衡的种植结构,在粮食生产和经济作物生产之间权衡利弊(袁明宝,2013)。

中农经济同样属于劳动密集型和资本节约型经济,即要充分利用家庭自有劳动力进行生产,减少雇工和雇佣机器的成本开支。与留守农业相比,中农经济更倾向于对家庭劳动力进行自我开发。留守农业在自我劳动力开发上具有两个限制:一是留守群体劳动体力的限制,从而不能进行高强度的农业活动如插秧、整田以及搬运等;二是留守农业一般所拥有的机械设备较少,上文分析中提到留守农业一般具有小型拖拉机和整田机,但总体上要远远少于中农群体。中农因为土地面积较大,已经达到农业机械的规模效益界限,所以大都会购置一些基本农业机械,如小型耕田机(5000 元左右)、旋耕机(3 万元左右)、中小型收割机(10 万元左右)和插秧机(1 万元左右)等。农业机械具有不可分性,当土地经营规模达到一定面积，机械使用才会达到规模效益。因此，留守群体和中农群体在购置机械上的出发点是不同的，留守群体使用机械主要是为了减轻劳动力强度，中农群体使用机械则是为了实现农业机械的规模经济效益。而且，中农群体购置农业机械可以减少对农机服务市场的依赖，进而减少开支。同时，中农群体购置的农业机械也可以在村庄范围内提供农机服务，即为其他农户插秧、收割、整田等，这也成为中农群体经济收入的一部分。

在马村，种植规模较大的中农群体基本上都会有充足的机械设备，如拖拉机、整田机、插秧机和收割机等。而且很多中农家里都有两台拖拉机，这样一台机器可以用于运输，另一台用于整田，从而提高了劳动效率。有的农户家甚至有大马力拖拉机，一般的小型拖拉机都是 12 匹的，中型拖拉机能达到 60 匹，其整田效率自然大大提高。中农群体因为种植面积较大，基本上都会购置插秧机，但因为插秧机的时效性太强，主要是在插秧季节使用半个月左右，所以很多中农群体一般都是合伙购买插秧机，并轮流使用。在湖北省沙洋县，一台插秧机的价格大约在 1 万元，如果有两三户合伙购买，每户只需出资 3000 元左右，这也减轻了家庭的经济负担。中农群体中也有一部分人购买收割机，一方面是用于收割自家的农田，另一方面是在村庄范围内从事经营活动，可以为村民提供收割服务并收取一定费用。中农群体购置机械主要是为了减少资本投入，这涉及两个方面：一是机械替代劳动力，减少雇工费用；二是减少在市场上的农机服务投入成本。

案例 7。上文所讲的范伟明就刚刚购置了一台插秧机，主要是因为之前雇工插秧或抛秧的成本太高，前年种田时范伟明一共请了 20 个帮工，一个帮工 180 元，共花费 3600 元，而且还要负责请工的生活开支，一天吃两顿饭。这样雇工的投入就很不划算，于是范伟明在去年花费了 11000 元购置了一台插秧机。而且，在自家忙完后也可以为其他村民提供“有偿”插秧。整田也是用自家的拖拉机，收割用自家的收割机，他在 1995 年就买了收割机，后来又换了一台。收割油菜时也用自家的收割机，收完自家的还可以帮别人收割，一亩田收120元。

中农群体在劳动投入上的高强度主要体现在产中环节上。产中阶段要进行精耕细作式生产，而不能粗放管理，要亲自参与到农业生产的各个环节中去，包括打药、除草、灭虫、放水、看水等。夏播之后，中农群体基本上没有休息时间，从每年的4月1日下秧日到8月20日收割早熟中稻、9月10日收割晚熟中稻，“没有什么长的休息时间，每天都要下田观察”。对于湖北省的稻作区，农业生产中的用水是最耗费劳动力的，主要是要不断地抽水。在水稻生长的4个月时间中，只有半个月不用水，主要是准备晒田以方便收割机进田收割。天干的时候，每隔两天就要抽一次水，一般情况下是一周抽一次。而且，大部分村民每天都要看电、检查水情，查看田里有无漏水、稻谷有无虫情等。在每天忙完田里的事情后，中农群体才有一点时间用于休息，一般是到村庄里的小卖店打牌或者聊聊天，但时间不会太长，因为农田中的事情需要不断投入精力。双抢时间对中农来说是最辛苦的时候，因为冬播面积较大，因此就要加大劳动力投入以尽快完成冬播收割，然后再进行抢种，其付出的劳动量要远远多于一般农户。

案例8。马村二组的熊传新耕种了隔壁村岳父的10亩田，一共有20亩田。这自然增加了其劳动投入量，“前几年插秧时，因为要赶在芒种之前下秧，芒种过后再插秧就会影响产量，所以夫妻俩经常在凌晨三点起床插秧，晚上也要忙到很晚”。插完秧后还要管理稻田，主要是水、肥、药等，这些都要付出很多时间。一般来说，每年5月份开始收割油菜，大约需要半个月时间，割完后就要下秧，然后每隔10天左右抽一次水，这就要去看水，看稻田有没有被龙虾打洞，还要看秧苗有没有病虫害。早晚都要去稻田里看一遍，管理得好就能收2000斤稻谷。“农忙早点起，农闲多睡会。关上门来作揖，自己恭贺自己”。熊传新在农业生产上投入较多主要是基于三个原因：一是自我劳动力投入可以减少资本投入；二是赶农时以使产量不降低，村庄中也有一些很懒的人，别人都已经插完秧了，他们却还在整田，这自然会导致产量降低；第三是中农在忙完自家农田后，还可以帮助兄弟姐妹干农活，或者利用农闲时间外出打零工。

中农群体在农业生产的产前和产后阶段也都投入了较多时间和精力，从而保证家庭经济收入的最大化。产前阶段主要是为农业生产做好准备，要精心准备和选择种子、农药和化肥等，水、肥、药和管理是影响农业生产的两大重要因素。对于中农群体来说，一年的农业收入对其具有更重要的意义，所以不能因为水、肥、药等问题导致产量降低甚至绝产，马村七组杨维宽一般的亩产收入都是在2000斤左右，所以他认为“如果减产就意味着失职”。

所以，产前阶段对农资的选择和使用就至关重要。一般来说，中农群体在选择种子时都会坚持传统和创新相结合的方式，即选择多种品种，而且既要有传统型的稳产品种，同时也要试种一下高产、增产的新品种。2013年夏播，范伟明的20亩水稻田一共买了100斤种子，花费4300元，共包括3个品种，“田多不能只买一个品种，那样风险会很大”。农药则一般选择那些效率较高的大品牌，如美国杜邦、德国拜耳等，这样就可以减少打药次数，又可以起到较好的灭虫效果。前文所讲的杨小青对农药和种子就具有较高的认知度，主要是通过观看电视节目《垄上行》，节目中有很多农业专家讲授种田的科学技术，从而形成了种田的经验，“自种田以来，从来没有发生过虫灾”。杨小青在防虫打药上一般都使用杜邦等好一点的农药，灭虫效果较好，一般隔半个月、20天打一次就行，一亩田最多打3次药就可以收割。而很多田少的农户或留守群体，因为田少也不重视农药的选择，就随便买一些便宜药，结果是不断打药，“一个星期打一次药，还没有将虫灭掉”。杨小青因为田种得好，产量也高，“小组里很多六七十岁的老年人都来问自己买什么牌子的种子、农药和化肥”。在化肥选择上，中农群体也开始试用配方肥，如杨维宽今年就开始尝试用配方肥，一袋价格是135元，主要是能根据土壤成分来提供所缺乏的化学元素，就可以提高产量。

在产后阶段，中农群体主要是用自家拖拉机将粮食拖到米厂销售，从而可以赚取粮食贩子的差价。留守农户因为种植面积较少以及体力限制等原因，大部分都将粮食卖给前来收粮的贩子，粮食贩子一般会在村组范围内请人将粮食搬运到车上，并根据重量给予一定工钱。而粮食贩子为了获得一定利润，就将粮食收购价压到略低于米厂的价格，从而获得差价。而中农群体自己到米厂销售，虽然增加了体力付出，但可以赚到每斤5分钱的差价收入，这也是中农群体区别于留守农户的地方。

最后，中农群体有机会成本和比较收益的概念，在劳动投入上就会有所限制，而不会无限投入劳动力。总的来说，中农经济因为有一般生活水平约束和外出务工工资水平约束，就产生了与留守农业不同的经营逻辑。因为有外出打工的就业机会，他们会比较在获得同等收入时务工和务农的辛苦程度，这样在劳动生产率上就不会产生接近零的情况。在土地产出率上，中农群体同样是要以劳动投入换取总量收益的增加，从而保证了较高的土地产出率。而要达到这一目标，就需要中农群体保证一定的劳动生产率、一定的土地经营规模和机械化率（桂华，2014），这是中农群体不同于留守农户的地方。

中农生产结构对于农民家庭经济的重要性主要依靠两大部分收入来源，即依靠农业生产获得农业收入，以及进行兼业、副业等多种经营获得多元化收入。这样就决定了中农群体要更加充分地实现劳动力的自我开发，要在农忙时间投入大量劳动管理农业生产，还会在较短的空闲时间就近做点小零工，如修“U”形渠、做建筑小工、帮粮食贩子扛包等。

马村三组的杨世峰，52岁，没有出远门打过工，但平时都不会闲着，而是经常到县城、乡镇等地打零工，到米厂扛包或在家捉鳝鱼等。当有粮食经纪人来收粮食时，杨世峰就会去当小工扛包，每天还会捉鳝鱼，以充实家庭收入。“只要吃得苦、耐得劳，哪里都有人来找你做活”。在冬播之后的较长农闲时间一般为每年10月份种下油菜到过年之间的三四个月时间。因为农田需要较少管理，很多中农就选择外出打工，五组的陈碧清就是按这种生活方式生活的，农忙时间除了照看田里的事情，还到附近打零工，如到建筑队做小工等，一天也能有100多块钱的收入。2012年冬播之后，陈碧清利用冬闲时间到苏州打工3个月，过春节回来时挣了14000元。七组的杨维宽也基本上维持着这种生活方式，“冬播完后就出去打零工，主要是搞建筑，一冬一春，跟着老表等熟人出去搞，挣的钱有多有少，那个钱主要是用于改善生活的，是好玩的事情”。“去年自己家里盖房就没去打零工，也不出去做那些扛包、搬运等重体力活”。由此可见，中农对农业投入和打工投入的态度是截然不同的，对于他们来说，打零工只是附带的，并不能成为家庭经济的主体。而对于那些半工半耕家庭，外出务工或打零工的意义就不同了，打工收入成为支撑家庭经济支出的主体，而不是好玩的事情了。

中农经济区别于留守农业的地方在于，留守农业的收入只能成为整个家庭经济的辅助性来源，只能维持家庭基本的生活需求。而中农经济因为具有一般生活水平和城市务工收入水平的约束，其经济收入要支撑起整个家庭经济，不仅能满足家庭日常生活开支，更重要的是能满足家庭大宗性消费开支，如盖房、买房以及结婚等事项。中农家庭一般都可以依靠中农生产和多元化收入为子女盖房或买房，也能操办一场体面的婚礼。具体来说，中农经济能够支撑起中农群体自身消费需要、老年人生活需要以及孙代消费需要，即实现“养老、养自己和养孙子”的三重目标。

中农经济首先能够满足中农群体自我生活消费需要，从而在村庄中生活得比较宽裕。这包括日常生活开支和人情开支等内容。因为有中等收入规模，中农群体在日常生活中的衣食住用等方面显得较为现代，如马村大部分中农群体都保持着相对较高的生活水平，一日三餐都得炒几个菜，住房内部的装修也很现代化，一般都有冰箱、空调、洗衣机和太阳能热水器等设备。如斋巷村的何爱军，1975年生，自己有12亩田，又流转了别人的7亩田。近20亩田两季收入能有5万元，开支有一万六七千元，主要是小孩读书费用以及人情开支，“自己花钱也不节约，买菜、买衣服、化妆品等，只要自己喜欢就买”。马村七组的杨维宽也有较高的生活开支,“各种开支1万块钱不够,有时到镇街上玩下,买点服装鞋帽、各种食品等”。中农群体的人情开支也相对较多,因为长期生活在村庄熟人社会中,不同于那些常年在外打工的群体,就要参与到各种人情往来中,如别人家生小孩、小孩过生日、红白喜事等都要去赶人情。现在人情费用不断上涨,湖北农村和安徽农村的基本人情开支都有100元,关系好的还要更多。很多中农家庭一年用于人情的开支能达到1万元左右,这成为家庭经济开支的重要部分。

实际上,中农群体自身的消费需要相对较少,最大的消费开支主要是用于完成代际再生产,即为子女盖房或买房、娶媳妇等花费的开支,而这也是农民家庭不断积累财富的主要原因。费孝通(2007:33)在《江村经济》中就提到:“礼仪开支与一生中的重大事件,即出生、结婚、死亡,有着密切联系。从经济观点来看,这种开支是一家不可缺少的负担。彩礼和嫁妆是新家庭必要的准备。”当前农村地区的结婚费用不断攀升,如果不包括盖新房的开支,一个儿子的结婚费用得需要十万块钱左右,主要包括装修房子、彩礼、典礼费用以及购置家具、三金等费用。对于一般家庭来说,如果没有很好的经济收入来源,则面临着很大难度。中农群体因为有相对稳定和多元化的收入来源,并通过多年财富积累,基本上能够应对这一巨大开支。

如范伟明的儿子结婚共花了14万元,其中,男方结婚费用包括彩礼、三金、装修房子(包括吊顶、油漆、地板砖)、智能电视机(价值5000元)、冰箱、摩托车、洗衣机、太阳能、电脑、家具等一应俱全。而这部分投入大部分是由父母付出的,年轻人虽然也在外面打工,但在结婚之前很难有太多积蓄,“年轻人一般到了35～40岁才开始存点钱”。马村五组的杨世松,51岁,有18亩田。他两个儿子都已经结婚,老大在2007年结婚,典礼一共花了8万元。老二前一年结婚,典礼花了两三万元,衣服、家具、三金都是自己出的,房子只是重新维修了一下,并没有盖新房。这样的经济开支就决定了杨世松的经济行为,“只要有活干,就要出去挣钱”,而且“只要肯搞,不偷懒,就会有活干”。这样一笔花费对一般家庭来说都有很大难度,只有那些已经在城市拥有较稳定工作的人群或常年在外打工的人群才有可能获得这种水平的收入。这也可以证明中农经济与城市务工所获工资水平的等同性。

由于农民意识的转变等多种原因,当前对农民家庭构成最大压力的表现形式为在城里购房,即如果要结婚,必须先在城里买一套房子,这在中国农村成为普遍现象。相对于安徽吕村,湖北沙洋地区的农村有更多人开始在外买房,包括到乡镇和县城买房。根据前文所讲,马村每个小组都有一二十户到乡镇、县城或者市里买房,这必然增加了中农家庭的经济压力。而能够在外买房的群体除了有较高打工收入的群体外,就是中农群体了。一般来说,在乡镇买房的费用较低,大约每平方米为 1200 元,总共花 10 万元就够了。而要在县城和市区买房就需要花费 30 多万元。如杨世峰儿子在 2011 年结婚,结婚时他给儿子在荆门市区买了房子,一共花了 20 多万元。为了给儿子买房子,杨世松平时都不抽烟、不喝酒,“挣的都是辛苦钱”。

案例 9。马村二组的范升如家中种有 10 亩田,同时也做打井生意,主要是为农户打吃水井和灌溉用井。在 2002 年左右,因为集体灌溉用水的解体,沙洋农村开始了单家独户的“单干”用水模式,而这成为打井者的市场机遇。范升如在最开始打井时,一口井能挣 300 元收入,一年能钻 100 个井。现在虽然钻井数越来越少,但也能获得较高收入。2012 年,范升如为儿子在沙洋县城买了一套 30 万元的房子,因为房子买在县城最繁华的地段,房价达到 2500 元/平方米,而这些费用就基本上依靠种田收入和打井收入。概言之,中农经济在经济效益上能够支撑农民家庭的基本开支,并能在不断的财富积累中完成家庭内部的代际再生产。

中农群体从事农业生产的选择虽然是基于考虑务工收入与务农收入的比较这一经济理性层面上的决策,但还有更重要的一点是社会层面上的,即中农群体进行农业生产或多种经营而不外出务工是基于家庭再生产或代际再生产的考虑，如照顾老年人和读书的小孩，或者照顾家庭中刚刚出生的第三代。对于一般中农家庭来说，因为其年龄集中在45岁左右，所以最主要的家庭责任和人生任务就是完成子女婚嫁的任务。在恰亚诺夫的理论中，当家庭中劳动者和消费者数量相等时，家庭中面临的经济压力最小，因为这时家庭中消费者最少并都能转化成劳动者，从而可以增加家庭财富积累（恰亚诺夫，1996）。

但中国的实际情况却正好相反，当家庭劳动者和消费者比例最小时，也就意味着家庭中的子代到了结婚成家的年龄，农民家庭的经济压力就会更大。而中农群体正是处于这样一个时间段，从而决定了其经济决策和行为选择。在村庄人口年龄结构中，“60岁左右的人可以清闲，而50岁的人都要向前看”，这正说明了中农群体与留守群体的差别。中农家庭中也有一部分农户已经有了第三代，就需要付出更多的辛苦劳作，因为当前孙代上学读书也需要很大的开支，并且需要将孙代“引”[①]到10岁，这时子代家庭才会停止在外务工，而将精力放到家庭和村庄中。在湖北沙洋的农村，小孩读幼儿园和小学的费用都很高，这包括接送车费和生活费，一般半年就要分别交650元，还有几百块钱的学习资料费用。杨世松家里有两个小孙女在读幼儿园，一年的花费就达到近1万元，这成为中农家庭积极进行经济财富积累的重要动力。

而这种辛苦劳动付出也成为农民家庭生活意义的来源，正是在不断付出的过程中，他们获得了意义感和满足感。首先因为中农群体是在村庄范围内展开完整的生产过程和生活过程，并通过农业生产的过程获得自己的人生价值，在春播秋收中收获财富和存在感。中农群体不同于留守群体的一点是其能够保持完整的家庭生活，一家人能够在一起共同生产和生活，而不会产生留守问题。五组的陈碧清就属于中农群体，他经常到周边打小工，但回到家第一件事就是抱上自己的孙子，这样心里就有了幸福感，“即使在外干活再劳累、再辛苦，但看到孙子时就产生了极大的满

① “引”是湖北方言，意思是将小孩照顾到10岁。

足感，疲劳就一扫而去”，这是支撑中农经济的重要社会文化因素。同时，中农群体也可以参与到村庄社会交往和公共事务中，在村庄范围内获得各种价值。如马村四组外出农户较多，剩下的基本都是“386199(妇女、儿童、老人)”部队和少数几户中农家庭。这几户中农家庭就成为村庄社会中各种事务的主要参与者，如其他村民家需要翻新房瓦、摆宴席时搭帐篷等，就只能求助于这些中农家庭。

小结一下，中农生产是一种生产资料集中、技术集中和劳动力集中的过程，在这一生产过程中，土地、劳动力和技术等生产要素都可以得到优化配置。在家庭生计模式选择上，中农一般以农工副相结合，在农技、农机与农产品市场上从事购买、销售，既与村庄联系紧密，又与市场联系紧密。中农经济的存续一方面取决于中农群体在经济理性层面上对务工收入和务农收入作出的比较选择，另一方面则取决于中农群体在家庭范围内和村庄范围内受社会结构和文化价值的约束，这也是本书在后文分析的重点。

三、半工半耕的家庭经济决策与生计模式

上文所讨论的留守农业和中农经济形态都是当前不同类型农民作出的家庭经济决策和选择，其目的都是为了增加农民家庭的经济收入。留守农业和中农经济的共同点都是建立在家庭代际分工基础上的半工半耕结构，即“以代际分工为基础的半工半耕”的家庭经济模式①。这不同于黄宗智所说的“制度化了的半工半耕”。黄宗智认为，“今日的小农农户，仍然既是一个生产单位也是一个消费单位。同时，它的劳动力是既定的。因此，它会作出一个资本主义生产单位所不会作出的抉择，会愿意为(低于市场工资报酬的)自家消费之用而种植口粮/承包地，它会(像过去那

① 贺雪峰.简论中国式小农经济[J].人民论坛，2011(23).
贺雪峰.关于中国式小农经济的几点认识[J].南京农业大学学报(社会科学版)，2013(6).
贺雪峰.小农立场[M].北京：中国政法大学出版社，2013(6).

样）为了增加家庭的收入而结合主业和副业，结合主要劳动力和辅助性劳动力的使用”。制度化了的过密型农业，主要是因为中国土地制度安排和国家强制性地实行城乡二元化的户籍制度这两个制度化因素。人多地少的过密型农业导致人们因收入不足而被迫外出打工，而外出打临工的风险又反过来迫使人们依赖家里的小规模口粮地作为保险，就使过密型小规模、低报酬的农业制度和恶性的临时工制度紧紧地卷在一起（黄宗智，2006）。

本书所讨论的留守农业和中农经济等半工半耕结构主要是基于家庭内部代际分工或性别分工基础上的。当前中国农村家庭，基本上每家每户都有年轻劳动力外出务工从事非农生产，年纪大的父母留守在农村进行农业生产，形成了典型的以代际分工为基础的半工半耕生产模式，这也成为中国农民家庭发展生计农业的基本选择。

受人地关系和非农就业机会影响，东部沿海地区农村虽然人地关系紧张，但工商业发展起步早，就可以较快地转移农村剩余劳动力，小农生产格局基本改变。但大多数中西部农村地区受到人地关系紧张和本地非农就业机会短缺的双重结构制约，农村劳动力被迫选择半工半耕的小农生产结构①。

因此，半工半耕经济模式的形成首先是因为受到区域发展不平衡的结构性约束和限制。在传统农业型地区，非农就业机会、兼业和副业可选择性少，无法充分实现剩余劳动力就地转移，这些地区的农民只能选择外出打工。而土地资源又是最为重要的生产要素，农民种田的机会成本低、比较收益高，这就决定了劳动力和土地要素的最佳配置方式就是半工半耕的小农生产。正是依靠年轻人外出打工收入和中老年人在村务农收入，半工半耕模式才能实现家庭内部收入的最大化和家庭的可持续再生产。其次，家庭人口结构和生命周期发展也对半工半耕生产结构产生了

① 袁明宝．生计农业：中国小农的现实表达与发展转型［J］．南京农业大学学报（社会科学版），2013(6).

影响。家庭人口结构的构成中总会有选择外出打工的年轻人和留守在家的中老年人，这是形成半工半耕结构的生物学基础。家庭作为一个完整的生产、消费单位，其经济策略行为和家庭成员获取经济收入的行为都受到生命周期和人生任务的影响。

当家庭生命周期处在40岁左右时，家庭人口结构主要由父母、40岁的中年人和未成年的孙代构成，这时整个家庭的各项开支、消费压力最大。中年人面临着子女教育和成家立业的人生任务，所以就要积极投入到经济收入获取中去，通过各种形式实现收入最大化，而其最佳经济行为选择就是夫妻两个外出打工，土地由父母耕种，子女也同时可以由父母照顾。这样中年人因为有很大压力，就能很有动力地外出打工，并能赚得较高收入。经过10年外出打工生活，家庭生命周期和人生任务发生改变。人生任务依靠中年人在外打工收入基本能够完成，主要包括为儿子盖房、娶媳妇等。当人生任务完成后，40岁的中年人已经到了50岁年龄，其经济行为策略和选择就相应地做出改变。50岁左右的中年人因为已经完成人生任务，并且也有孙代和老人要照顾，就不能选择长时间、远距离地外出打工，而只能选择以务农为主、兼业零工为辅的经济策略行为。在家庭内部，其主要职责就是赡养老人，养活自己以及抚育孙代。正是通过中年人在家种田和兼业的收入，整个大家庭才得以传承和延续。而且，年轻人也能够在外安心打工，并挣得较高收入，过较为舒适的生活。因此，在家庭生命周期发展变化中，因为存在年龄结构上的差异，就必然会出现年轻人和中老年人在农业和打工上的代际分工。

在农村家庭内部，正是因为有务工和务农两部分的收入来源，家庭收入的完整性和充足性得到了保证。而且，在年轻劳动力外出打工的情况下，人口、劳动力对土地资源的挤压可以减轻，单位面积劳动生产率得到提高，留在农村中的劳动力资源就可以实现一定程度的去过密化。同时，可以减少家庭内部对有限资源的无形争夺，减少家庭矛盾和摩擦。另外，半工半耕生产模式还能够在代际分工基础上形成代际收入，即老年人依靠老人农业收入可以维持家庭的正常运转，其农业收入可以用于应付村庄内外的各种开支，如人情往来、小孩教育费用、日常生活开支以及农业生产成本等，而且仍有不少结余以为养老做准备。这样，子女打工收入就可以成为净收入，用于核心家庭的生活和发展，从而可以实现家庭代际发展和劳动力再生产。而如果没有形成有效的半工半耕结构，农民家庭就会陷入到较为贫困的状态中。如在黔西南的布依族村寨洛村就呈现出半工半耕结构双弱的局面，在当地农村，基本的家计模式是种养殖内部循环和粗放式种植及管理。种养殖内部循环是指当地平坦的土地面积有限，每家每户只有不到一亩的田地，主要用来种植水稻以供自己食用，在相对平坦的地上种植一两亩玉米用于酿酒和喂猪、喂鸡，也就是说，当地粮食作物的种植基本上不进入市场，也就不能产生经济收入。在经济作物种植上，虽然从20世纪90年代就开始在山地上种植油桐、板栗等，但基本上属于粗放式种植和管理，种下去之后主要就是砍草，其他的技术管理都很少，每年就只是等着到山上去捡拾油桐果和板栗，“能收多少算多少”，遇到价格不好的时候就不再去捡油桐果、板栗，因为把油桐果、板栗收回来是很耗费劳动力的，要在山上到处捡，还要人工背回家，再把油桐仔剥出来，然后再骑摩托车运到县城去买。价格好还能收大几千块钱，年景好时板栗价格在三四块钱一斤，家中如果种植有一二十亩板栗，就可以有近一两万元的收入，但是洛村大部分家庭的板栗收入都只是在几千块钱左右。因此，当地在耕上的收入是非常有限的，如果家庭主要劳动力都留在家中种地，那即使再怎么勤劳用工，也不会产出太多的收入。

同样，在工上也是相对较弱，即当地家庭依靠打工获取的收入也不多，在访谈中，很多村民都表示打工很少有挣到钱的，一般情况的打工收入能有两万元左右，但到年底回来就基本上留不下多少。打工收入少，主要是因为当地村民进城只能进入低端产业，洛村村民外出打工的地点主要集中在浙江温州、台州和广东东莞一带，在浙江打工主要是进玩具厂、鞋厂等，月工资一般仅两三千块钱。这主要是因为当地村民受教育水平有限，1970年后出生的人很少上过初中，1980年后出生的人上高中的也很少。受教育水平低不仅影响到当地村民进入全国统一的劳动力市场的时间，而且进入打工市场后也面临着就业机会少以及只能进入就业市场末端的处境。与教育相关的另一个问题是，本地小学在前几年撤销，当地人都要送小孩去县城读书，不管是幼儿园、小学、初中，都要去县城。这就增加了家庭教育支出的成本，因为在县城读书就要支付一年几千块的房租费用，这笔费用主要依靠在外打工的收入，因此打工收入就不能成为纯粹的积累性收入。另外，在县城读书还耗费家庭一个专门的劳动力，消解了半耕半工结构。当家庭中有老年人还健在时，就可以让老年人专门陪同子女在县城读书，每周五下午才一起回到家，周日下午又要到县城，这使得老年人成为家庭中半耕结构的基础丧失，而等到老年人年纪大了以后，就需要年轻夫妇中的一个去照顾小孩，这又造成半工结构基础的消失。

半工半耕的双弱有客观条件影响，如山高坡陡、没有产业路，导致种植不方便，而且距离市场较远，经济价值低。耕只能实现家庭内部的自我循环，满足自给自足，难以有额外的节余。在工上，受教育水平低，语言障碍以及没有技术，再加上这两年总体经济形势不好，依靠打工获得较多收入的可能性很小，洛村家庭经济条件最好的在县城做水泥、铝合金生意，虽然整个村庄有很多人在外打工，但到年底能够带回两三万块钱的家庭少之又少。而且当地很多村民外出打工很难有节余和存款，“打工就像旅游，像钓鱼，能钓多少算多少”。所以大部分家庭都没有用于家庭扩大再生产的积蓄，很多父母都没有能力为儿子建房子。除了客观原因，还有主观层面上的原因。当地的土地面积虽然很大，但基本上是广种薄收，很少进行精耕细作，当地村民主要依靠种植粮食作物和经济作物就能够满足家庭自给自足的需要，能够满足种养殖内部的自我循环，就不指望依靠耕来发财，只有发展很好的经济作物才可以挣到一些收入，如洛村前几年依靠种西瓜的收入建起了很多新房，但这只是偶然事件。当地外出打工收入少，更多的是受主观因素的影响，这与当地外出打工行为的特点有关。首先，当地村民外出打工是一种被动性选择而非主动性行为，即选择外出打工是为了应对家庭出现的临时性经济压力，如小孩读书等家庭原本经济开支中没有出现过的情况。以前是一种相对稳定的收支平衡结构，但随着小孩开始读书上学、家庭中有人生病等突发性或临时性的压力增大，原本依靠基本的农业收入可以维持家庭生计的状态就不能再持续下去了，于是只能选择外出打工来缓解这种局面。洛村有很多年轻夫妻都是因为小孩要在县城读初中花费大才选择出去打工，但挣到的钱也很少，一方面是要经常往家寄钱，还要支付租房和生活成本，年底回家时再购置一些礼物就所剩不多了，打工基本上是挣一年花一年。在访谈中，很多人都会说作出外出打工的选择是因为家里有了大的开支无法应对，但等到小孩初中毕业或者没有毕业就出去打工时，家庭中的主要劳动力就迅速回到村庄中，不再选择打工。正如过耐组的杨光能所讲，在家存不到钱才出去打工，存到钱就不出去了，不打工就养育不了家里的娃娃。洛朗组的老罗 50 岁，前几年去广东及浙江打工，当时是被逼着出去的，“要找钱用，一个月挣 2000 元，大部分都要寄回家，让小孩读书，做老爸老妈的生活费”。但他打工 3 年就回来了，因为儿子后来初中毕业出去打工了，而且老罗也认为自己老了，就待在家里不出去打工了。陈世忠 50 岁，在浙江打工，前几年夫妻俩都在家里做活路，种一点田，种一些板栗，这就是主要的收入来源，后来陈世忠的小女儿要去柳州读卫校，需要用钱，陈世忠夫妻便只能出去打工挣钱支持小女儿读书，一年学费要两三万元。因此，当地人外出打工就不是一种主动性选择，不是一种自然而然的到了一定年龄，不管家庭压力大不大都要作出打工选择的主动行为。其次，当地人打工是一种短期行为而非长期准备。因为打工是为了应对临时出现的情况，等子女不再读书或者父母病好了后，就回到家中不再打工，虽然有体力、精力和能力，但更多的也会选择回到村庄，再次进入到之前相对平衡的状态。有些家庭在房子建好后也不会再出去打工了，所以他们的打工选择不是为了家庭的长期积累、积蓄的考虑，也就很少有人会做长期打工的准备。再次，打工是一种应急性而非积累性选择，打工都是为了应急，应对读书、建房等事件开支，而不是为了长久考虑，抱着打工是为了存钱的目标。所以，当地人的打工收入基本上不会有节余，打工只能使家庭完成最低水平的扩大再生产。如使子女读完初中、高中，跟随村庄形势建好两层、三层楼房，即使没有装修都无所谓，只要达到村庄整体普遍的水平就够了，而没有动力去积攒更多的钱，也就不能去做用于家庭发展的投资。最后，当地人外出打工的变动性强，没有稳定性。村庄中的未婚年轻人群体因为没有经济压力，再加上文化水平有限，找不到很好的工作，再加上不能吃苦耐劳，在一个工厂里坚持不了太长时间，最后就不停地换工作，而且在外打工时间都只有几个月，在感觉到打工辛苦和累了的时候就回到家中。这就导致年轻人群体不能有稳定的工作，也就没有稳定的收入。像全国很多地方一样，当地未成家的年轻人外出打工基本上不会有存款，甚至在每年年初外出时还要向父母要车费和生活费。

因此，造成黔西南民族农民家庭相对贫困的原因主要是由于半工半耕无法发挥最大价值造成的，尤其是半工的效果较差，这突出表现在村庄中有很多中青年人身体条件都很好，但都待在家中，平时就种种地、做点小活路、帮别人盖房打点零工，其他时间就是参加人情，邻里之间互帮互助，有时间就三五好友聚在一起喝酒，每逢周日到县城赶场。一方面是有一部分中青年群体待在家中不出去打工，另一方面即便出去打工，但打工时间短、工作变动多，再加上要全部用于家庭开支，打工也挣不到多少钱。这种打工行为的逻辑与村庄的社会文化有很强的关联性。

概言之，以代际分工为基础的半工半耕经济模式主要是处于农民家庭在经济理性和目的理性上的双重选择。就经济理性而言，半工半耕结构是基于农民家庭人口结构作出的决策安排，并在此基础上追求家庭经济收入的完整性。在当前人地关系紧张和劳动力就业受约束的情况下，农民家庭中的全部劳动力人口可以参与到就业市场中去，而半就业或无就业机会人口则将农业作为一种就业性质，从而可以降低家庭内部的劳动者与消费者比例，也即可以减轻家庭经济压力。也就是说，务工收入和务农收入构成了农民家庭经济的“两条拐杖”，剔除任何一条都会降低农民家庭的经济生活水平，这里体现出的是农民在经济意义上的“勤劳”行为。

除此之外，半工半耕结构还是农民家庭基于目的理性作出的选择，即农民家庭选择留守农业和中农经济，不完全是在消费需求压力下做出的决策反应，更是在村庄社会结构和文化价值追求下的行为选择，如完成家庭内劳动力的再生产和代际再生产，成为支撑农民家庭进行高强度劳动的重要动力。在半工半耕结构中，农民家庭很少会考虑边际劳动生产成本的递减，而只追求劳动生产总量和土地产出率的增加，这转化成微观经济学的内容就是闲暇对劳动的替代率较低，农民家庭往往都是不计辛苦地投入到劳动生产和财富积累过程中，这属于农民家庭在文化意义上的“勤劳”行为，而影响这一经济决策和行为选择的因素就是农民家庭的目的理性考虑，其中很重要的一点是农民家庭对家庭生活理想的追求。

第三章　家庭伦理与农民勤劳经济

消遣经济是一种通过较低水平劳动辛苦程度的投入来获取低水平的需求满足，对于大多数面临家庭生计和家庭延续发展的农户来说，其很难通过减少劳动来获取闲暇满足，而必须通过较高程度的劳动投入来获取家庭需求的满足，其中最重要的就是家庭代际责任的实现。

第二章主要分析了农民家庭经济的两种具体形态——留守农业和中农经济,并对它们的形成机制、经营逻辑和经济社会效益进行了阐述,本章将在这一基础上分析农民家庭经济行为的社会文化因素,即从社会文化角度来考察影响农民家庭经济决策和行为选择的因素,考察农民家庭选择勤劳经济态度和行为的伦理基础。弗兰克·艾利思(2006:2)指出,农民家庭经济行为包括家庭内每个人的相互作用和家庭与更广阔的社会之间的相互作用。即农民家庭经济包含着很多社会文化意涵,而单纯从微观经济学和恰亚诺夫劳动-消费均衡理论出发来思考这个问题就面临一些困境。

微观经济学和恰亚诺夫劳动-消费均衡理论对农民家庭经济劳动消费均衡的讨论都是在形式主义经济学下进行的,是在考虑边际生产效率的情况下来判断农民家庭经济决策和行为选择的。但很多时候,在边际生产率已经很低的情况下,农民家庭还会继续投入劳动,如进行农业生产和外出打工等,这些都属于勤劳经济选择。因此,农民家庭经济实践并不符合无差异曲线、效用曲线和恰亚诺夫的劳动-消费均衡曲线,主要是因为存在约制农民经济行为的其他因素,农民之所以不计算劳动边际效率而相对无限地投入劳动生产、相对有限地限制消费,就是基于其家庭经济现实和家庭伦理考虑。正是因为有家庭伦理这种超越性的追求存在,农户家庭才能够不计成本地投入辛苦劳动,从而才能够实现家庭财富的积累和家庭伦理价值的实现。

一、农民家庭经济特征

(一) 农民家庭经济中的收入-支出结构

西方的中国专家普遍认为,传统中国家庭是一个合作社组织,其特点是统一预算、共享财产和汇聚个体成员收入的家庭经济。这种合作单位的特色是机动性和能够充分利用家庭资源(如资金和劳动力)以及外部机会的创业能力。因此,家庭结构的差异说到底是由家庭这个合作社组织的经济利益所决定的(阎云翔,2012:96)。在当前中国现实中,农民家庭经济的主要收入来源就是农业生产和打工经济,并依此收入情况确定家庭内部在积累、消费和投资等事项上的安排,基本上要做到收入大于开支、并能有节余的状态,这样才能保障家庭经济以及家庭生活的正常运转。陈辉(2013)认为,农民所有的经济活动都要围绕“家”来展开,根本原则不是能否赚钱,而是必须兼顾家庭。因此,一个家庭内部首先要对家庭经济中的收入-支出结构做出平衡。都市人对收入-支出的平衡主要依靠数量化的方式,如“记账就代表着对消费行为的一种约束和监控,农民显然不需要这种数学方法。都市人节俭的基础是数学,而农民却是一种哲学,通过生活习惯来节制欲望、压低消费”。

阎云翔(2012:254)也对中国农民的会计体系进行过讨论。阎云翔认为,中国会计体系背后存在文化原则。他通过研究村民王家的账本,发现当地社会算计的观念应该有三层内涵:一是过日子层面量入为出的节俭和精明,二是发家致富层面策划家庭经济的中长期计划,三是做人层面发展关系网络和演绎人情文化的自我修养。马克斯·韦伯(1978:92)认为,在预算性簿记和资本簿记之间存在着根本区别,前者着眼于合理地使用收入以满足消费需求,后者的定位并不是边际效用,而是谋利能力。马克斯·韦伯还认为缺乏资本簿记这种充分理性化的记账方法是阻碍资本主义在传统中国发展的因素之一。实际上,阎云翔所讲的这三个方面与本书所要探讨的农民家庭经济的社会文化因素是相关的,一是家庭社会层面上的过日子,二是经济层面上的家庭富裕,三是村庄社会层面上的关系建构。

农民家庭的主要收入是依靠务工和务农这种半工半耕的经济模式来获得的,而且这种收入结构的主要特征是具有代际性,即依靠代际分工获得代际收入。当前农村社会形成了基于代际分工的家庭再生产和劳动力配置结构,并在此基础上形成了代际收入,即老年人依靠老人农业维持家庭生活、日常开支和人情开支等。年轻人则依靠外出打工收入,主要为小家庭的发展和生活做积蓄，而很少为父代和子代做积累。而且，老人农业很有效率，并有不少结余，反而年轻人很少有较多积蓄，这样就形成了代际收入上的差距。因为老年人一般都会在开支外形成一定积蓄，年轻人虽然打工收入高，但开支也大，就结余不下多少。但老年人已经不可能再继续为儿女操心，而要为自身养老做准备。正因如此，老年人晚年生活可以不依靠儿女，年轻人也可以将主要精力用于小家庭的发展，从而实现了家庭代际发展和劳动力再生产。

在总体结构上，安徽吕村和湖北马村都是这种半工半耕的经济模式。具体来说，这两个地方又有经济形式上的差异，如安徽吕村因为靠近宿州市，从而形成了种植蔬菜等经济作物的传统，主要是因为有较好的市场需求和地理位置优势。有一些农户还搞规模养猪，从而可以增加家庭收入。在对待农业生产的态度上，皖北地区主要形成了“候鸟式农业”，即家庭主要劳动力平时外出打工，在播种和收割等农忙时节回村种地，一般是在每年 5 月 30 日左右割小麦并播种玉米，9 月 30 日前后收获玉米并播种小麦。这样，“候鸟式农业”下的农民每年都有两次回村安排，每一次持续时间在半个月左右，村民在迅速完成农业生产后再次外出务工。“候鸟式农业”的特征就是兼顾务工与务农生产，但在农业生产上主要是粗放管理，很难像湖北马村那种稻作区一样进行精耕细作，因此小麦、玉米生产的产量较低，一般只能达到 800 斤/亩·季。但因为可以有更充足的时间外出打工，从而就可以弥补种田收入上的损失，而达到家庭内部收入水平的最大化。湖北马村则属于正统的农业型地区，农业生产上主要依靠种植粮食作物获取一点市场收入，家庭主要劳动力则基本将时间花在外出打工上。

在当前“人均不足三分，户均不过十亩”的种植格局下，农民从农业生产中获得的基本收入每年大致在 1 万元，像上文所讨论的“中农经济”因为有较大面积的土地，从而可以获得 2 万～3 万元的收入。对于一般家庭来说，农业生产的粮食除了自给自足外，剩余的才能进入市场。对于务工收入而言，一对中青年夫妇常年在外打工可以获得5万元左右的收入，除去各种生活开支后也能够有3万～4万元的收入。因此，半工半耕的经济模式就能保证农民家庭获得完整性收入，从而可以实现家庭生产投资如购买农机具等，实现农民生活投资如盖房、人情开支等，还可以在收入较为充裕的情况下实现农民家庭的财富积累，从而可以用于应付家庭大宗消费开支，如医疗开支、结婚开支以及养老开支等。

加里·斯坦利·贝克尔(2008:112)指出，家庭是小型生产单位，生产与消费不能截然分开，它结合资本物品、原材料和劳动来使用、供养、生育并生产其他有用产品。农民家庭所获得的收入都要指向家庭内部的各种消费需求，一定意义上可以说是农民家庭的消费需求决定了其经济决策和家庭内的资源配置安排。斯科特(2013)认为："农民家庭的问题，说白了，就是要生产足够的大米以养家糊口，要买一些盐、布等必需品，还要满足外部人的不可减少的索取。"这主要是分析农民在匮乏压力和生存压力下的行为选择，农民家庭首先要满足的是家庭成员的基本生活需求，同时更重要的是家庭大宗消费需求。农民家庭开支主要包括日常生活开支、生产开支和大宗消费开支。日常生活中的消费主要是家庭生活需要，如基本的衣、食、住、行、用等方面，这一部分消费支出虽然有限，但是可以反映出一个农户家庭的生活水平，并成为农民家庭的必须开支。费孝通等(2006:120)在《云南三村》中指出："人生各种需要有缓急的不同。各项费用所具伸缩性也有程度上的差异。一个人在食上边的消费伸缩较小，不论你的收入有多少，每日在食的一项上的支出，并不能有很大的差别。"从这一点可以看出日常生活开支对农民家庭的重要性，因为其对每个家庭来说都是必须的，且伸缩性很小。

所以，农民家庭经济收入中就必须安排一部分开支用于日常生活。生产开支主要是用于农业生产上的资金投入，如购买种子、农药、化肥等农资和农机具等，这是农民家庭进行农业生产或改善农业生产条件的重要基础。如在农机具的投入方面，安徽吕村和湖北马村的农业生产在前几年还主要依靠人力和畜力，机械化水平很低，如耕田、整田等环节需要用牛耕，收割小麦、稻谷等也要用人工。湖北马村在收获水稻时耗费的人力最多，因为先是依靠人工收割稻谷，然后还要将稻谷用“肩挑人扛”到马路边或每个家庭所有的谷场上，这是件最“吃亏”和“遭业”[①]的劳动。而现在随着家庭收入水平的提高，每个家庭都有能力购置一些基本农机具，如小型拖拉机、整田机等，部分中农农户也都购置了插秧机、收割机等大型农具。

农资投入也是农业生产的基本条件，是确保粮食稳产和获得收入的前提。近几年来，种子、农药和化肥等农资价格不断上涨，成为农业生产的主要成本开支。在以前，种子都是农户自家留的，现在种子市场越来越发达，种子品种增多，价格也越来越高。在湖北马村，农民种植的稻种价格在 30～50 元/斤，而每亩稻田就需要 4 斤稻种，一亩田就要投入种子费用近 200 元。农业生产中对农药、化肥的需求也不断提高，特别是针对病虫害的防治，必须及时打药才能起到效果，化肥的使用也能大大提高亩产量。因为在农资投入上的支出较大，湖北沙洋农村的村民一般都是采用赊销的方式购置农资，等到粮食收获并卖掉后再偿还农资费用。

在农民家庭经济中，日常生活开支和生产开支具有很强的刚性，即伸缩性较小。日常生活需要和生产需要的特点决定了农民家庭要付出这一块开支，而不会在这两方面上进行压缩。而能够压缩的就只能是降低生活水平，如节衣缩食，满足基本生计需要即可。当前很多家庭因为面临较大的经济压力，就会选择很勤俭的生活方式，日常生活中尽量减少到市场上买肉或蔬菜，减少对新衣服和新生活用品的需求。当前大多数年轻人家庭中都会有很现代化和赶潮流的生活用品，如对化妆品的需要，电脑、洗衣机、电冰箱等家用电器都很齐全。但父代家庭中一般都过着较为勤俭的生活，从而能够为家庭大宗消费开支做积累。农民家庭中的大宗消费开支事项主要包括子代读书的费用、盖房、为子女完成婚嫁等，这成为

① 湖北沙洋地区的方言，遭业就是很受苦和遭罪的意思。

整个家庭经济投入的重头戏。不管是中青年群体在外打工，还是老年人在家务农，其获取收入的目标最终都指向家庭内部的大宗性消费开支。

在当前形势下，农民家庭围绕代际再生产而进行主要的经济活动安排，其挣得的收入几乎全用于在农村盖新房或者在城里买房，以及为子女举办一场体面的婚礼。在安徽吕村，修建一座新房需要花费近10万元，湖北沙洋农村盖房的成本也大致相同，而且很多村民开始到县城或市里买房，一般花费在20万元左右。在城镇买房的主要考虑是为了方便下一代上学，从而接受更好的教育。这自然促使了中部地区小城镇或乡镇集镇的快速发展，因为有越来越多的人在外买房。在湖北沙洋地区，乡镇本来就是当地农村的经济活动中心，市场交易比较发达。当地没有流动集市，只有集镇这种固定的交易场所，因此集镇相对发达和繁荣。当前，官垱镇以及其他乡镇都在热火朝天地开发房地产，很多小组的村民都已经在外买房，即使不能在市县买房，也要在乡镇买一套房子。这样可以离乡不离土，即在农忙时可以回家种田，农闲时就住在集镇，并做一些小生意，如开餐馆、跑运输和摩的等。在官垱镇，乡镇集市贸易主要有两种类型：一种是小生意，主要是集镇周边农户到集市做餐饮、修理、摆摊卖水果等生意；第二是开门面房，如卖服装、生活用品等，还有就是较大的门面房，如家居、电脑、手机、超市等。这都促使更多农户到乡镇或县城等地买房，因此买房成为家庭经济的重要开支。在官垱镇，房价是1200元/平方米，如果买一栋100平方米的房子，就要花费10多万元，这基本等同于在村庄盖房的花费，农户都在积累资金到乡镇或县城买房，所以村庄里面的新建筑越来越少。

在农民家庭经济开支中，围绕子代结婚成家的费用也很高，主要是因为这涉及一个系统过程。首先要提前盖好新房或者买好房子，之后要准备结婚彩礼、筹办酒席费用等。安徽吕村和湖北马村的结婚彩礼一般在5万元左右，这对一个普通家庭来说已经属于高额费用。男方结婚费用一般包括彩礼、三金、购置家具以及举办典礼的花费等，购置家具的费用一般都是用女方给的嫁妆钱购买。剩余的开支基本上都由男方父母负责，除了彩礼和三金，举办典礼酒席成为最多的开支项目。安徽吕村的酒席相对来说比较简单，主要是指酒席数量少，一般家庭只办 10 桌左右，每桌的价格在 200～300 元。而在湖北沙洋农村，典礼必须要办得红红火火，酒席上的饭菜标准能达到 500 元左右，而且一般结婚宴席要吃 1～2 天，来参加酒席的人数也很多，一顿饭能来三四十桌。湖北沙洋农村在结婚场合上为了热闹，一般还会请乐队来助兴，请乐队的价格也在 4000 元左右，这都构成子代结婚费用的必要部分。

人情开支也是家庭经济中的重头戏，中国社会历来就是一个重视人情的社会，在中国这样一个注重家族制度、伦理本位的社会中，人情成为连接或者润滑人际关系的重要纽带。因为农民都生活在熟人社会这样一个血缘和地缘关系网络中，通过人情往来可以建构起一种功能性或价值性的紧密关系（宋丽娜，2011），从而可以达到"守望相助，疾病相扶"的目的。当前形势下，农村社会中的人情开支越来越多，主要是因为人情事项增多，如红白喜事、小孩出生、抓周、过生日、建房和考上大学等。在安徽宿州农村，人情事项相对较少，礼金水平一般保持在 100 元左右，只有血缘亲属之间才会有更高的人情费用。在湖北沙洋农村，一般的礼金水平已经上涨到 200 元，即普通亲属邻里之间的人情礼金都要以 200 元为基础，而且人情交往的范围很广，除了血缘亲属外，同一个小组内的村民家办事情也基本要去赶人情，"关系一般都要去，现在乡里乡亲，关系处的都可以，关系能过得去就行了"。

综上所述，农民家庭要根据收入-支出结构来安排家庭资源配置和经济决策，总体目标是要维持家庭内部收入和消费开支的均衡，即农民家庭要在经济实践活动中避免两个极端：一个是原始丰裕社会或前资本主义社会的低积累、低消费特征，即基于低度需求上的低消费决定了其经济实践活动的较少投入；另一个是资本主义精神下，那种企业式或个体式的高积累、高消费模式。中国农民家庭一般选择高积累、低消费的经济行为模式，即农民家庭经济要达到一定均衡，这种均衡不是低度的，也不是资本主义企业那种无限扩大的生产方式，而是有一定抑制机制，即劳动-消费均衡。农民家庭经济不会无限扩大劳动力投入，进行农业生产或打工经济，但也不会使财富积累过少，导致日常生活拮据。如果家庭进入到积累与消费的低度均衡状态，就会导致家庭贫困的产生[①]。因此，农民家庭要在二者之间寻求平衡。这是农民家庭在收入-支出结构下所作出的理性选择。

（二）农民家庭经济的特征

家庭经济中的收入-支出结构成为农民家庭作出经济决策和资源配置的依据，如对土地、劳动力和资本等资源的配置，但这种资源配置不同于西方社会家庭中的生产-消费行为。如美国中产阶级家庭可以根据收入情况进行资源配置，如将全部家庭收入用于旅游、养老、买保险以及信贷等项目，这是一种完全根据个体收入情况来决定消费的行为。而中国农民家庭则要根据家庭消费支出情况来决定劳动生产情况。农民家庭在满足基本消费需求后还会继续投入辛苦劳动，这种勤劳行为是自古以来就形成的。

如前文所讲，农民勤劳行为分为经济意义上的勤劳和文化意义上的勤劳。经济意义上的勤劳主要是指农民家庭在生存压力和匮乏压力下不得不作出的经济行为选择，文化意义上的勤劳则是指农民家庭在解决生存压力和温饱问题后继续投入劳动的行为选择。如当前农村社会中，很多家庭的经济条件已经得到了很大改善，但家庭中的主要劳动力仍然会固守较为勤劳节俭的生活方式和量入为出的消费方式，而有的家庭虽然收入条件一般，但仍会保持较高的生活水平，这些都是家庭主观选择的结果。即农民家庭是否愿意在经济条件较好的情况下仍然保持高密度、高辛苦度的劳动投入和较低的消费支出，以及是否愿意在经济条件一般的

---

① 详细讨论请见附录A：精准扶贫背景下农村贫困的类型、形成机制与治理。

状态下选择低密度、低辛苦度的劳动投入和较高的生活消费支出，这取决于家庭的主观选择。而大多数家庭会做出高密度、高辛苦度的劳动投入选择以及低度的消费支出选择，这就是一种勤劳经济的态度和行为选择。

勤劳经济的具体表现形式可以总结为高投入、高积累和低消费、低闲暇。高投入和高积累主要是指家庭作为一个整体经济组织，要动用每个有劳动能力的个体投入到劳动过程中，青壮年劳动力作为家庭中的全劳动力可以选择外出打工，也可以留守在家耕种中等规模的土地，年轻人则大都会利用年龄优势选择到城市过打工生活，老年人则成为完全的留守群体，通过经营留守农业为家庭经济作出贡献。在湖北马村调查时，5 月份正是当地的“忙月”时间，家家户户都要加大劳动投入从而赶时间完成“抢收抢种”，很多家庭因为土地面积较多，凌晨 3 点就要起床到田里去劳动。而在外打工的中青年人也会赶回家帮忙劳动，如安徽吕村的候鸟农业正是这种形式。外出务工和农业生产都要付出辛苦及乏味的体力劳动，但为了挣得经济收入而必须忍受这种辛苦程度，并减少闲暇时间。齐心、田翠琴(2003)曾通过调查得出:“北方农民对工作之外有没有闲暇并不关心，就是想多挣钱。”

虽然当前农业生产条件大大改善，机械化和化学化水平的提高减少了劳动投入时间，像农民常说的“三个月农忙，三个月过年和半年农闲时间”，但大部分农民在农闲时间会到城里打零工或在村庄附近打小工。安徽省和湖北省都是劳务输出大省，每年冬播完到过年的这段时间，很多农民都会选择外出打两三个月的工，而不会留在家中整天休息。用微观经济学的语言来讲，就是劳动对闲暇的替代率较高，在劳动-闲暇时间配置结构中，大部分农民都会选择压缩闲暇时间而外出务工、从事农业生产或打零工。虽然加里·斯坦利·贝克尔认为，“闲暇与收入共同构成了消费者的个人幸福”，因为闲暇获得是个体层面上的满足感，但却不能实现家庭整体层面上的满足感。

增加农民家庭经济收入的另一种方式是减少开支，即达到低消费状态，通过压缩家庭内部的消费需要来实现财富的积累。家庭经济中的消费结构包括日常性消费开支和大宗性消费开支，而农民选择缩减消费的范畴都是在日常性生活消费上，如不会购买非必要的耐用消费品，日常生活也很简单，一日三餐很少吃肉，男性家庭成员也会较少抽烟、喝酒等。这都是在日常生活消费层面上的压缩，其目的则是增加大宗性消费开支和应付家庭中出现的意外开支（如大病医疗等）。在消费结构中，不同年龄群体的消费内容和消费选择也不尽相同。其中最明显的就是家庭中父代与子代的消费观念差异，阎云翔在《私人生活的变革：一个中国村庄里的爱情、家庭与亲密关系（1949—1999）》中指出："对于年轻一代来说，有钱就是有钱花，东西就是用来消费的。一个简单的事实是，核心家庭的年轻人比他们的父兄等在事物和衣着上的花销更多，他们也更愿意赶时髦，追逐消费潮流，比如换彩电、买摩托车等。"而对于父代来说，则要保持勤劳、节俭的生活方式，"在绝大部分家庭必须为基本生存操心时，在他们不得不压抑绝大部分的欲望时，消费的问题还远远上不了被关注的日程。那时，老一辈人最看重的品质是勤俭和忍耐，消费则被减少到最低的限度"（阎云翔，2009：249）。

在家庭人口结构中，年轻人群体主要是选择外出打工，其挣得的收入主要是用于自己在城里的生活消费，很少有未婚的年轻人能将钱寄回家的。绝大多数年轻人在结婚之前是不会有存钱行为的，主要是因为尚未感受到家庭压力，于是便将每个月的工资收入用于吃喝玩乐，体验城市中不同的生活方式。对于中年人来说，则就开始具备责任意识并开始努力劳动、减少消费，并为子代做积累。2011 年 7 月，笔者在河南周口农村调查时，曾遇到一位 40 岁的中年人就已经开始准备为孩子建房，主要原因是他认为要趁着现在能挣到钱、有能力为孩子的未来做准备。如果等到年龄大了，可能就挣不到钱，也就没法为孩子建新房了。桂华（2011）指出，在华北农村，一个正养育孩子的中年人，若是不勤奋劳动，或者花钱大手大脚、生活注重享受的话，当地村民就会说这样的人"好吃懒做"。杨懋春（2012：46）在《一个中国村庄：山东台头》一书中也指出："为了给后代积累钱财，他们勤奋劳动，生活节俭。他们会因吃得太好或多花了钱而产生犯罪感，不是消费不起，而是希望剩下来留给子孙后代。”

总之，家庭结构中的子代与父代有不同的消费行为，年轻人大都将挣得的收入用于个人消费或享受，等到结婚成家后也会选择较为现代的生活方式。如在湖北马村，年轻人结婚时都会将房屋装修得很潮流。当地农村的房屋大都建于 20 世纪 90 年代，外表看上去已经很破旧，但大部分农户在子代结婚时都会将房屋内部装修得很漂亮。同时，年轻人的生活方式也很现代化，一般都会购买电脑、空调、洗衣机和摩托车等耐用消费品。虽然年轻人在结婚后大部分时间还是外出打工，但这些耐用消费品必须要齐全。作为父代的中老年人则会尽可能地减少消费开支，在日常生活中只要满足基本需要即可，而很少追求高质量的生活享受。农民家庭经济中不同年龄段人口对消费行为的选择与其经济活动安排密切相关。

在经济活动安排上，不同年龄段的人口会根据劳动力市场和家庭责任等因素选择相应的经济行为。20 岁左右的年轻人大都还没有结婚成家，如果没有继续上学，则大部分选择进工厂打工，挣得的收入用于自身消费。30 岁左右的群体则已经成立核心小家庭，小孩一般留给父母照顾，年轻夫妇两个则共同外出打工，因为父母还处于劳动年龄，能够负担起家庭的大部分开支，所以年轻夫妻两个挣得的收入也用于自身消费，所剩不多。40 岁左右的群体开始感受到来自家庭的各种压力，如小孩上学费用、照顾父母费用以及为未来做积蓄等，从而可以投入到辛苦的劳动过程中，但因为孩子已经读初中或高中等需要人照顾，妻子一般都要回家务农并照顾孩子，只能家庭中的男性在外务工。50 岁的中年人因为劳动力市场的限制，已经不能继续在城里打工，并通过近十年的打工积蓄和务农积蓄，基本可以完成家庭的人生任务。60 岁的老年人则开始经营留守农业，并照顾孙代。因为一个家庭不可能将大量财富用于老年人身上，而是要通过勤俭节约来为子孙发展。老人农业以及老人经济行为表现出来的是一种节约家庭财富的实用主义态度，即为大家庭节余财富，同时还要不断生产财富。

因此，通过分析不同年龄段群体的经济活动安排，可以看出年轻人与老年人的劳动-消费均衡是不同的，总体上是年轻人的劳动-消费均衡点较低，即当劳动辛苦程度超过需求满足程度这一主观评价标准时，年轻人群体就会停止劳动投入，而宁愿选择闲暇或休息。与此相反，中老年人群体的劳动-消费均衡点则较高，主要是中老年人群体可以忍受更高的劳动辛苦程度，从而提高劳动对闲暇的替代率。而整个农民家庭经济正是依靠年轻人的低度均衡点和中老年人的高度均衡点实现了平衡。

二、家庭伦理与农民勤劳经济行为

（一）农民家庭的社会性与伦理性

中国农民家庭总体上表现出一种勤劳经济的特征，并要实现劳动对闲暇的较高替代率。彭慕兰(2010)在《大分流》中就提出了中国发展道路是一种“勤劳革命”。日本学者衫原薰(2006)在《东亚经济发展之路：一个长期的视角》一文中提出，东亚发展不同于西方建立在资本和能源密集型基础上的工业革命模式，而是开创出一条被称为“勤劳革命”的劳动密集型工业道路。这一劳动力吸纳体制和劳动密集技术虽然使农民劳作更辛苦，但收入增加、生活改善，且学会珍惜劳动，并发展出一种推崇勤劳致富的工作伦理。之后，更有许多学者用“勤劳革命”来解释日本、亚洲四小龙以及中国经济的快速发展现象。勤劳革命这一命题不仅可以用于解释东亚工业经济发展，也可以用于解释农业领域的发展。东亚国家在工业领域和农业领域都是一种“资源节约和劳动密集型”发展道路。而这一农业发展道路的组织基础正是家庭，即充分利用家庭自有劳动力，实现劳动力与生产资料的不分离。基于中国人地关系资源禀赋，中国农业也不可能走向美国那种地多人少下“大而粗”的模式(黄宗智,2014)。

农民勤劳经济决策和行为选择共同受经济理性和目的理性的影响，

其中经济理性主要是指家庭在生存压力和匮乏压力下作出不断进行劳动、投入的选择，目的理性则是基于家庭内部存在的结构性压力和家庭在村庄中所处的结构性位置而作出的选择，这就是农民经济行为的社会文化因素，主要指农民家庭责任、代际伦理以及村庄内部的社会竞争和舆论等，这影响了小农家庭的投入与产出行为以及家庭内部的资源配置方式。资源配置主要是指家庭内部如何安排资源，如用于养老、负担家庭开支还是个体享受等，这决定了农民家庭的生产与消费安排，以及如何分配劳动时间、如何安排体力劳动和休闲时间等。

家庭伦理主要是指家庭内部的代际责任、人生任务对家庭成员所带来的社会压力和经济压力。这种压力不同于生存压力和匮乏压力，是社会心理层面上所呈现出来的。生存压力和匮乏压力也会激发农民的勤劳行为选择，但当生存压力和匮乏压力没有时，勤劳经济行为就会出现变化，即农民不再选择勤劳投入。而属于目的理性范畴下的家庭伦理则不会受家庭经济条件变化的绝对影响，即就算家庭经济条件改善了，仍然会继续投入到辛苦劳动中，呈现出高投入、高积累和低消费、低闲暇的家庭经济特征。这是中国农民家庭区别于西方个体经济行为之处，盛洪(2008)在《论家庭主义》一文中指出："中国人可以想到子孙万代，而西方人就只关心看得到的家庭成员和后代。如果一个人想到自己的生命是无限延续的话，那么自己的效用也就跟着扩大。如果一个亿万富翁去世，这些亿万财富乘以零就是零，因为消费财富是要时间的，没有时间就没有效用。但是如果一个确定的数乘以无限，概念就不一样了，所以说家庭寿命无限，对效用和对财富的看法都会发生变化，即如果寿命无限，贴现率为零。"也即因为农民家庭对长远未来有众多预期，所以才会在现世投入大量辛苦劳动，从而既能完成当前的家庭代际责任，也能实现家庭代际再生产。

本书关于家庭伦理的定位是将其放置在家庭性质和家庭行为研究框架中的，即家庭不仅是农民的生产、生活和交往单位，更是农民的精神归属，家庭对农民群体来说具有很强的价值伦理性，如本体性价值和社会性价值等。孔迈隆是从“终极期望”和“生活经营”两个角度来分析中国人的家庭生活的，借鉴此，本书也将家庭伦理操作化为两个维度：一个是家庭内部对代际责任的追求，主要是抚育和赡养行为；二是超越性层面上对家庭、家族延续和家庭理想的追求，主要是家庭中的生育行为和祭祀等宗教性行为。这两者共同决定了农民家庭在日常生活经济和家庭大宗经济行为中的表现。

农民家庭经济决策和经济行为选择不是简单的经济理性考虑，而是蕴含着社会文化因素的，像杨华(2008)所思考的一样，即家庭伦理责任等。这跟新教伦理与资本主义精神有相似之处，即资本主义经济中的拼命赚钱蕴含着新教伦理，那就是荣耀上帝以得到上帝拯救。张世勇(2010)在讨论中国农民婚姻支付经济时也是通过考察家庭代际伦理来分析家庭经济中出现的婚姻支付成本和伦理性负担的。他认为婚姻成本不断提高，成为家庭中的伦理性负担，主要是因为家庭经济中蕴含着价值基础，即嵌入在家庭伦理中，具体来说就是家庭代际责任以及失衡的家庭代际剥削。张江华(2004)在分析集体时期农户的经济行为时提出：“人们的劳动动机受制于消费的文化意义与价值，即消费绝不仅仅是满足人们生活的基本需求，它更是一种文化建构，个体与家庭的消费也因此是一个文化表演的过程，是表达和制造社会与文化认同的过程，人们劳动与生产的意义也因此而被规定。从这一意义上说，无论是消费欲望受到社会与文化限制的传统社会，还是需求被充分激发的现代社会，人们都在通过生产和劳动来寻求消费实践的社会与文化意义。”

徐勇(2006)认为，当前农户的性质是社会化小农，货币压力决定农户的行为与动机。因为小农最重要的是保证、维持家庭正常运转，其理性表现为货币收入最大化，以缓解生产和生活的现金支出压力。因此，小农家庭的一切行为围绕货币展开，生产是为了最大程度地获取货币，生活要考虑最大化地节约货币，所以徐勇认为农民经济行为的出发点是“货币伦理”。而实际上，对货币的追求并不是单纯的经济行为，陈柏峰(2011)认为：“人们不可能为了钱财而去获取钱财，不可能只是为了消费而去获取消费能力，而需要通过某种方式获取一种美好生活，其背后一定要有某种伦理和美德。”最明显的体现就是，农民家庭在获得足够的货币收入后还会投入到辛苦劳动中去，而很少选择闲暇。

岳跃(2006)也指出，农民家庭是“有道德的理性人”，并在“经济-伦理”博弈中达到纳什均衡。何平等(2010)也认为，家庭消费绝不只是简单地满足家庭成员生理需要的纯粹经济行为，而更重要的是承载着家庭习俗、传统生活方式、价值观等文化、心理需要的行为。杨华(2008)在对湖南农村的研究中指出：“在湘南宗族性村落，一个地地道道的农民一辈子也甭想‘农闲’下来，就是改变种植结构、开荒凿地也要把闲暇时间用劳动给填补上来，成为一种‘没事找事干’的行为。农民劳动与否、勤勉与否的背后一定有着某种观念、理念、伦理乃至社会结构因素，否则根据一般人的本性是倾向于闲暇而非劳动的。”在农民家庭生活中，家庭伦理责任则是影响农民经济行为最重要的伦理基础。

在农民家庭中，家庭伦理与勤劳经济共同统和于农民“过日子”的日常行为中。“过日子”是农民日常生活中的经验语言，但却能够整合农民日常世俗生活和超越性价值。吴飞(2007)首先对“过日子”这一概念进行了解析，他认为：“过日子是中国人对生活过程的概括，简单来说，过日子就是包括出生、成长、成家、立业、生子、教子、养老、送终、年老、寿终等这些环节，即一个人走完一辈子的过程。”这一生活过程以人、财、礼为基本要素，从而人的命运在家庭生活中展开。过日子过程中要处理各种关系，要与命运博弈，就产生了家庭政治，而吴飞将其理解为一系列的权力游戏，是亲密关系和亲属关系之间的权力游戏。而家庭生活中的权力斗争会产生失衡或挫败，便产生一部分群体的自杀现象。吴飞借助过日子这一日常行为去理解家庭关系中的情感与政治，其落脚点是农民自杀行为。陈辉(2013)也对过日子作出过分析，他将过日子操作化为日常凡俗方面上的农民家庭生活和社会交往，神圣方面上的人神关系、宗教行为以及人生意义和生命价值等主题。他认为过日子的核心本质是农民家庭主义这一哲学命题。桂华(2013)认为过日子是农民家庭日常世俗生活的呈现，同时过日子又实现了农民有限生命与无限意义的沟通，农民宗教生活嵌入在过日子的世俗生活中，从而实现了“圆满人生”。在笔者看来，农民家庭经济行为以及伦理责任都是在“过日子”这一日常行为中体现出来的，即农民勤劳经济行为的指向和家庭伦理责任的实现都是农民过日子的体现。

中国自古以来就是一个重视伦理的国家，通过伦理确立起不同层次间的关系并规范人们的行为。梁漱溟(2006)认为：“每一个中国人都是被来自四面八方由近及远的伦理关系所包围，在农民日常生活中，每个人都要处理好父子、兄弟和夫妻等基本家庭伦理关系。”而家庭内部最重要的伦理就是代际伦理，主要是父代与子代之间的物质交换关系，即父代承担将子代抚养成人和为其成家立业的责任，而当父代丧失劳动能力后就要由子代承担赡养责任。实际上，家庭伦理责任是一种具有内生性和强制性的道德规范，是一种地方性共识或地方性知识(克利福德·格尔茨，2008)。这就是费孝通所分析的“反馈模式”，是一种不同于西方社会的接力模式，即甲代抚育乙代，乙代抚育丙代，是一代一代接力的模式。费孝通(1999)之所以认为中国家庭属于“反馈模式”，是基于他对中国家庭性质的认识，即他认为“中国人是心中有祖宗、有子孙的民族”，从而决定了家庭成员的社会行为和经济行为都具有公共性，而非完全的个体性。

(二) 农民家庭经济的伦理基础

由上文所知，农民家庭经济决策和经济行为在很大程度上受到代际责任、人生任务以及家庭生活理想等伦理因素的影响。对农民家庭来说，伦理责任主要是完成人生任务，包括将孩子抚育成人、供其上学以及为其完成婚嫁。而代际责任的完成都要依靠家庭经济作支撑，如果没有足够的经济实力，就不能完成人生任务，就不能完成儿子结婚成家和抱孙子的愿望，儿子就要成为光棍，而不能完成家庭再生产和代际再生产的目标。经济支撑对农民来说就是要通过减少开支和增加收入来实现财富的积累，从而能够满足经济要求。

代际责任、人生任务是农民家庭中与生俱来的。代际责任主要包括向上和向下两个部分，即抚育儿女成人和养老，就是费孝通所说的反哺模式。正是在这两个方向上的努力，实现了代际再生产。对一个家庭来说，完成代际责任是基本要求，家庭中的父代要不断操劳，将儿女抚养成人，供其上学读书，完成结婚成家任务，还要为其照顾下一代小孩，这都属于家庭内部的社会行为，是在长时间社会结构下形成的。但社会行为的实现更要有经济基础的支撑，即农民家庭要完成代际责任，首先要有较好的家庭经济条件，如果农户家庭内部没有经济基础，则很难完成代际责任，在社会层面上也不会得到正面评价。

农民家庭对人生任务的重视，一是基于本能上的考虑，如果不能完成就意味着不称职，是不负责任的表现；二是基于对家庭未来发展和再生产的期待，即讲究家庭血脉延续。所以，农民家庭所追求的人生任务最终都落脚在传宗接代上，即要在为儿子建房娶媳妇后，还要抱上孙子，这样才了结一桩心愿。这就涉及生育观念、生育态度及其背后的经济行为问题，即家庭人生任务完成过程中是否有男性继承者是不一样的，有没有儿子或孙子都会影响农民家庭的经济态度和经济行为。如果农民家庭中有儿子，就会有很大动力去从事各种经济活动，从而改善家庭生活、完成抚育任务。如果家庭中没有儿子，就会表现出两种形态。一种是因为没有儿子，就会影响到其在村庄中的社会行为，如抬不起头、不参与村庄人情往来等。如笔者曾于 2011 年 10 月在山东昌乐农村做调研，期间遇到一户农民就是因为没有儿子而表现出很消极的精神状态，进而影响到其社会行为和经济行为。另一种是家庭中既然没有儿子，就会在家庭经济中拼命努力，以此来寻找另外一种精神寄托。

农民家庭中有无儿子之所以会影响到其社会行为和经济行为，是与农民家庭伦理和人生任务密切相关的,家庭中有儿子就成为其实现人生任务的基础条件。皖北吕村同整个黄淮海平原都属于同一类型,即传统上都保持着较强的生育冲动,有“多子多福”“养儿防老”“传宗接代”等观念。在吕村,出生于20世纪五六十年代的村民都天然地认为家庭中没有儿子是不行的,很多村民都是在生育三四个女孩后才生有一个男孩。当地村民在生育观念上有很强的生儿子的冲动,而这种生儿子观念与宗族地区的出发点是不一样的,宗族地区农民生儿子有很强的价值性追求,即传宗接代、延续香火,从而可以实现个体在宗族内生命的延续。

华北地区生儿子的冲动有很强的功利性考量,即生儿子观念是在村庄竞争结构中产生的。生育儿子一方面是为了农业生产中有充足的劳动力,并可以起到养老的作用,“没有男孩,别人都会说你,种地都没有男孩,就种不了地”;另一方面,生育儿子是为了在村庄内部各种竞争中不处于下风,如有儿子就可以为父母在村落中的各种努力找到归宿,即用于完成人生任务。如果没有儿子,那么父母的各种努力都没有用力的方向,生活也会变得软绵绵而没有力度。而且,没有儿子,村民在村庄竞争中不占优势;没有儿子,父母就不需要努力挣钱为儿子盖好房子、娶媳妇,在与村民吵架过程中会被说成是“绝户头”。“总感觉没有男孩就低人一等,被人歧视”“有儿子走路时头都昂着,没有儿子走路时就垂头丧气”。在平常生活中,没有儿子的家庭跟其他家庭还没有什么差别,最明显的表现是在农村妇女吵架这种场合,农村妇女经常因为小事而吵架,吵得厉害时,就经常揭双女户的短,“绝户,没有儿子”。双女户没有儿子,就会在言语、行动上表现出不同,“吵架时不敢说大话,人家有儿子的在吵架时就没有顾虑”。这些日常生活中的接触都强化了农民要儿子的愿望,而且大都是处于社会性和功能性的需求。在村落社会中,最能够体验这种感觉的是妇女群体,只有在生育男孩后,妇女在家庭和村庄中的地位才得以改变。

正因为生育男孩对家庭具有重要的社会性意义,所以农民家庭才会在经济层面上做出大量投入。皖北农村的代际关系跟整个北方农村的代际关系相差不大，父代在儿女出生后就开始通过个人努力来完成抚养子女的义务，主要是将孩子养大、供其上学读书、盖房、娶媳妇和结婚生子。父代在孩子年龄小的时候还感受不到太大的压力，但随着子女逐渐成人，父代就要尽其所能为子女的未来做准备，主要是想办法积攒盖房、娶媳妇的资本。而只靠种田的收入是远远不够的，大部分父代家庭都要想出致富发财的门路来，有的是做副业，有的是外出打工。总之，父代在完成子女的任务之前，是将全部精力投入到子女身上的，所挣的收入也都花销在子女身上。如安徽吕村村民吕景旺，50 多岁，有一个儿子两个女儿。儿子结婚之前，吕景旺在苏州吴江打了 4 年工，后来回家给儿子盖房子，盖了 3 间平房、2 间偏房，一共花了十几万元。

在农民观念中，父母为儿子盖新房、娶媳妇，是应尽的义务。而且，儿子在这一过程中也认为父母给自己盖房子是理所当然的。至于儿子以后会不会养老，则主要看儿子有没有良心，没有强制性的要求。反过来，老年人对儿女的责任却是无限的，很多老年人在已经完成人生任务后，还要努力干活，既要为自己积攒养老费用，还要考虑能为儿女减轻一些负担。吕村的李家环，他老婆现在 60 多岁，每天都要去镇里的百亩良园干活，主要工作是蔬菜种植和管理，要打药、浇水、施肥等。她上午的工作时间是 5:30到 10:30，下午的工作时间是 1:30 到 6:30，一天要干 10 个小时。但一天的收入只有 30 块钱，干了将近两年没有花一分钱，总共存了一万块钱左右。其之所以这样辛苦地挣较少的收入，主要出发点是为闺女家存钱，李家环认为其闺女家条件比较艰苦，所以才想通过自身的勤劳投入为其女儿家作出经济贡献。

因此，农民家庭选择高劳动投入和低闲暇的勤劳经济行为，主要有两个因素：一是农民家庭中所存在的传统代际伦理，二是当前农民家庭中的代际剥削。这两个因素共同决定了农民家庭为了完成代际责任、人生任务而选择家庭经济决策和经济行为。具体来说，农民家庭要完成人生任务，需要在两个方面做好准备：一方面是减少消费开支，另一方面是增加收入来源。在这种“开源节流”的经济结构下，农民家庭经济才能不断积累，从而可以为人生任务的完成做准备。对农民家庭来说，其节约开支和积累财富都是指向家庭代际再生产，即通过在经济条件上支撑家庭内部的代际责任实现这一长远目标，而不是为了当前的个体享受。

对当前农民家庭而言，其面临的代际责任主要是盖房或买房，以及为儿女完成结婚任务，因为儿女结婚是一个系统工程，不仅要给其盖新房或者到城市买房，还要准备订婚、结婚的三金、彩礼等。陶自祥(2013)认为，建房、娶媳妇和办孙子满月酒是农民的三大人生任务，这成为华北农民家庭代际伦理责任的核心内容。“华北平原农民家庭为儿子操心，主要表现为父母要多积累家庭物质财富来支付儿子结婚成本，即建房和支付彩礼，家庭中如果有两个儿子，那么家庭经济压力就会更大”。费孝通等(2006:431)在《云南三村》中也对农民家庭的经济行为作出过分析:“50 多岁的人，天天劳动，既无嗜好，又不求穿着。以我们看来，他可以说是全村最勤俭的人。袜也不穿，短褐上补上几层。可是在他儿子的婚事上，他完全没有半点踌躇，一切要尽他的能力追求最体面的举动。”也就是说，农民家庭在日常生活“过日子”中可以很节俭，但到了这种关涉到人生任务的公共场合上，就要作出最大程度的经济付出。

在湖北省沙洋县农村，普通农民家庭要为儿子结婚准备 10 万块钱，主要包括装修房子、购置家具以及彩礼等，要是重新盖新房或到城市买房就会花费更多。湖北沙洋马村五组的杨为家，儿子结婚，当时只是将旧房子重新装修了一下，花了 5 万块钱。彩礼给了女方 4 万元，购置电脑、空调以及家具等花了 2 万多元。三组的范为明儿子结婚一共花费了 14 万元，结婚费用包括彩礼、三金，装修房子(吊顶、油漆、地板砖)、智能电视机、冰箱、摩托车、洗衣机、太阳能热水器、电脑、家具等。

在皖北农村，农民家庭同样面临着很重的伦理负担，在调查中，村民很多都反映人生任务的高成本，村民李庆宇算了这样一笔账，自己儿子从出生到大学毕业需要花费 10 万元，结婚好赖都得 10 万元，还有凑钱买房给了10万元。女儿初中毕业出去开店，要支持2万元；小女儿读大学花费近10万元，结婚还得倒贴2万元。这样加起来的费用就能达到44万元，这对一个普通家庭来说都是一笔巨大的费用。湖北马村二组的文长全家有一儿一女，也面临着很大的家庭压力。正是依靠文长全在村中流转的60亩土地，并且没日没夜地辛苦劳动，才完成了儿子结婚和女儿读完大学这两项大事，他在儿子结婚典礼时装修了房子，花了4万块钱，女儿读书花了十几万元。“当儿女任务没完成时，自己过完忙月就要出去打零工，操完心后就不出去了，只负责种好田，还把一部分田给了舅倌子。现在需要做的是照顾孙子，每年种田收入能留下点余钱，可以用来赶下人情。孙子上幼儿园，一年也需要花费三四千块钱”。

农民家庭之所以在不堪重负的情况下仍然承担高额成本，主要是基于其内生的地方性规范，因为“别人都这样，你为人父母怎么能对子女不管”。王跃生(2010)在河北农村的调查也指出，一个农民家庭“若为25岁的儿子建房总支出约103600元，它需要一个家庭10年时间的积累。父母不可能于同一时间完成这项任务，往往要未雨绸缪，有儿子的亲代往往提早5～10年(儿子在十五六岁之前)将房子建好。只有这样，才有人上门提亲，一旦婚事定下来，再适当装修一下”。

河南农村与皖北农村在地理位置上同属黄淮海平原地区，农民家庭在人生任务上也具有相近性，即都要积累财富以完成家庭人生任务。在河南农村地区流行着这样一句话，“媳妇是钱买的，孙子是爷奶的”，意思是指父代家庭要花费一生积蓄为子代娶媳妇，同时还要负责照顾孙代。媳妇之所以是“买(来)的”，是因为如今娶个媳妇实在不容易，2000年左右开始，河南周口农村的订婚礼金是6600元，后来涨到8800元，现在是11000元，意为“万里挑一”。礼金价位一路飞涨也只是这几年的事，时隔几年，如今6000多元的礼金已经根本拿不出手，就算是拿出来了也只会起反作用，即女方不满意，婚事告吹。娶媳妇的费用不仅有这一次性的定婚礼金，还有初次见面礼(一般也都上千元)，以及平时的走动花费。平时往来主要有春节、麦罢(麦收之后)这几个时间和八月十五中秋节。在这些节日,男方都要去女方家拜年或者"请人",主要是送礼,比如烧鸡12只,牛肉10多斤,还有饮料、火腿、饼干、牛奶等,都是整箱整箱地买,很多男方家庭都是用三轮车拉着去,一般不会少于20件(箱)东西①。每逢这几个时间点,男方都要开着三轮车去女方家送礼,这些都成为农民家庭的婚姻负担。

当前形势下,农民家庭所面临的婚姻负担还在不断加重,主要是建房、买房花费的增多以及婚姻支付成本的提高。结婚建新房是很多地方约定俗成的规矩,即如果要为儿子完成结婚任务,首先就要将新房子建好,这是完成结婚的第一步。而当前农村地区的建房成本也越来越高,盖一栋新房加上装修就需要花费10多万元,而且很多女方家庭都要求建二层小楼房。在湖北沙洋农村,最近几年的年轻人结婚已经不在家中盖新房,而是将家中的旧房子装修一下,省出家庭积蓄以在城镇买房。在笔者调查的马村,到城镇买房成为一种趋势。一般来说,官垱镇的房价在1200元/平方米,普通的农民家庭收入加上子女外出务工的收入还可以承担,而县城和市里的房价大都在3000元/平方米以上,势必加重了农民家庭的经济负担。而对婚姻成本而言,主要是指农村男性婚姻市场的挤压,农村本来就是男女出生性别比失衡,男性在婚姻市场上处于不利位置。而随着打工经济的兴起,越来越多的农村女性能够突破传统较为狭窄的婚姻圈,形成了对农村男性更为紧张的婚姻挤压。农村年轻男性虽然也可以通过外出务工获得跨省婚姻的机会,但异地婚姻成本高且具有风险性。

概言之,农村地区因为家庭伦理责任和伦理负担的存在,农民家庭要承担这种负担和成本而选择勤劳经济行为,其具体策略就是"开源节流",即消费开支上的节俭和增加收入来源。在湖北农村和皖北农村调查中,笔者能够很明显地感受到农民家庭在消费开支上的节约,很多农户家庭

① 李德瑞.家庭结构、代际关系与养老问题.http://www.snzg.net/article/2007/0925/article_7075.html.

为了增加积蓄而选择日常生活中的节俭，如不注重衣、食、用等方面，减少食品消费结构中对肉、蛋、奶的需求，只食用自家菜地里种的蔬菜，皖北农村尤其如此。

在与皖北相连的豫东农村同样也是如此，豫东曹岗村村民平时的生活非常节俭，吃穿都不讲究，日常生活很简单，一日三餐很少吃菜，尤其是很少吃荤，男性家长也很少抽烟喝酒。村庄中大部分房子都还保持着20世纪七八十年代的样子，农户一般很少购置非必需的耐用消费品。农户家庭的省钱不单单用在诸如建房之类的长远投资上，而是大部分花在子女身上。这种花费不仅体现在上面所提到的给儿子娶媳妇上，而且表现为父母对子女教育的投资。曹岗村每年都有10个左右的人考上大学，每年暑假回来的大学生就有几十人。许多人家堂屋上都贴着自己儿女上学获得的奖状，贴得越多父母的脸上也就越有光彩。父母对子女表现出了较强的义务关系，而这种关系在某种程度上又影响了村庄生活的其他面向。"儿女的事悬在心上"，这种对子女的义务感可以使得父母在平时生活中保持克勤克俭的态度。张红(2011)在关中农村地区的调查也有同样的发现，"孩子上大学这几年，我没给自己买过衣服，没添置过家具，轻易不买菜，衣服是三姐给我的，沙发和桌子是我弟弟家淘汰下来的"，好不容易将老大供养出来了，又开始操心孩子的婚事，"没给孩子娶媳妇，任务就没有完成，哪怕借钱也要完成。等两个孩子都娶了媳妇后，我俩才给自己攒钱，把自己看得值钱些"。

除了日常生活中的节俭，农民家庭为了完成代际责任和人生任务，还要投入大量辛苦劳动，只有这样才能形成更多家庭积蓄。湖北马村五组的金立家只有一个女儿，但为了女儿(结婚)，仍然流转了70亩农田，并拼命种田，每年都是从4月20号左右下秧到5月中旬，断断续续要一直忙到月底。对于金立而言，其家中只有一个女儿，面临的负担应该不算很大，但也要付出很多体力劳动，从而感觉到"一个娃子负担都很重，很遭业"。一组组长金克福家有一个儿子，儿子27岁了，常年在外打工，还没有结婚。金组长在家种田养鱼，以支撑这个家，给孩子提供一个避风港。金组长认为："一个阶段有一个阶段的任务，年轻的时候劲头很大，要把家庭维持好。现在儿子还没有结婚，自己的任务就没有完成。如果到了60岁，孩子还是光棍，老一辈的人生就是白来的，任务完不成就没有意思，因为后继无人、没有接班人。"

以上主要从家庭代际责任和伦理负担的角度来分析农民家庭选择勤劳经济的原因，除此之外，当前农村家庭中的代际剥削也开始凸显出来，并成为影响农民家庭经济的重要因素。费孝通先生所讲的"反馈模式"，认为中国家庭伦理责任主要是父代与子代之间的物质交换关系，即父代承担将子代抚养成人和为其成家立业的责任，而当父代丧失劳动能力后就要由子代承担赡养责任。中国农村家庭自古以来就是一种厚重的代际关系，是父代对子代具有无限责任、子代对父代具有有限义务的结构，这种结构使得家庭中父代所有经济行为都要为子代努力。在农民家庭完成代际责任的过程中，代际剥削主要是指父代对子代的抚育、成家立业做出全部投入。如在湖北马村，很多家庭在为儿子办完婚礼后，父代家庭的所有积蓄基本全部用完，并很可能还要欠一大笔债务，而子代家庭则承接了全部财产，如彩礼等。像当地村民所讲："父母家庭经济条件永远赶不上年轻人。年轻人一结婚，父母荷包空了，年轻人荷包则变满了。"

而且，代际剥削还体现在人生任务已经完成之后。父代家庭虽然已经为子女完成成家立业的任务，但因为年轻人大部分都要外出打工，父母就要继续为其"操心"，如照顾小孩、帮其种田等。皖北吕村的年轻人在结婚后一般就到附近厂房上班，月薪能有1500元左右，而父代就留在家中耕种土地。村庄中一般都是年纪较大的父母在种田，大部分年轻人都会选择外出打工而不用操心农业生产。年轻人一般都不愿意也不会下地干农活，特别是村庄里的年轻媳妇，在生育小孩后就暂时结束打工生活回家照看小孩，从而不用操劳家务和农活。吕村有一户媳妇，家里有两个五六岁的小孩，就天天在家看小孩，平时也不用做饭、做家务，更不用下地干农活，所有的农业生产和家务劳动都交由父母打理。对于那些年轻夫妻双双外出打工的家庭而言，父母就要承担更多的压力，一般都要负责孙娃子上学读书和日常生活的费用，有时还要出钱支援外出打工的年轻人。这样就形成了代际之间的不平衡。由于抚育成本增加，农民在中年阶段必须努力劳动才能支付人生任务的成本，并且在人生任务完成后，由于缺乏养老期待，中老年农民还得辛苦劳动，为自己的养老攒钱，因此，家庭代际关系中存在着代际失衡和代际剥削，使得父代家庭要承受更多的伦理责任，在家庭经济上就表现出更高强度的劳动投入和较少的闲暇时间。

以上，农民家庭在伦理成本不断上涨和代际剥削的情况下仍然要选择勤劳经济，主要是基于代际责任所具有的规范性和约束性。因为代际责任对每个农民家庭来说都是一种“文化仪式”，只有顺利完成这些仪式才意味着家庭生活和生产的完整性，也能实现农民家庭所追求的本体性价值和社会性价值。正如杨懋春（2012：103）所说：“对中国家庭来说，传宗接代极其重要，这从父母渴望看到儿子结婚并竭力为后代积聚财富上就可以看出。因为中国人相信生命可以通过孩子延续，只要代代相传，先辈就能永生，保持家庭延续是对祖先的最大义务，绝后不仅意味着家庭的终结，也意味着祖先的死亡。”

因此，农民家庭才能够在承受极大压力的情况下，作出更为勤劳的经济决策和选择。对于多子家庭来说更是如此，因为其面临的代际责任要重于普通家庭。在河南农村甚至有“生两个孩子哭一场”的说法，从这里可以看出家庭经济所面临的巨大压力。因为如果家庭经济条件有限，就无法为儿子完成结婚成家任务，从而就不能实现传宗接代的价值追求。正因为不能完成任务，所以就有可能成为光棍。皖北吕村 50 多岁的张某，家中有 3 个儿子，已明显感觉到“累”了。2001 年时，他给大儿子盖了房、娶了妻。虽然已经年逾 50，以前也没出去过，但如今却经常在外打工，因为要还债，还要攒钱。去年刚刚把为大儿子建房、娶媳妇欠的债还完，紧接着就得操心后面两个儿子的事情了。二儿子有点残疾，看样子是很难娶到媳妇了。小儿子现在在南方打工，挣的钱也不会往家里拿，但却眼巴巴地等着老人为他盖房、娶媳妇。这些都形成了对父代家庭的巨大经济压力。

概言之，农民家庭中形成高投入、高积累和低消费、低闲暇的经济结构，与家庭内部的代际伦理责任密切相关，正是这种先赋性的地方性规则，形成了对农民家庭经济决策和经济活动的约束。农民家庭经济活动的指向并不是为了现世个体的享受，而所有财富积累和积蓄是为了完成代际责任做准备。正因为有这种社会文化因素的存在，农民家庭可以不考虑劳动辛苦程度和边际劳动生产效率，而不计辛劳地进行农业生产或外出务工，总体目标就是进行财富的总量积累，从而可以为下一代盖新房以及结婚成家。即使在当前婚姻支付成本不断提高和代际剥削日益加重的情况下，农民家庭仍然要承担这种负担，力所能及地为家庭增加收入来源，通过减少个体休闲来增加劳动时间，这就是农民家庭勤劳经济的伦理基础。

三、勤劳经济与消遣经济

上文主要探讨了影响农民家庭经济决策和资源配置的伦理因素，分析的是中国农民家庭经济实践活动的目的。总体来说，农民家庭想方设法挣钱这种经济理性活动包含三种经济态度，即勤劳经济、消遣经济和消费经济。本书对“经济”和“经济态度”的使用主要是借用费孝通等(2006:108)在《云南三村》中所作出的分析。在他看来，“人生的快感要以痛苦来换取，在这个矛盾上发生了经济。经济就是如何以最少痛苦换取最大快感的打算。每个人都这样打算、这样考虑，相互间合作来达到这目的而发生经济行为”。在此基础上，他区分了三种形式的经济类型，即以生产为中心的经济，以消费为中心的经济和消遣经济。具体到中国现实，三种经济类型就可以分为勤劳经济、消遣经济和消费经济。

勤劳经济主要是指中国农民以及农民家庭大都保持一种一生忙碌和

不断操劳的状态，用费孝通的话说就是“忍受现在痛苦以创造将来可以享受效用的生产行为”。中国农民自古以来就形成了勤劳的经济品格，一生中要不断操劳、积累家庭财富，经常“耐了一世苦却得不到享受”。中国农民所表现出的勤劳经济行为主要有两种动力：第一种是经济、生计意义上的，在人多地少、生存压力大的环境下，农民家庭保持勤劳生产的态度和行为，主要是为了摆脱生存压力和匮乏压力。黄宗智所讨论的“过密化”生产以及斯科特所讲的风险规避行为，都是为了避免“水淹脖子”的生存困境，即通过勤劳生产来获得基本生计保障；第二种是文化意义上的动力，即上文所讨论的中国农民家庭基于伦理责任而要保持不断勤奋劳动的行为，从而为家庭大宗消费开支做积蓄，以此来完成家庭代际责任和人生任务。

打工经济虽然增加了农民收入，并改善了农民家庭生活水平，但仍然没有改变农民家庭勤劳经济的行为选择。打工经济兴起之前，由于就业市场和就业机会的限制，农民在农闲之际大多开展打麻将、聊天、打牌等娱乐活动，通过闲暇活动来获得满足。实际上，打工经济的兴起增加了农民的劳动时间和劳动强度，城乡二元就业市场的开放使得年轻人和中老年人都有了一定的就业机会，年轻人自然可以投身到城市就业市场中去，实现较好的就业选择。另一方面，乡村劳动力市场也同样繁荣起来，中老年劳动力也可以获得一定的劳动机会，如建筑队中的小工、临时性的劳动市场，如搬运东西等。因此，文化意义上的勤劳经济表现的范围更广，在去过密化、机械化和化学化水平提高的情况下，农民家庭仍然保持着勤劳经济的行为选择，并依此安排家庭中的生产、消费行为以及其他资源配置。

微观经济学和恰亚诺夫都对农民家庭经济行为作出过分析，用微观经济学的语言表述就是，中国农民家庭在劳动与闲暇之间的替代率较低，不会像西奥多·舒尔茨所说的那样考虑边际劳动生产率降低的情况，因为农民家庭有强大的动力去劳动，并且很多时候是建立在消耗丧失自身体力和劳动辛苦程度基础上的。同样，在勤劳经济行为选择下，恰亚诺夫意义上均衡点的选择就不完全由劳动辛苦程度和需求满足程度决定，而同时要考虑家庭代际责任、伦理负担。即均衡点的变迁会根据家庭生命周期和认可结构的变化而变化，但与恰亚诺夫所说的正相反。当父代年龄在 50 岁时，其面临的代际责任最大、伦理负担也最重，这样就需要在劳动辛苦程度超过需求满足程度的阶段进行劳作。

费孝通所说的消遣经济内涵是一种通过减少消费以减少劳动的经济态度，“他们知道如何不以痛苦为代价来获取快感，这就是所谓消遣。”在费孝通看来，消遣经济追求的是以获取消遣为目的而进行暂时性劳作。费孝通对消遣经济的理解也是从文化角度切入的，虽然传统社会能够这样悠闲的人群非常少，如传统社会中的一些小地主为了不下田劳作，而愿意生活苦一点，这就是一种典型人群。但当农民开始考虑以较少痛苦来换取一种生活满足程度时，就已经不是在经济理性上进行考虑了。消遣经济与萨林斯对原初丰裕社会的理解相近似。之所以形成这样的经济态度，主要是狩猎采集者并未刻意压制自身对物质的追求，他们只是未及形成此种欲念，而且欲求能够轻易满足。即原初丰裕社会在低水平基础上就能达到生活需求的基本满足，是低生产、低消费的，这很类似于费孝通所讲的消遣经济，即清心寡欲、无欲则无求，通过减少劳动来获取满足。“重要的是，当地习惯的消费品数额（以及消费者数量），从文化上维持在适度的标准”（费孝通，2006：13）。

这样，通过对原初丰裕社会中人们经济态度和经济行为的分析，萨林斯（2009）就得出了不同于经济理性的解释，而将其放在社会文化规范的视域中，并形成对理性和文化的两维理解。在萨林斯看来，“二者分属两个无法统协的讨论范畴，一个范畴是人们会算计个人行为实际的得失，另一个则指的是社会形式，如母系氏族、仪式义务、统治等级关系、家庭关系、贡赋关系，以及其他有关社会供应分配的组织形式。经典经济主义认为文化只是一种外在因素，经济关系才是社会的本质，从而无视经济的文化形式”。而萨林斯所要做的就是将经济制度、经济关系以及经济行为纳入到社会关系和文化形式当中去，也正是在这个意义上实现了萨林斯所追求的“真正人类学的经济学”研究。消遣经济在当前中国少数民族农村也有所呈现，即在少数民族村寨中，很多人都不会有很强的动力去积累更多财富以用于家庭发展，只要达到村庄平均水平就可以了。如建房子上大家都建了两层楼房，但因为没有人去做很好的装修，就都不去装修，即使可以通过外出打工挣钱，也不去装修。在子女教育上，普遍的情况是子女上到初中就准备外出打工了。在生活水平上，很多家庭都是一天吃两顿饭，甚至是什么时候饿了什么时候吃饭，每顿饭都有点肉吃，也有酒喝，这也是大家的正常状态。基于此，民族农村很多村民就没有更大的动力去拼搏努力以使自己在各方面的表现强于别人，而是通过种植经济作物收入一点钱，通过外出打工再挣一点，只要达到收入能满足基本开支就行了，不需要通过更加劳累地到山上去捡拾板栗、油桐果以及受苦受累地在工厂加班打工这种方式来增加收入。所以，表现在农业生产上就是粗放式的种植和管理，在打工上就是在外出和回村之间自由作出选择①。

消费经济在本书中主要指异化的勤劳经济，即指农民拼命挣钱的经济行为发生了变迁，过去的勤劳努力是文化意义上的，是社会文化理性。而当前挣钱行为是货币化的行为，货币经济越来越成为衡量一切事物价值的唯一标准，包括人生的意义。拥有更多的货币不是目的，而只能看作是手段(申端锋，2007)。也如齐美尔(2002)所言：“大多数的现代人在他们生命的大部分时间里都必须把赚钱当作首要的追求目标，由此他们产生了这样的想法，认为生活中的所有幸福和所有最终满足，都与一定数量的金钱紧密地联系在一起。”笔者将在后文对消费经济进行重点讨论，现在只对勤劳经济和消遣经济进行分析。

勤劳经济既不同于前资本主义社会或者原初丰裕社会的“消遣经济”，也不是西方社会那种消费经济。消遣经济主要是建立在低需求基础

① 详细讨论见附录 B：村庄吸附、逆向推拉与西南民族农村贫困再生产。

上的低劳动付出，从而达成一种低度水平上的需求满足；消费经济讲求的是为了个体享乐而进行消费，快感是建立在消费基础上的。而中国农民家庭要持续不停地进行一系列经济实践活动，并且要付出相当大辛劳的体力劳动。勤劳经济态度与消遣经济态度的相同之处在于，两者都是受社会文化因素影响的，而与农民追求经济利益没有关系，即不能用经济理性对其进行分析。而且，消费对勤劳经济和消遣经济而言都不是目的，中国农民的勤劳经济与西方社会早期的新教伦理行为相近，即西方人与中国农民在现世的勤劳苦修都是手段，指向的目的不同。中国农民的勤劳苦修、积累财富是为了维持大家庭的运作和传承，实现家庭在超越性的价值层面上、现世性的日常生计和社会交往、在村庄层面上的地位获得等目的。西方人勤劳苦修的目的就是为上帝积累财富、荣耀上帝，以获得来世的救赎。而消遣经济则尽量避免消费，从而可以实现劳动对闲暇的较低替代率。

消遣经济虽然也是一种文化意义上的行为选择，但只是少数人的选择。因为"从减少消费上的打算来减少劳动，却有一个限度。人的欲望固然可以伸缩，但是除非毁灭生命，一个人机体的生存总是有一定得满足的需要。"（费孝通，2006：111）费孝通认为，有一些家庭"觉得宁可生活程度低一些，免得在烈日暴雨中受罪，他牺牲一些享受来避免劳作为什么不能说是合理的经济打算呢？"但是消遣经济是一种通过较低水平劳动辛苦程度的投入来获取低水平的需求满足，对于大多数面临家庭生计和家庭延续发展的农户来说，其很难通过减少劳动来获取闲暇满足，而必须通过较高程度的劳动投入来获取家庭需求的满足，其中最重要的就是家庭代际责任的实现。也就是说，大多数农民家庭都要采取勤劳经济态度和行为来实现家庭的自我需求满足以及家庭的代际再生产，而这是消遣经济所无法实现的。农民家庭中的消遣只能作为附属，而不能成为主导，即农民家庭可以在农闲时间或者打工间隙进行一些娱乐休闲活动，等一有机会，就要投入大量高强度的劳动以获得家庭经济总量的增加。

第四章 村庄社会结构中的家庭经济行为

农民家庭经济要嵌入在村庄社会结构中，参与人情交往和面子竞争成为农民家庭在村庄社会中获得身份和地位的重要基础。农民家庭经济行为更是要考虑这两个因素，而不能只考虑家庭个体需要和生活享受层面上的经济态度。

农民家庭经济决策和经济行为以及资源配置方式，不仅是个体性和家庭性的，还具有村庄社会性，即农民家庭组织并不是独立存在的，而是与村庄其他家庭组织发生互动和关系，其经济行为也就同样受到村庄社会结构的影响。这与卡尔·波兰尼和格兰诺威特所讲的嵌入性理论相一致。卡尔·波兰尼的“嵌入性”理论认为经济行为应该嵌入在社会关系之中，经济作为一个过程是嵌入在经济和非经济制度之内的，因此要把经济作为社会制度过程来研究。格兰诺威特在《经济行为与社会结构：嵌入性问题》中也对嵌入理论进行了分析，他认为“人不是脱离社会结构、社会关系像原子化式地进行决策和行动，而是‘嵌入’于具体的、当下的社会结构和社会关系中作出符合自己主观目的的行为选择”(臧的顺，2009)。萨林斯(2009：1-2)在《石器时代经济学》一书中提出，“经济活动是具体生活形式中，价值体系与社会关系的物质表达”，他反对将文化系统从物质活动中抽离出来，即反对经济脱嵌于社会。因此，对中国农民家庭经济实践活动的理解也应放置于村庄社会结构中进行分析。

之所以将农民家庭经济放在村庄社会结构中讨论，是因为农民家庭组织存在对社会性价值的追求。社会性价值是关于人与人之间关系、关于个人在群体中的位置及所获评价、关于个人如何从社会中获取意义的价值。因为个人是生活在社会中的，其行为选择不能超然于社会之外，所以农民家庭所表现出的交往行为等都是在社会性价值基础上进行的。农民家庭的社会交往行为主要包含两个层面：一方面是农民家庭要从村庄社会中获取生产、生活和情感支持，从而获得生活的意义和价值；另一方面，还因为社会性价值的存在，农民家庭之间表现出紧张的竞争性行为，主要有家庭之间的面子竞争、在建房和人情等事务上的攀比行为。而获得社会性价值要有相应的经济条件做支撑，对社会性价值的追求不仅会影响到农民在村庄中的社会性行为，如人际交往、攀比竞争等，还会影响到其经济行为，因为要想在竞争性结构中获得社会性价值，就必须具备较好的经济条件。

村庄社会结构能够生发出地方性规范,不仅是对农民社会行为的约束,还有对其经济行为的约束,主要表现出一种舆论压力,如对村庄中好吃懒做的人的评价,对勤俭持家家庭的评价等。地方性规范中还存在竞争性压力,即对家庭经济生活水平的竞争,这些都会对家庭的经济决策和行为选择产生影响。

一、人情消费与社会关系建构下的经济压力

(一)人际关系建构与人情往来

在村庄社会中,农民家庭同时作为一个经济单位和社会单位存在。经济单位主要是指进行一系列家庭经济活动如生产、投资、积累与消费等,社会单位主要是指农民家庭要进行人际交往上的社会关系建构,主要途径就是人情往来。中国农村社会是建立在血缘和地缘关系上的村落共同体,自古以来就存在着以自然村、生产队或村民组为基础单位的人情往来,有着在生产和生活上相互合作的传统。中国社会历来就是一个重视人情的社会,在中国这样一个注重家族制度、伦理本位的社会中,人情成为连接或者润滑人际关系的重要纽带。人情这一概念是学者利用中国社会自有的范畴去理解西方社会理论意义上的人际关系和社会交往的具体载体,是乡村社会关系网内所共同认可的交往习俗和规则。费孝通认为,在遵循“差序格局”(费孝通,1998)的传统中国,每个家庭都有特定的人情圈,人情往来遵循着特定的原则。

金耀基(1993)最早对“人情”这一概念做出了界定,他认为,“从社会学角度来说,人情这个词指的是人际关系,即与他人相处的方式”。费孝通(1998)在刻画乡土熟人社会时,提出了礼俗社会和法理社会的区分,并分别描述了人们生活在其中所依赖的社会规范之不同,而且认为礼俗社会可以说是人情社会,人情构成了乡土熟人社会的基本思维方式。阎云翔(2000)在《礼物的流动》一书中对一个村庄的礼物交换做了深入的研究,他采用“表达性礼物-工具性礼物”这一分析框架来分析各种礼物现

象，并认为关系网的孕育要依靠礼物交换才能得以实现，在礼物交换过程中必须遵循人情伦理。国内学者对人情的研究揭示出了中国社会交往的人情原则并不是西方社会意义上的理性算计原则，这是理解中国农村社会性质及其运行的重要方面。正是在此基础上，人情在村落社会中就具有经济互助和维护社会团结的功能（陈柏峰，2009）。农民家庭依靠人情往来可以建构起村民在村庄中社会连接的纽带，可以解决生产、生活中的个体事务，为特定农户提供应急帮忙、婚丧支持、感情寄托等（贺雪峰，2007）。如果农民家庭在村落社会中不参与到人情往来和人际关系建构中，就会在生产、生活过程中遇到困难，从而很容易处于边缘化位置。阎云翔（2012:42）认为，中国人关于人情的观念应当首先被理解为一整套指导和规范人们行为的道德规范，也是社会约定俗成的情感反应模式。而且，人情还充当了村民判断一个人是否会做人的重要标准。换句话说，正是人情给予村民的日常约定、互动和交易以意义。没有人情，生活将失去意义，个体将非人性化。

在村落社会中，农民家庭建构社会关系的方式主要有两种：一种是先赋性的血缘关系，一种是后天性的地缘、业缘关系等，这两种方式都要以人情往来作为载体，如村庄中农户家有红白喜事、过生日、盖房子、小孩考上大学等活动，其他与其有关系的农户就要去赶人情，即给予一定的礼金表达感情。正是通过人情往来，血缘亲属之间的关系更加润滑，同时也能建构起地缘、业缘之间的关系。因此，在农村社会，农民家庭都要参与到人情往来中，通过送礼-还礼等环节建构起更加紧密的人际关系，在这一过程中才能实现社会性价值。

皖北吕村和湖北马村的农民家庭都要参与到众多人情往来中去，并成为大多数农户最主要的社会事务，也是农民家庭进行经济活动的动力。但两地在人情交往范围上有一定差异，皖北吕村在人情交往上存在血缘和地缘的双重结构，即当地人所说的“门子”和“庄子”，“门子”是当地村民观念中最紧密的血缘关系单位，一个“门子”的范围基本划定在五服之内。

在这个范围内，村民有最近的血亲关系，是先赋性的自己人认同单位。“庄子”就是指当地村民聚集而居的自然庄，华北农村在历史上基于共同防卫等功能性需求而围绕一个自然庄形成紧密的居住结构，一个自然庄的村民因为通过人情走动、互助合作等建构起仅次于“门子”的紧密关系。这样，黄淮海平原农村就存在着基于血缘和地缘的双层认同结构。血缘认同的基本范围是五服或三服之内的“门子”，地缘认同的范围是相对独立的自然庄。因此，在人情交往上就要同时关照至亲的血缘关系和地缘上的邻里关系。当本门中的农户家有红白喜事、生日、盖房子等事项时，三服或五服内的亲属就要去帮忙和送人情。

案例 1。吕村欧寨小组主要姓氏是欧、吕和陈，陈姓和吕姓都是从别的庄搬过来的。在欧寨庄内，只要本庄有红事一般每家都得去。如欧姓结婚，则姓欧的基本都要来参加，而陈姓和吕姓则不一定全来，只是关系不错的要参加。而且从礼金数额上也能区分出亲疏远近，在红事上，去欧姓本家一般出礼金 200 元，去陈姓、吕姓家一般出 100 元。

同时，吕村村民还要在自然村这一地缘范围内进行人情建构。“门子”虽然是当地村民认同的基本单位，但因为“门子”范围过小以及“门子”结构的不断分化，有很多事情是“门子”本身无法解决的，如农业生产上的互帮互助、共同抵御外敌侵犯、举办白事等，这些事情都需要在一个更大范围的自然庄内解决。村民在谈论村庄事务时经常提起“我们庄”，从这种话语中就可以看出自然庄在村民观念中的地位。自古以来，黄淮海平原地区经常是战乱和洪涝灾害多发地，农民要想在当地生存下来，仅靠“门子”的力量是难以达成的，就逐渐形成以自然庄为单位的紧密居住结构和互助结构。自然庄范围内的人情往来主要通过白喜事表现出来。因为白喜事需要的人手较多，单家独户或者“门子”内部是无法完成的，这就需要在整个自然庄内部进行统筹合作。因此，村庄内只要有老人去世，自然庄内的村民大都要去帮忙、烧纸、送礼。因此，皖北农村的人情往来使得比较紧密的血缘关系更加润滑，同时在地缘范围上保持人情往来就能解决农民家庭单门独户所无法解决的问题。

而湖北省的马村属于原子化的农村，原子化农村社会的特点是农村内部没有超出个体之上的认同与行动单位，个体家庭呈现出原子化状态，很难达成集体行动。费孝通(1998)认为，人情是传统中国乡土社会中的思维方式和行为逻辑，它是熟人社会中所必然重视的。他认为，在一个熟人社会里面，“差序格局”的建立是通过血缘构建的，“血缘是稳定的力量，在稳定的社会中，地缘不过是血缘的投影”。费孝通所讲的血缘建构是传统中国农村社会的基本形态，然而却忽视了地缘共同体中社会连接方式是如何发展的，原子化农村地区正是建立在地缘关系认同基础上的村落共同体。原子化农村地区受移民历史等因素的影响，村庄历史短暂、姓氏混杂，并没有建构起先天性、基于血缘关系上的认同与行动单位，如宗族、小亲族和户族等，而只能通过人情建构起类似于血缘村落中“自己人”认同的地缘共同体。也就是说，湖北省沙洋县农村因为先赋性的血缘关系较弱，更要通过人情来建构后天关系。马村共有 8 个村民小组，每个小组的户数基本是 50～60 户，但姓氏就有十几个，没有主导性的姓氏，基本上一个村民小组中有人办事，每户都要去走人情。因此，原子化农村地区的人情就要以地缘、业缘或趣缘关系为主，基本上是“血亲为辅，朋亲为主，姻亲、干亲发达，业缘、趣缘关系发达”(耿羽，2010)。

总之，农民家庭因为处于村庄社会结构中，需要通过人情交往来润滑已经确立的关系或者建构新的关系。而且，村庄社会能够内生出地方性规范或结构性力量，使得人情往来具有一定的强制性，进而人情建构也具有了道德内涵。它的惩罚机制就是如果不参与到村庄基本人情交往中，就会被排斥在村庄的结构之外，这种隐形的结构就会影响到农民的社会行为和经济行为。当然，这其中也有例外情况，如村庄中的光棍就可以退出人情往来，因为其没有组成完整性的家庭，也就不能举办人情事项，从而不参与到其他农户的人情往来中。而对于完整家庭而言，因为身处村庄社会这一结构中，就要参与进来，还要通过挣得较多收入参加众多人情往来，这成为影响农民家庭经济活动的重要因素。

（二）人情消费下的经济压力

人情往来对于人际关系建构具有重要作用，但对于农民家庭来说，人情往来就意味着人情开支，并成为农民家庭经济支出中的最大一部分。一般来说，每个家庭一年的人情开支都能在3000～5000元，很多家庭甚至因为支付不起人情费用而借债。人情消费所带来的经济压力，对农民家庭经济产生了很大影响。经济条件较好的家庭可以在人情开支上相对宽裕，而经济条件较差的家庭为了保持人情往来的持续性，就需要付出更多的劳动，以挣得更多的积蓄。即人情开支的压力使得农民家庭经济很容易形成高劳动、低闲暇和低消费的经济结构。

当前，人情开支对农民家庭带来经济压力主要有以下几个因素。

首先，人情交往是村庄社会中的一种地方性规范，农民家庭要在村庄中展开生产、生活以及建立人生意义和价值，就要参与到人情交往中去。自古以来，农村中就存在人情交往这一社会现象，主要是为了相互帮助，通过人情交往把礼金给主家以解燃眉之急。在大集体时期，“四清工作队”下村之后就取消了这种人情赶礼习俗，特别是对红事的态度上，不让送礼，要“文明结婚”，那时很多人的婚礼就只是用自行车带着新娘到路上转一圈，就表示结婚了。但是村民之间的互帮互助却一直延续下来。等到了20世纪80年代初，人情往来的习俗又“春风吹又生”，慢慢盛行起来。那时人情都很小，一般是小礼3元、中礼5元、大礼10元，20元就更是不得了了。在2000年左右，很多村庄的人情交往开始发生重大变化，不仅表现在赶礼礼金上的增多，而且在办事名目上也多起来。

在湖北省的马村，很多村民一年要走二十几户的人情，村里有谁家办事都要去赶人情帮忙，比如红白喜事、建新房子等，这三件事是必须要办的。按照当地村民的说法，人这一辈子过程中，这三件事基本上都只是经历一次，所以要办得特别隆重。在很多农村，赶人情已经成为村民日常生活中固定的一项任务，像有的村民所说:“现在除了种地、打工，就是赶礼。"赶礼成为了村民生活中的重要组成部分，有的村民要天天赶礼，赶礼甚至成为了一个职业，变得职业化了。因为，只要村庄中有办事的，或者是外村亲戚、同学、同事等办事都要去赶人情。赶人情成为村庄中蔚为大观的公共事件。马村七组的村民陈必新，家庭收入很高，他在外做瓦工包工头子，一年能有三四万元收入，家里还有 12 亩田，儿子在官垱镇开有农资门面店。陈必新家有 7 个姊妹，所以人情费用就很多，只要这些亲戚家有事情就要去随礼，而且礼金都很高，一般都是 1000 元左右。另外，农民家庭自己做事情也要花费很多，主要是办酒席招待客人。陈必新家去年办了 4 次事情，花费与收礼费用基本上持平。爱国村的厨师石顺涛在去年为其父亲办了 80 岁酒席，"要办好一点，办不好就会被别人说，主要是菜的档次要高一些"。石顺涛一共办了近 50 桌，亲戚要吃 5 餐，邻居吃 3 餐。每桌的平均费用是 500 元左右，"客人多一些才能通过收礼挣点钱，一般情况下过生都是要亏本的"。

人情往来确实成为村庄中一个不可或缺的组成部分，就相当于农民种地、春耕秋收，相当于村民打工上班、下班，已经成为一种程式化、仪式化的内化在村庄里的生活必需品了。有的村民甚至要天天赶礼，用于赶礼的支出占年收入的三分之一甚至更多。在皖北吕村，当地村民一般家庭的年收入可以达到 2 万～3 万元，而用于赶礼的费用就能达到 1 万元之多，人情费用成为家庭开支的重中之重。如上文所讲，人情往来是农民家庭建构人际关系的重要手段，通过人情交往得以建构起自己在村庄中的位置和生活意义。每个村民要想在村庄中寻求到一定的人生意义和价值，就必须通过人情这样一种村庄内人际关联的具体载体来建构。村民们都知道人情很重，也是很让人头疼的事情，人情的重重在一年的收入有三分之一用于人情支出，村民们会发现在日常生活中除了赶礼没有别的事情了。照料田地里的庄稼用不了多长时间，也花费不了多少资金；打工的收入要维持家计生活，还要为儿女的婚姻大事做储蓄；剩下的家庭消费就基本是人情消费占据了主导。这样人情就被凸显了出来，在平静的乡村生活中，有人情的存在赋予了村民更多的生活意义。

因此，人情交往实质上已经内化成为村民生活中约定俗成的规则，每个人都要遵循这个规则，这样才能将人情交往延续下去，从而保证农民家庭在村庄中能够延续，关键是要在村庄中获得生存意义和价值。以上主要分析了人情具有一种超越性的功能和意义，反映出来的是村庄内生规则所带有的强制性，即村庄中有一种无形的力量在约束着每个村民必须赶礼、走人情，进而成为一种结构性的、制度性的力量和要求，这必然会成为农民家庭经济的重要组成部分。

其次，当前农村社会中的人情异化加重了农民家庭的经济负担。人情异化主要是指人情往来的经济互助和社会团结功能正在丧失，人情往来更多的成为聚敛财富的手段(陈柏峰，2011)。杨华等(2011)也对原子化农村地区的人情变异现象做过分析，人情变异的主要表现形式有人情的周期、规模、对象、名目、仪式等方面的总体性变化，并将这种变化的实质归结为规范性人情现象的法则由村落公共规则蜕变为个体偏好。宋丽娜(2012)也是从人情规模、周期、仪式等方面探讨人情异化现象的。本书主要是从人情消费与农民家庭的经济压力两者关系的角度来讨论人情异化，即主要局限在人情消费的经济层面，而不涉及人情的社会层面。

人情异化对农民家庭经济负担的加重主要体现在人情礼金不断提高、人情名目增多等方面。从 2000 年左右开始，随着农村经济生活水平的提高，人情礼金也开始上涨，从 10 元、20 元涨到 50 元、100 元。在当前皖北吕村和湖北马村，一般邻里之间的人情费用最少都是 100 元，关系近一点的亲戚或朋友就要更多。湖北马村的老支书周振才，在 2013 年 3 月份的人情支出为 8000 元，主要是赶自家亲戚的礼，包括自己 3 个外甥高考考上大学，根据关系远近，分别出了 5000 元、1000 元、1000 元不等，剩下的 1000 元主要是邻里乡亲的赶礼，一出手就得 100 元、200 元。人情费用的逐渐上涨，使得农民家庭在人情开支上疲于奔命，不管是农业生产还是外出打工，都与人情开支有着最重要的联系。

人情名目增多主要是指农户办人情的事由越来越多。在以前，大多数农村主要是在红白喜事、建新房等事情上赶人情。而当前办人情的事项范围越来越广，如小孩生日、考学等都要办酒席。在湖北马村，村民还要在10岁、20岁、30岁等整数年龄时办酒席。总之，很多农户办人情的目的就是为了收礼，并通过简化酒席支出而以此在人情消费中"挣钱"。陈柏峰(2011)在江汉平原的调查也有同样的发现，"江汉平原农村，到了农闲时间，农村便几乎是家家办酒，户户送人情，村民常常因为一天有几个人情仪式需要参加，而不能亲自赴宴，只好请人带人情"。在当前打工经济繁荣的情况下，不仅留守群体和中农群体要参与到众多人情消费中去，那些全家常年在外打工的群体也要随礼走人情，这就要通过本地村民代付人情。

最后，农村社会中的人情交往没有退出机制，只要从开始参与到一些农户的人情往来中，以后就很难退出，这与人情所具有的道德内涵密切相关。当然，血缘亲属之间的人情往来本身就不能退出，而除了血缘亲属间的人情交往，每个农民家庭都会拓展其他形式的人情交往圈，如地缘上的邻里交往、业缘上的朋友圈等。特别是在熟人社会范围内，只要农民家庭不发生较大变故，人情圈基本是不会缩小的。因为，父代家庭建立起的人情圈会延续给子代家庭，子代家庭同时又会建立起新的人情圈。而且，大多数农民家庭都不会选择退出既有的人情圈，即使在人情往来不对等的情况下，这主要是因为人情交往所具有的社会规范性。就如同村民所言，"都是一个湾子里的，办事再多也要去赶人情，平时低头不见抬头见的，不去就不好意思，也不好意思中断人情"。而白事上的人情更不能中断，这不仅涉及面子问题，还涉及很现实的互帮互助问题。在皖北吕村，村庄中的白事大都是以地缘上的自然庄或临近的自然庄为基础的，即只要家庭中有老人去世，那么整个自然庄以及临近自然庄的村民都要去参加，既要帮忙又要烧纸、送礼，礼金一般是50元。有白事时，自然庄内的村民都要去帮忙，一般需要50多人，要帮忙抬棺、烧水、择菜做饭、端盘子等，光抬棺就需要20人左右。因此，白事的公共性决定了村庄中的单个家庭很难独立于人情圈外，如果不参与其他农户的白事，就会在自家办事情时处于孤立无援的境地。

概言之，农村社会中的人情交往是农民家庭建构人际关系的重要手段，但人情交往意味着人情开支和消费，这成为农民家庭经济结构中的重要部分。人情消费不同于农民家庭中对衣、食、住、行、用等物质层面上的消费，后者具有一定的伸缩性，即农民家庭可以忍受一定的生活辛苦程度，从而减少消费开支，但人情消费却具有很强的刚性需求，而不能随意减少。这是与人情交往的社会规范性密切相关的，农民家庭通过人情交往不仅能够起到经济上互惠互助的功能，更重要的是能够在人情交往中确立相对有保障和稳定的社会关系，从而可以建立起农民家庭在村庄社会生活中的意义和价值。

基于此，农民家庭就不会因为人情开支上涨或礼金增多而选择退出人情圈，而会选择加大对农民家庭经济的投入，从而能够在劳动辛苦程度较高和边际生产率较低的情况下继续投入劳动，如较低收入水平的农业生产和辛苦度较高的外出务工，其目的就是为了挣得足够用于人情开支的收入。也因此，农民家庭在选择经济决策和资源配置时，就会将人情消费负担考虑进来，而不会单纯考虑家庭生计或生活享受因素。生活开支、人情消费和家庭大宗消费开支构成了家庭开支的主要结构，建房、购房和结婚彩礼等家庭大宗消费开支是农民家庭经济活动的核心指向，生活开支和人情消费则是农民家庭日常性的经济活动，农民家庭要同时在日常性开支和未来仪式性开支的压力下进行劳动投入和财富积累。

二、面子竞争与农民家庭经济付出

（一）农民家庭面子竞争的表现形式

面子是中国人生活中比较常用的一个口语化概念，如要面子、丢面子、掉面子等，面子在中国人的日常生活中无处不在。如农民家庭经济生活水平高不高、家庭家族是否团结和睦、人际关系和人缘如何、名声如何等都涉及农民家庭的面子问题。而在村庄中，房子建得富丽堂皇、酒席办得好、红白喜事办得热闹、交罚款生儿子等，这都成为有面子的表现。当前，农民竞争的面子标准也发生了变化，主要为是否在外买房、买车，工资收入高不高，能不能给村庄带来好处等。张红(2011)在关中农村的调查中也提到了农村社会中的面子竞争和攀比，“过去村民之间攀比的是谁家房子盖得好，谁家有几个人在外工作，谁家的红白喜事办得风光等；现在讲究的是谁家在城里买了房子，谁家的孩子学历高、工作条件好，谁家挣得钱多，谁家果园经营得好”。

本土社会心理学将面子作为一个学术概念进行了很多讨论，主要是理解中国人在人际交往、社会互动中的面子观以及在此基础上的国民性格等内容。贺雪峰(2008)也对面子竞争做过分析，“树活一张皮，人活一口气。人之所以活，就是因为有气，就是要争气，就是不能受气。中国人的这个‘气’，就是其他人的对待与评价所引起的情绪性反映。中国人的面子观、人情关，均与之相关”。在村庄场域中对面子进行分析，可以更好地理解农民家庭在面子竞争中所形成的人格结构、行为逻辑等内容。本书主要分析农民家庭面子竞争的表现形式以及面子竞争对家庭经济的影响。

在农村社会，面子竞争的具体形式有很多，但归结来说只有两种，即对社会性价值的竞争和本体性价值的竞争，对本体性价值的竞争与上文所讨论的家庭伦理责任相近，即要实现家庭、家族的延续和兴旺等目标。对社会性价值的竞争即农民家庭对村庄社会中的评价体系和声誉地位的竞争。王德福(2013)将这两方面的竞争概括为人生任务和生活竞赛，人生任务与生活竞赛就像过日子的“双核引擎”，驱动着农民与命运奋斗博弈，奔向其成为的人的终极目标。即对本体性价值的竞争主要表现在农民家庭对生儿育女和传宗接代的诉求上。所谓生活竞赛，就是农民以家庭为单位展开的以谁家日子过得红火为内容的社会性竞争，所竞争的就是村落社会评价体系中的肯定性位置。对社会性价值的面子竞争主要表现在农民家庭在盖房、举办红白喜事等仪式性场合的表现。

首先是农民家庭在生育行为上的竞争。世系绵延是乡土社会存续的核心机制，传递香火不仅维持着家族血脉的传承，更凝聚着农民的人生价值及意义。香火的传递是围绕“男丁”展开的，生儿子的意义不仅仅是代际再生产，更附加了复杂的价值系统和社会意义，因此，要不要生儿子也不仅仅是生育意义上的后果，而是本体价值及社会价值层面上的事件。生儿子的本体性价值，主要是指子嗣延续着家族的香火，是父辈人生意义的维系，人生价值和生命体验会在子嗣的身上得到延续。

但这种强烈的本体性价值随着社会环境的变化而发生变化，很多地方已普遍出现“生男生女都一样”的观念，年轻夫妇更多选择生一个，甚至不生。本体性价值的衰落使得农民生儿子的冲动逐渐消解，从而对于生儿子的竞争更多的是出于对社会性价值的追求。特别是现在年轻一代夫妻早已不存在强烈的生子冲动，也不认可多子多福，但生儿子的要求仍然存在，如在皖北吕村就体现得比较明显。村民经常会跟我们算笔账，“生儿子后要抚育，要抚养成人，要供他读书，读书之后要为他盖房子、娶媳妇，而仅仅是盖房子、娶媳妇，花销就不下 20 万”。生儿子的花销如此之多，使得很多家庭已经感觉到生儿子的累赘，从这一点可以看出，农民家庭在生育观念上的态度已经不再表现为对本体性价值的追求，生儿子更多的考虑是“别人有儿子，我不能没有”，这种考虑已经将生儿子的价值基础推向了社会性竞争，即面子竞争。在村庄中，没有儿子的人总会被人看不起，虽然国家对纯女户进行宣扬和表彰，但在村庄生活中没有儿子的人总是抬不起头；虽然纯女户因负担较小而生活较好，但“别人家有儿子自己没有，心里总是觉得不如人”。

“别人有儿子，我不能没有”的心态决定了村民在生育行为上存在面子竞争，这种竞争并不是追求多子多福，而是“我也得有”，只要能生一个儿子就可以。“没儿子的人就没面子”，这种没面子并不是受到村民的嘲笑，而是产生于“自不如人”的心里落差感，为了不“丢面子”，就得达到别人的普遍水平。当社会性价值成为村民生子观念的考虑维度时，面子竞争就产生了。

其次是农村社会中的住房竞争。房子是农民家庭在村庄社会中最为外显的表征和符号，房子的新旧、高矮等都是农民家庭特别在意的东西。因为这不仅关系到农民家庭是否能够为儿子完成结婚成家任务，还关系到农民家庭在村庄社会中的地位等隐性内涵。因此，农村中的房子总是被寄予了众多抽象意义，这也成为农民家庭在建房竞争上的动力。笔者在皖北农村调查时就明显感觉到当地村民在建房上所投入的巨大财力和精力。房子是反映农民家庭经济水平的外在标志，如果农户家庭的房子又高大又新潮，就表示有相对较好的经济实力，新房子的建成就为儿子结婚成家做出了第一步准备，而且也成为农民家庭在村庄中有面子的象征。

皖北吕村村民都想将自己家的房子盖得比别人家的高、比别人家的宽，这样才不会被别人压住自己的风水，也能够在无形竞争中占有优势。其实，村民将房子盖高的心理不完全是出于对风水的考虑，更多的是为了一口气，“凭什么别人的房子比自己高”，这样就会不断攀比，只有房子一样高，心理才能平衡。吕村房屋大都是20世纪七八十年代盖的老房子，而且很多房子都没有相连，但也可以看出相近房屋之间的高低不平，哪怕是只高出一点、宽出一点。吕村李家村民小组因为处于村庄整体规划的中间，可以在原址建房。村委会在排房上进行了总体规划，但却不能要求每家每户按统一标准建设。因此，李家村民小组这几年建好的房子也高矮不等。现在楼房竞争的基础是第一层楼房，村民为了能够在总体高度上占优势，就将第一层楼盖到3.9米高，而且越晚盖房的就盖得越高。邻居之间因为房屋高度问题经常产生纠纷。李家村民小组的村民A先盖的房子，其邻居B是后来盖的，高度就比A家房子高一层砖。即使只高一层砖，村民A也很不满意，先跟B吵架，后找到村委会调解，最后村民B只能去掉了一层砖。

因此，在建房竞争上主要的表现有两种，一是农户的房子要建得新潮，不能成为村庄中相对破落的房子。基于这一点，很多农户家庭就会在修建新房时多投入一些财力，以建成较为前卫的房子，从而增加房子的使用周期。如笔者在河南省开封市的农村调查时发现，有的农民本来有冬暖夏凉的砖瓦房，刚建不久，并且宽敞、结实，却非要拆掉再建楼房。主要原因是村里很多人都建起了楼房，砖瓦平房已经过时，为了面子竞争从而选择拆掉新房建楼房。二是要在高度上占有相对优势，北方很多农村都有不成文的规矩，即认为自家房子高出别人一头，就能抢占好风水，因此建房方面的高度竞争就使得农村的房子越建越高。

在皖北吕村，农户盖一座平房的花费在 10 万元左右，而因为对房子高度的竞争，很多农户都要借钱投入更大财力建楼房，花费达到 20 多万元。但这种楼房对农民家庭没有什么实质意义，很多农户家庭的二层楼房基本都是空闲的，甚至有农户在空闲的房间里养鸡、养鸭。这样，投入巨大财力建成的楼房反而造成了资源浪费，这也是面子竞争的结果。豫北农村也是同样的逻辑，村民建房竞争非常激烈，又高又大的楼房耗费了村民大部分的积蓄，村民为此还要进行大量的借债。而在湖北马村，当地农民在 20 世纪 90 年代经历了一轮建房热后，就基本没有建新房。但这并不代表当地村庄不存在房子上的竞争，只是这种竞争转化为另外一种形式。湖北沙洋地区的村民在住房上更多讲究住得舒适，而不在于外表上的高大。所以，湖北马村村民在住房上的竞争就转化为房屋内部的现代化装修以及家具设备的齐全。另外，在城镇买房也成为当地村民的竞争形式，虽然不在村庄中建新房，但越来越多的人开始在城镇买房，这在近几年成为村庄面子竞争的重要形式。村民之间在平时闲聊中都会盘算小组中有哪几户人家已经买了房子，房子面积如何之大、地理位置如何之好等，这些都对没有买房的农户形成了刺激，进而造成很多农户开始借钱、贷款也要到城镇买房，以“出一口气”，证明自己也能够买得起房子，从而也能在村庄社会中形成竞争力。

从以上也可以看出华北平原农村与江汉平原农村在面子竞争上的差异性：皖北农村在住房上的要求更多的是通过外在形式表现出来的，只要房子建得高大、漂亮，就有面子，而不管房屋内部的装修和家居设备是否齐全；江汉平原农村却不讲求外显的竞争，而追求生活享受上的竞争，即不管房屋新旧如何，只要住得舒适即可。因此，大部分江汉平原村民家的房屋装饰得像城市里的房子，铺着木地板、吊顶、刮瓷等，城市有的他们也都不缺，没进入房屋之前感觉是在农村，进去后感觉像进了城市。所以，中部地区农村就不会出现北方地区农村那种在村庄范围内的建房竞争，而只会选择在房屋内部、“隐私”层面上的竞争以及在外买房上的竞争。贺雪峰(2007)曾对比河南开封和湖北恩施农民对建房的态度：河南开封农民为了建造楼房而节衣缩食，有的农户甚至以节省电费来建楼房，这在河南农村面子竞争中是“有志气”的表现；但恩施农民则认为这是要“虚面子”，在恩施农村，农民是瞧不起要虚面子的人的，吃都吃不好、年猪都不杀，建那么好的房子给谁看？

再次，农村仪式性场合上的竞争也成为面子竞争的重要形式，如红白喜事等。仪式场合是农民家庭在村庄社会中的仪式展演，不仅是农户个体的事件，更成为村庄的公共事件。所以，仪式场合行为不仅代表农民家庭已经完成一项任务，如红事意味着完成子女结婚成家的任务，白事意味着完成养老送终的任务，这些都要在仪式场合上表现出来。仪式场合上的竞争主要表现在两个方面：一是举办酒席要有一定规格；二是在举办仪式中要能娱乐宾客，使其感到满意。在这两个动力作用下，农民家庭在举办红白喜事等仪式时都要投入大量开支。在红白喜事中，酒席的规格代表着主家的经济水平和消费能力，如果酒席规格太低，就会被宾客说笑，而这是很没有面子的事情。

在皖北吕村，村内酒席在红事上的价格大都为400～500元的水平，烟是10～20元的普通烟，菜品是大家都选取的品种。这种价格的酒席对农户来说已经算是不低的标准了，很多农户都表示举办红事所花费用很容易就会超过收取的礼金。在湖北马村，一些农户则不在家举办酒席，而直接选择到镇上的饭馆举办，酒席规格也在500元/桌。而且，主家在办红白喜事时都要请乐队来表演助兴，湖北马村农户家庭中有儿子结婚时，就会到县城请最好的乐团来表演，一般都是唱歌、跳舞等形式，价格都在3000～5000元。在皖北吕村，白事都要请乐队，娱乐形式包括唱歌、跳舞、杂技、小品等众多方式。而且，皖北吕村从20世纪80年代左右开始，就已经有农户开始请乐队了，乐队价格一般在1000～2000元。吕村村民认为，“老子死了，当儿子的再穷也得请，这是面子上的事”。村庄中有的农户甚至在白事丧礼上请三四个乐队，儿子、女儿、娘家都得请。表面上看，红白喜事上请乐队表演是为了热闹，但这也是村庄面子竞争的结果。

最后，农民家庭在日常生活中也存在面子竞争。不同于仪式性场合下的竞争具有公开性、集中性的特点，日常生活中的竞争更多的表现出常规性和分散性的特点。农民家庭会在日常衣、食、住、行、用等层面与其他农户进行对比，如在湖北马村谁家日子过得好，主要是通过其吃、穿、住、行、用等表现出来的。所以，当地农民在吃穿上很讲究，在农忙时节或者早晨下田时间可以不注重吃穿，但到了农闲时节就要吃得好、穿得好。在马村调研时，当地村民尤其是妇女群体在穿戴打扮上都很时尚，很多农户经常光顾镇上的衣服、鞋子品牌专卖店，村庄中从小孩到大人很多都穿着品牌衣服。马村七组村民杨维宽每天忙完田里的事情后，就骑着摩托车到镇里逛逛，“平时就到街上玩玩，买点衣服、鞋、帽、各种食品等，光生活上的开支一年就得需要一万多块钱”。官垱镇斋巷村的何爱军，刚40岁，在家种了30亩田，一年收入也有三四万元。家庭花费上除了小孩读书费用和人情开支外，日常生活中的花费也很多，“自己花钱也不节约，平时经常到镇上买菜、买肉、买衣服和化妆品等，只要自己喜欢就买”。

皖北吕村村民在日常生活中的攀比竞争也表现在方方面面，他们会比较儿子有没有结婚、房子建得好不好，有没有生孙子，女儿外嫁后生活好不好，女婿孝顺不孝顺等。吕村村民吕景旺的大女儿嫁到了上海，男方给了3万多元的彩礼，吕景旺都没要。“大女儿现在月工资有4500元，大女儿生小孩后，自己还花了8000多块钱。女婿在逢年过节时都要给自己寄1000多块钱的东西。二女儿现在23岁，也在上海打工。"在自然庄这一熟人社会内，儿女的生活状况自然成为村民日常的谈资，而这实际上是一种自我炫耀，也是村民无形竞争中的一部分。如果其他村民儿女的生活状况没有吕景旺家的好，那么他们内心自然就产生不舒服感，就会有更大动力去努力，为了儿女未来能有好的生活。因此，在日常生活间的竞争不仅体现在同辈人之间，更体现在下一辈人身上。

随着打工经济的兴起，家庭中的年轻人开始加入低端劳动力市场，并获得了相对较好的收入，于是他们也加入到村庄日常生活竞争中去。年轻人在日常生活中的竞争主要体现在家庭生活水平上，即通过外出打工获得相当于或高于全村平均水平的收入，从而使家庭能够过上相对体面的生活。这样，年轻人就会更注重外显面子层次上的竞争，如穿着光鲜、使用现代化的家具设备和电器等。而且，汽车成为近几年年轻人面子竞争的重点，特别是每逢过年时间，在外打工的年轻人都想开上一辆车回家。这样不仅能证明其在外打工能够挣得较高收入，还能为父母挣得面子。在笔者调查的山东省昌乐县河头村，村子里已经有近20辆轿车，而且很多三四十岁的中青年人也都在热情高涨地考驾照，有的年轻人甚至是分期付款买车。在河头村下面的吴家庄，五万元以上的车有近10辆，一般都是那些在外打工、30多岁的年轻人购买的。

农民家庭在日常生活中的面子竞争时时刻刻都在发生，而竞争的核心就是家庭收入水平的高低以及外在体现。即农民家庭不仅要有挣得收入的能力，而且要将其呈现出来，如用于家庭日常性的生活开支和消费，衣、食、住、行上都能在村庄中处于很体面的地位。同时日常生活中消费开支也不能为了面子竞争而花钱如流水，这就会被看成是不会过日子的人，同样也是没有面子的体现。所以，日常生活中的面子竞争是与农民家庭的勤劳品格密切相关的，一方面既要坚持勤劳节俭的品格，另一方面还要在村庄面子竞争中保持较为体面的生活。

（二）面子竞争、社会性价值与农民家庭经济

人类学领域所讨论的夸富宴同样是一种面子竞争机制。人类学家本

尼迪克特(1988)曾经对美洲西北海岸的夸库特耳人的生活文化进行了描述,从物质资料的生产方面来看,夸库特耳人拥有举行夸富宴的雄厚物质基础。但夸富宴更是一种社会竞争机制,是一种以炫耀财富为目的的公开仪式,通过故意在客人面前大量毁坏个人财产并且慷慨地馈赠礼物,从而证明主人雄厚的财富和高贵的地位,进而建立个人、家族和部落的名誉及地位。

在村庄生活中,农民家庭之间的面子竞争也蕴含着同样的道理,即通过日常生活中的消费开支和仪式性场合下的消费展演,来表现农民家庭的经济水平,从而在村庄中建立起地位和面子。因此,面子竞争的产生不是个体主观层次上的原因,而是村庄社会结构的竞争性压力所致。面子竞争首先对农民家庭的社会性行为产生影响,但这直接牵扯到农民家庭经济。面子竞争的几种表现形式都对农民家庭经济产生影响,如生育观念竞争、住房竞争、仪式性竞争以及日常生活竞争,都使得农民家庭经济不能独立存在,而是嵌入在村庄社会结构中。农民家庭经济决策和经济行为的选择,一方面要考虑家庭劳动力情况和基本经济条件,另一方面要考虑与其他农户的比较。正是因为面子竞争的存在,农民家庭要投入更多的劳动力,并获取更多家庭收入,以此支付面子竞争所需要的消费开支。如生育观念上的竞争,村民都知道生女儿花费少、生一个小孩花费少,但为了面子,就要生儿子或生两个,这就必然给农民家庭带来经济负担,从而逼迫家庭劳动力加大付出。在皖北吕村,农民都会算一笔经济账,即从儿子出生到完成人生任务的花费,建房需 20 万元、娶媳妇需 10 万元,还不算教育、生活费用,“养一个儿子至少比养一个女儿多花 30 万元,而且辛苦养一个儿子还不如女儿孝顺”。还有的村民说,“多一个孩子多一份负担”,现在的生活动力就只是吃饭穿衣,“没钱就没法吃饭”。“两个孩子的家庭,是一个人挣钱,四个人花;一个孩子的家庭,是两个人挣钱,三个人花”。由此,很多村民也都认识到抚育小孩给家庭带来的经济压力,但因为有面子竞争的存在,生育观念就形成了对经济理性算计的压制,从而占据农民家庭观念的主导层面。

同样，农民家庭在住房和仪式性场合上的面子竞争同样加大了其经济负担及压力。建新房本来就是父母的人生任务和责任，父母要在儿女结婚前积蓄财力以建造宽敞、明亮的新房。同时，因为村庄社会中的其他农户也在不断建造新房，而且有一些农户建新房的价格和标准都很高，这就成为整个村庄建房的参照物。于是，有些不能达到这种最高建造标准的农户就要通过借贷或继续劳动、打工等方式，争取赶上村庄中新房的最高标准。在皖北农村，2007 年建造新房的花费在 5 万元左右，那时的建筑材料和建筑费都还没有涨价，5 万元就能建起一栋房屋。而到了 2012 年，建新平房的价格就要花费近 10 万元，建楼房则要花费更多。农民家庭不断更新居住房屋的样式，一方面是经济收入增加和生活水平提高，另一方面也受到建房竞争的影响。因为每当村庄中兴起一轮建房热潮时，任何一家农户都在关注和暗中较劲，都想着比邻居或其他农户先建好新房。对于时下兴起的买房热也是同样的道理，村民都在盘算着给儿女在城镇买套房子，就需要把一生的积蓄拿出来。如湖北马村二组的范胜如为其儿子在荆门市区买了一套房子，花费近 30 万元，基本上都是靠他之前的种田和打井收入。

红白喜事等仪式性场合上的面子竞争主要体现在酒席规模和隆重程度上。红白喜事是农民家庭在完成人生任务和养老送终的表示，在这一过程中，要办得体面隆重才能体现出家庭的经济能力和对逝去老人的重视。在湖北马村和皖北吕村，当地村民都认为办得酒席越多，就越有面子。基本上，两地农村在办红事上都要保持最好的宴席规格，每一桌都能有近三十多道菜，而且大部分都是荤菜。实际上，吃宴席过程中大都会剩下很多，但即使有剩余，该保持的规格还是要保持。所以，每当有农户家办酒席时，其他村民就会注意酒席桌数和酒席规格，即饭菜做得好不好、上不上档次等，这些都成为评价该农户家庭面子的重要指标。

因此，农村社会中的面子竞争适用于熟人社会中的每一个农户，也每时每刻和无处不在地表现出来。面子竞争的主体就是农民家庭中的每一个成员，不管是已经完成人生任务的留守群体、正在积蓄财力的中农群体，还是外出打工经商的年轻人群体，都要参与到村庄社会竞争中去。具体来说，就是留守群体和中农群体要不停地从事农业生产活动，而年轻人则要外出务工经商，共同目标都是增加家庭收入。而家庭内部不同群体的经济活动，不单纯是经济理性下的选择，还有目的理性的考虑。农民家庭中的各个成员理所当然会考虑挣钱，而且是挣更多的钱。同时也意识到挣钱的目的是什么，即不只是满足家庭生计、生活需求，或者是完成人生任务，更多的是要考虑在村庄中获得面子、地位等。留守群体和中农群体在农业生产上的辛苦劳动，外出打工的年轻人在低端劳动力市场上的劳动，都是为了挣钱，进而为了争面子。

农民家庭经济中的面子竞争首先与熟人社会性质有关，因为共同生活在熟人社会中，如果比其他农户落后，就会显得没有面子，在村庄社会生活中就处于下风。而这也与面子的性质有关，"农民家庭在村庄社会生活中对面子的竞争，实际上是基于面子所具有的价值性，即获得面子能够为行动者提供价值和意义，这就是我们常讲的'死要面子活受罪'"(桂华，2012)。因此，"有面子"最重要的是在村庄熟人社会这种同质性很强的结构内部，能够被别人看得起，通过"积极地参与村庄社会竞争，努力改变自己在村庄社会结构中的位置，从而获得满足感和成就感"。这就是面子竞争的价值所在，虽然争面子要耗费家庭消费开支，但却能换回村民在村庄中的成就感和意义感。

当前村庄社会中，面子竞争的主要来源有两种：一种是对村庄社会关系和社会资源的竞争，如人情和社会声望等；另一种是通过外部市场来获取面子，如购买小汽车、进城买房等形式。而面子竞争要能产生作用，前提是村民的生活面向指向村庄。生活面向主要指农民家庭进行一系列社会经济活动的指向，生活面向指向村庄就意味着农民家庭所有经济活动指向村庄内部的社会竞争、面子竞争。还有一种是农民家庭向外的生活面向，即不管是农业生产活动还是打工经济，其家庭经济积累都是为了逃离村庄，不参与村庄内部的各种竞争。因此，生活面向也成为影响农民家庭面子竞争的主要因素。

在当前农村，大多数农民的生活面向都是指向村庄的，即在村庄内部寻求一定的意义和价值。贺雪峰(2009)和宋丽娜(2009)都从生活面向的视角讨论了农民工外出打工的逻辑，即存在两种类型的农民经济理性：一种是农业生产或者打工经济，服务于家庭再生产和小农经济生活，服务于村庄内部的面子竞争和意义生产；另一种是通过打工退出村庄内部的面子竞争，积累在城镇买房的资本。宋丽娜还对比分析了两种类型生活面向下农村发展的问题，她认为："在湖北英山农村，农民进城务工、经商服从于村庄内社会关系再生产的逻辑，正是这一逻辑使进城务工、经商农民将所获取的收入源源不断地带回到村庄中。村庄的劳动力流出去了，但资源又带回来了。村庄是最终目的地，而进城只是提升村庄生活的手段。在这样的逻辑下，显然不是农村人财物的全方位流出，不仅仅是向城市输血。因此，这里外出务工农民越多，农村就越发繁荣。"实际上，不仅仅是外出打工的农民工群体存在生活面向的问题，对于留守在家的农民群体来说同样存在生活面向的选择，只是因为生活环境的影响，大部分留守群众选择指向村庄内部的生活面向。

生活面向与农民家庭的面子竞争有紧密关系。正是因为生活面向指向村庄，而村庄又具有社会结构性压力，所以农民家庭在社会行为和经济行为上都要考虑到面子竞争。农民家庭在农业生产和外出打工上的目标都是为了能够将挣得的收入转化为在村庄中可见的表征，如吃穿、房子、汽车以及红白喜事上的花费等。而那些生活面向朝向村庄之外的群体，则不会参与到村庄面子竞争中，这样的群体主要是一些通过打工、经商等途径跳离农村的人，能够在城市中获得较为稳定的收入，并过上稳定的生活。湖北马村就有很多这样的群体，他们在20世纪八九十年代就开始到外地打工，平时很少回到村庄。而那些外出经商的人大都是完全离土离乡的，在村庄没有土地和房屋，基本上退出了村庄社会生活。因为其村庄社会关联度较低，就不会对其形成熟人社会的结构性压力，自然也不会参与到村庄面子竞争中。而对那些偶尔外出打工的人员，因为很难在城市立足，还是要保持与村庄较为紧密的经济社会关系，村庄成为其生产、生活展开的"根"，就要参与到人情交往和面子竞争中去。也就是说，大部分生活面向朝内的农民家庭要自觉参与到面子竞争中去，而要在面子竞争中占有优势就要在家庭经济层面上处于不落后的境地，这成为形塑农民家庭高投入、低闲暇和低消费经济结构的隐性力量。

三、"边缘人"的结构性位置与经济选择

农民家庭经济要嵌入在村庄社会结构中，参与人情交往和面子竞争成为农民家庭在村庄社会中获得身份和地位的重要基础。正是由于在人情交往中建构了社会关系，在面子竞争中获取了意义和价值，农民家庭才不是孤立性的存在，而是在与邻里村民的社会交往和竞争中展开社会行为和经济行为。其中，农民家庭经济行为更是要考虑这两个因素，而不能只考虑家庭个体需要和生活享受层面上的经济态度，勤劳经济态度和行为就成为必然选择。

村庄的面子竞争，是村庄任何一个人都难以逃脱的命运，除非甘愿被排除在村庄主流以外，或者受到村庄社会结构的排斥。因此，村庄社会中也存在不参与人情交往和面子竞争的人，主要原因可以分为主观上的自动退出和客观上的被动排斥。而因为不能或不愿参与村庄社会结构竞争，就与村庄中的常规家庭产生差别，从而成为"边缘人"群体。阎云翔(2012)曾指出，村庄社会中不参与人情往来的人被叫作"死"门子""，在当地苦心经营建立起客观的关系网络的村民才被称为"社会上的人"。

村庄社会中的边缘人群体是相对的，其评价标准是是否遵循村庄内生社会规范，即村民普遍接受的行为规则。边缘人群体有各种分类标准，如社会失范群体，即违背村庄社会规范的行为；缺乏家庭完整性的群体，如光棍等。按照客观原因分类，主要有三种边缘人群体，即没有儿子的家

庭、光棍以及不会过日子的家庭。这些边缘人群体的社会行为、经济态度和经济行为都不同于常规性家庭。

没有儿子的农民家庭之所以在一定程度上处于村庄中的边缘性位置，主要是因为村庄整体结构对生儿育女以及传宗接代的规范存在。在农民传统观念看来，家庭中只有生育了儿子才意味着家庭的完整性和延续性，即能够实现当下家庭对历史性家庭的继承和对未来家庭的责任。正如第三章所讨论的，生育儿子是农民家庭开展家庭伦理责任和经济活动的基础，家庭中只有在生育儿子后，才衍生出后面的伦理责任和建房、娶媳妇等人生任务，也是家庭在村庄中展开面子竞争和社会性竞争的前提。因此，没有儿子的家庭在村庄社会竞争的第一步就已经落后并退出，进而影响到其在村庄中的社会交往行为和经济行为。

对社会交往行为的影响主要是感觉没有面子，如皖北吕村也有很多纯女户，与有儿子的家庭比起来，他们总感觉脸上无光，在村庄交往中没有底气和自信。所以，这些家庭就选择与纯女户家庭进行交往，每逢过年、过节等时间，这些纯女户家庭就聚在一起吃饭、聊天。因为他们有共同语言，并且没有其他人的蔑视眼神，所以心理上就能产生共鸣。同时，因为家庭中没有儿子也会对其经济态度和经济行为产生影响，主要表现就是在家庭经济活动中没有全力付出，而选择较为消极的劳动投入。

笔者在皖北吕村调查中遇到一位家中生有两个女儿的村民，他说："因为家中没有生儿子，都没有多大动力去打工挣钱，有时候就窝在家里，也不想出去跟别人讲话。"之所以如此，有两方面的原因。一方面是因为家中只有女儿，其面临的人生任务和经济压力就小很多，村民都知道生女儿比生儿子要少花近 10 万块钱，甚至少更多。因为不用为女儿盖房或买房，也不用准备结婚彩礼，只需要准备嫁妆，这与有儿子的家庭是完全不一样的。另一方面，没有儿子的家庭缺少劳动付出的动力，像村民所讲的，"总是感觉辛苦劳动的动力不足，没有意义感和价值感"。如果没有儿子，那么父母的各种努力都没有用力的方向，而是一种软绵绵的、没有力度的生活方式。因此,这从一开始就决定了没有儿子的家庭在村庄社会竞争中不占优势的现状。

光棍群体之所以也成为边缘群体,主要是因为其没有完成成家立业的目标,达不到农民家庭的最基本标准,即通过结婚建立一个完整性的家,通过参与村庄人情交往成为一个具有“社区”意义上的家。光棍的形成有多种原因,如家庭经济条件不行、个体身体方面有疾病、婚姻要求过高等。在湖北沙洋地区,光棍的形成主要与村庄社会结构有关,因为湖北江汉平原属于原子化农村地区,并没有形成父母为子女婚事操心的绝对性压力。一般情况下,父母都要为子女的婚事负责,但这种结构性力量在湖北江汉平原地区的农村就不如北方农村和宗族性农村那样强大,所以湖北马村村民就会说:“老年人到了60岁后,就不再管儿子的事情了”,即实质上父母的代际责任是有限的。所以,在婚姻大事上年轻人就需要付出自我努力,即大部分年轻人就需要外出打工,通过赚钱来进入婚姻市场。而现实情况是,“当他们年轻到外面出卖体力多年,似乎有了结婚所需的积蓄,他们的年龄也已经大了。稍有不慎,他们就滑过了最佳结婚年龄,而可能永远娶不上媳妇”(贺雪峰,2010)。

光棍身份使得其很容易处于村庄社会结构中的“多重边缘者”境地,从而成为家庭内部的“多余人”、人情交往中的“退出者”、公共生活中的“沉默者”以及政治参与中的“边缘人”(余练,2011)。其中影响最大的就是村庄人情交往的排斥,主要原因是光棍群体不能建立一个完整的家庭,就不会因为面临家庭生命周期和人生任务的变动而举办各种仪式,从而就不会有其他村民来参与人情,这造成光棍群体与村庄在人情交往上的“断裂”。进一步讲,光棍群体因为没有参与到人情交往和面子竞争中去,就不能在村庄内部获得人生意义和价值,从而塑造出其“失范”的社会经济行为。第一种表现形式是懒惰、不辛勤劳作,因为“错过结婚的年龄,又不再可能真正富起来娶回媳妇,因此对未来丧失信心,抱定混日子的心态,过一天算一天。他们往往不是因为懒(而是因为运气不好、家庭条件差、身体残疾等)而成为光棍,而是成了光棍才变懒”。在具体的家庭经济中,光棍选择的自由度很大,他们可以留守在家种几亩地,因为没有对大宗家庭消费开支的需求,他们可以懒懒地种田,再喝点小酒,农闲时到茶馆打麻将,有一分钱花一分钱,甚至到城里打几天工赚点钱再回来吃喝玩掉,再到城里打工,如此循环。

笔者在湖北马村调研时也遇到了一位光棍赵四,刚刚 40 岁,平时跟哥哥、嫂子住在一起,因为没有其他压力,就生活得比较潇洒。笔者进到他房间时,他正在用台式电脑看美国大片。赵四大部分时间都是在家种 5 亩田,空闲时间会打龙虾和鳝鱼,也经常打麻将。但因为经济条件有限,也不会打得很大。赵四偶尔也会外出打工,但过不了太长时间就会回到家休息,主要是因为觉着打工“很累,很辛苦,不如在家舒服自在”。在笔者家乡,有一户邻居是两兄弟,哥哥 57 岁,弟弟 52 岁,因为父母去世早都没有成家,从而至今都是单身。现在两个人的生活既简单又清贫,一年时间里,有三四个月到县城打工,都是做建筑搬运等体力劳动,一天的工资在 100 元左右。虽然打工时间也不算短,但一年内基本上没有任何积蓄,甚至还经常欠债。两兄弟的生活状态是满足基本生活需求即可,“每顿饭有点菜,顿顿不离酒”。

在村民眼中,光棍群体大都是懒惰的人,不能通过勤劳努力改善家庭生活,并认为是其懒惰的性格导致其不能结婚成家。但实际情况并非如此,懒人的懒似乎是结果而不是原因。费孝通在《云南三村》中也讨论了那些为了消遣而不愿意参与体力劳动的人,“他们愿意生活苦一点,而不愿下田劳作”。但这不同于村庄中那些主观态度上懒惰的人,前者是为了消遣而不参与辛苦劳动,这也是一种面子,是村庄中社会地位较高的体现。而村庄中光棍群体的懒惰是因为其身份造成的,是在村庄社会结构中缺少意义追求的经济动力和压力所导致的。

光棍群体的另一种经济表现行为是重消费、轻积累,或者说是基本没有财富积累。这个群体的经济结构基本上是收入低、开支大,即其不会通过非常辛劳的劳动来挣钱，但只要挣一点就要全部花完，而不留任何积蓄。他们这种经济行为不同于村庄内部富裕群体那种挣钱多、同样花钱也多的人，富裕群体消费开支大是基于其具备较好的收入来源，即使消费开支大，但也会保证家庭内部的财富积蓄。而光棍群体的这种有限度的“花钱如流水”是一种低水平的收入和消费结构，也是一种不完整的农民家庭经济，最终就会导致光棍与贫困的互构和再生产[①]。

光棍群体在村庄社会中的经济态度和经济行为主要与其被动地退出人情交往和面子竞争有关，因为不会面临家庭伦理和村庄社会竞争性结构所带来的压力，所以就表现出不思进取和不留积蓄的经济态度。进一步看，光棍群体在恰亚诺夫所讲的劳动-消费均衡点也会产生变化，对常规农民家庭来说，其可以忍受的劳动辛苦程度是很高的，即使对劳动辛苦程度的主观体验已经超过了对需求满足程度的体验，还会投入劳动，这样劳动-消费均衡点就会继续后移。但对于光棍群体来说，因为没有经济背后的社会文化压力，其所承受的劳动辛苦程度就比较低，即当劳动辛苦程度提高一点点时，光棍群体就会停止投入劳动，因为他们没有必要保持较高的劳动辛苦程度，从而使得光棍群体的劳动-消费均衡点很低。正如张江华(2004)所讲:“对于一些已从现有的生活意义中出局的家户来说，他们的消费更多是生理上的满足而非文化表演，他们认为再努力也无补于改变他们在社区生活中的地位，这时他们宁愿选择一种懒散、不思进取的生活。当一个家庭尽管再艰苦劳动，也无法维持在一个社区内保有尊严的消费水准时，他们的劳动动机就会降低。”

“不会过日子”的家庭同样是没有遵循村庄共同认可的社会规范，如最基本的就是勤俭节约、反对浪费。这种规范不仅形成于传统道德话语，更重要的是来自于农民家庭对积累财富、完成人生任务和实现面子竞争的现实需求。因为只有通过勤劳努力挣钱，并能够节俭、节约，这样才能在两方面实现家庭收入的最大化，就为“过好日子”做好了准备。而村庄

① 详细讨论见附录 C:《边缘与消极:农村光棍群体的贫困类型及生成机制分析》。

社会中“不会过日子”的家庭主要是被村民认定为不勤俭节约和花钱如流水的家庭，这种对象主要是未婚和刚结婚的年轻人群体以及一些喜欢玩乐的中年人家庭。在传统农村社会，“花钱如流水”就是不会过日子的象征，“农业社会中也有不考虑长远目标而花钱如流水的人，但是这样的人在村庄中都是被边缘化的，被认为是不会过日子的人”(宋丽娜，2013)。“不会过日子”的家庭虽然是村民的主观选择，但实际上却受到村庄社会结构的客观影响。在村民观念中，不会过日子主要是指在日常生活消费中开支太多，注重吃喝玩乐，而不注重积攒财富。这种行为与大部分村民在仪式性场合上的消费开支是不一样的，后者的经济行为是辛勤劳动赚取收入和精打细算地进行消费，而且“精打细算地赚取收入的行为服从于浪费性的消费目的，在市场经济条件下获得的收入服从于村庄内相对传统的面子竞争需要”。

以上所讨论的三种群体的社会经济行为，一方面是受到村庄社会客观结构的约束，而被定义成为村庄中的“边缘人”群体，评价标准就是不能遵循勤劳劳动和勤俭节约的经济品格，从而很难像大部分村民一样参与村庄社会结构性压力下的人情交往和面子竞争。另一方面，村庄中也有人主观上退出面子竞争而选择不同的经济态度和行为。如上文所讨论的那些生活面向朝外的人，常年在外打工并在城市定居，村庄与其脱离了关系，其家庭经济生活的动力和努力方向就不会再放置在村庄场域中，而是进入一个新环境。如马村有一些通过考学、当兵、外出打工、经商做生意以及20世纪八九十年代农转非出去的农户，他们不仅在地理空间上离开了乡村，在情感价值上也已经离开，虽然每年清明节和春节还要回家上坟祭祖，但只是短暂的停留。在人情交往上只是参与村庄中的至亲人情，面子竞争就留给那些仍旧生活在村庄中的亲戚朋友，并成为他们日常生活中的谈资。

那些生活面向朝外的群体，主要是年轻人，很多人都是很早就外出打工赚钱，“在工厂接受厂规训练，接触大机器作业，受作息时间的严格约束。其所接受的都是与村庄社会规范差异极大的训练和生活方式。这些经历现代教育和社会流动的人，就有了与一般村民完全不同的经历和处境，并根据此来确定自己的人生意义，来获取人生目标和行事规范，从而理性地赚钱，理性地安排人生目标”(贺雪峰，2010)。因为常年在城市打工生活，这些人在空间上开始脱离村庄，对村庄没有形成厚重的认同感，面子竞争对其变得也不再重要，“而将来维持在城市生活下去的储蓄变得重要起来”。

因此，这部分外出务工、经商的人，赚了钱就不愿在村庄的面子竞争中浪费性地花掉，而是留下来为城市生活做准备。实际上，这些年轻人虽然不将挣得的收入带回村庄参与面子竞争，但其也是在积攒在城市生活的资本，并没有将金钱浪费掉，是另一种层面上的竞争。所以，当前农村也逐步形成了对这种外部面子竞争形式的认同，实质上是村庄物理空间上面子竞争的延伸和扩展。在皖北吕村，农民家庭在住房上的竞争范围在不断扩大。在以前，农民家庭获取农业收入和打工收入的首要目标就是建一栋新房子，改善家庭住房条件还是次要的，最主要的是通过这一符号确立该家庭具备一定的经济基础，从而为子女结婚成家做好准备。而近几年来，农民住房竞争扩展到在城市买房，即不仅要在村庄建新房，还要在城市买房。

但外出打工群体中也不乏“月光族”，主要是那些还没结婚的年轻人和刚刚成家的年轻人，这个群体还没有产生来自家庭生活和村庄社会性竞争的压力。所以，大部分外出打工的年轻人很少能积攒一些收入，甚至很多人还跟父母要钱。这些群体的经济态度和生活方式基本上与村庄、家庭脱离关系，而基于对城市浪漫生活方式的向往，在挣得收入后就全部消费掉，如用于到网吧上网、滑冰、唱歌、谈女朋友等，从而很容易成为月光族。宋丽娜(2013)认为，“打工生活中的月光族并没有这种村庄社会舆论的规约，并且成了相当多数人的行为习惯和生活方式”。在湖北马村，年轻人就将外出打工挣钱的目标定为到城镇买房，其并没有像皖北农村那种基础性的在村庄建房的面子需求。而打工挣钱-城市买房就成为最直接的经济态度，这种态度不同于皖北农村地区，因为皖北农村地区的年轻人到城市买房还是属于村庄面子竞争的一部分，是一种形式空间上的扩展。而湖北马村的年轻人到城市买房就没有基础性的面子竞争动力，其最直接动力就是脱离村庄。因此，虽然都是主动放弃村庄中的面子竞争，但两地村庄还存在着差别，一种是暗含着村庄面子竞争，还保持着目的理性；另一种则是直接的经济目标和理性。

总体来说，主观上退出村庄社会竞争的群体在经济态度上大都是基于经济理性作出的选择，即外出打工挣钱就是为了积攒在外生存、生活的资本。但挣钱这一经济理性没有目的理性做支撑，从而使得这一群体在经济行为中有两种表现：一种是量力付出，当劳动的辛苦程度很高时就选择减少劳动投入，只要能挣到相对客观的收入就行；另一种是减少在村庄中的炫耀性消费，而注重日常生活中的消费。这种经济态度就与生活面向指向村庄的群体不同，因为生活面向向内，所以就会对农业劳动和外出打工的辛苦忍受度较高，“外出务工、经商无论多么辛苦劳累，只要能够赚钱，都是值得忍受的，外出务工只是暂时的，是手段，是一个不长的过程，村庄有面子竞争的有意义的生活才是目的，才最为重要”。① 退出村庄面子竞争的群体，因为不会面临村庄中所产生的伦理性压力，在经济行为上就不会选择无原则的劳动投入，而会进行理性算计。也就是说，这一群体的劳动-消费均衡点也比较低。

因为经济行为缺少社会伦理这种结构性压力，外出打工的年轻人群体有一部分选择消费文化和消费经济行为，即将劳动所挣得的收入完全用于消费，将消费作为最终目的，甚至消费的目的不是为了满足实际的需要，而是满足在不断追求中被制造出来、被刺激起来的欲望。换句话说，人们所消费的，不是商品和服务的使用价值，而是它们的符号象征意义。这也会对外出打工年轻人的劳动观念和经济态度产生影响，使他们最终陷入劳动-消费-享受-再劳动-再消费的循环中去(袁松,2009)。

---

① 贺雪峰，董磊明．农民外出务工的逻辑与中国的城市化道路[J]．中国农村观察，2009(2)．

第五章 区域比较与阶层分化视野下的农民家庭经济

阶层分化后，不同农民阶层所选择的经济态度和行为不同，主要是因为村庄内部存在着社会竞争性。村庄社会性竞争的压力和村民对地位身份获取的焦虑感，决定了农民在家庭经济中的经济态度和经济行为选择。

中国农民家庭经济都会受到家庭伦理责任和村庄社会结构的影响，要考虑人生任务的完成、人情交往建构以及面子竞争，这都成为影响农民家庭经济态度和行为的社会文化因素。正因为如此，农民家庭呈现出勤劳经济的特征，在经济态度上通过不断劳动赚钱，积攒家庭大宗消费开支的资本，同时又要缩减日常生活开支，通过开源节流实现家庭收入的增加。但具体来说，农民家庭经济还存在着差异，主要是地理空间上的区域差异和村庄内部的阶层差异。

农民家庭经济的区域差异主要是指不同地理区域下的村民在经济态度和行为上会表现出不同特点，这是由中国农村复杂性和多样性的社会现实决定的。不同区域的农村在自然环境、种植结构、历史文化发展以及经济发展水平方面都各不相同，这进而会形塑出不同地区农民的人格结构和行为逻辑。在国内学者关于农村区域差异的研究中，费孝通主张在社区研究基础上进行"类型比较"研究，"我想只有从每个社区根据它特有的具体条件而形成的社会结构出发，不同社区才能互相比较，在互相比较中才能看出同类社区的差别，而从各社区具体条件中去找差别的原因，进一步才能看到社区发展和变动的规律，进入理论的领域"。费孝通的主要观点是在差异性社区研究基础上进行类型比较。黄宗智(2000)对华北平原和长江三角洲的研究也是在区域差异关照下进行的，他"主要从生态条件、土地制度和商品化程度等方面讨论华北地区和长江三角洲地区农村的差异"。

贺雪峰(2012)主要是从村庄社会结构视角展开对中国农村区域差异的研究，主要是从村庄社会结构的角度，建构了团结型、分裂型和分散型三种村庄理想类型，并从自然生态和历史变迁两方面搜集资料，解释了村庄社会结构形态的区域性，最后将中国农村划分为南方团结型村庄、北方分裂型村庄与中部分散型村庄。在这一类型划分下，农民家庭性质和农民行为也呈现出差异性，主要观点是北方农村社会存在着较强的张力和竞争性，从而形塑出农民对生儿子、传宗接代以及激烈的村庄面子的竞争。农民生产劳动、积累财富等都是为了子代、家庭延续和人生任务的完成，从而表现出北方村庄农民对日常生活较低的需求欲望，而全部劳动指向家庭代际再生产。中部农村地区因为移民历史较短，难以形成较为凝聚的村庄共识，村民个体性较为突出，从而形塑出农民在价值观念上的“现代性”，如对生男生女的平均偏好，没有强烈的内生性的家庭责任伦理等。村庄社会内部因为较为分散的原子化状态，竞争张力较小，这些都表现为中部农村地区农民较为舒适的生活方式。家庭代际伦理责任和村庄社会竞争相对较弱，从而使得农民的社会行为和经济行为都不同于北方农村的农民。在区域比较视野下，本书主要将农民家庭经济区分为节余型经济和生活型经济，并分别分析其经济态度、经济行为特征及其形成的内在机制。

农民阶层分化是指固守在土地上的农民大量转移到国民经济的其他领域，从而改变自己的社会身份，成为其他身份主体的过程。关于阶层分化下对农民家庭经济的研究，主要是基于当前农村社会中农民群体已经不再是铁板一块的同质性群体，自古以来主要依靠农业生产获得收入并且经济水平相差不大的境况已经改变。农民群体在职业角色、收入来源以及经济水平等方面都出现了很大差异，即农民群体的异质性大大增强。这成为理解农村社会和农民家庭经济的重要视角，因为不同阶层群体存在收入来源和收入水平上的差异，就影响到其在劳动投入和消费开支上的具体态度，从而在村庄社会中表现出不同的行为逻辑。在阶层分化视野下，本书主要分析村庄社会内部不同阶层的劳动伦理观、消费观等内容。

一、北方农村节余型经济

在区域差异研究视角下，中国农村主要有北方农村、中部农村和南方农村三种类型。其中北方农村在地理范围上主要包括华北平原的河南省、山东省和河北省等地，黄淮海平原的苏北和皖北等地，以及西北地区的陕西省、山西省农村。中部农村主要是长江流域农村和东北地区农村，其中长江流域农村包括上游的云、贵、川、渝，中游的湖北省、湖南省和安徽省，以及下游的江浙地区[①]。在村庄社会结构和社会性质层面上，北方农村、南方农村和中部农村都有很大差异，只看其基本类型就很明确，即分裂型、团结型和分散型。但在农民家庭经济层面上，北方农村和南方农村具有一定的相似性，并共同与中部农村形成最鲜明的对比，所以本书主要分析北方农村和中部农村在家庭经济上的特征、差异和形成因素。

（一）节余型经济态度与特征

节余型经济主要是指农民家庭在资源配置中更加注重劳动生产和财富积累，并通过减少日常开支和闲暇时间来实现家庭经济的充足节余，进而得以满足农民家庭大宗消费需求。选择节余型经济的出发点主要是基于对家庭长远经济需求所作出的规划，从而出现了每个农民家庭都会在经济积蓄上有很多节余。一是为了应对家庭出现的突发性经济需求，如得大病等；二是为了应对家庭中子代在上学、成家上的经济需要。而实现节余财富的目标则需要在家庭经济结构中选择高劳动投入、低日常生活开支和低度闲暇，只有这样才能达到家庭财富的不断积累。

实际上，节余型经济和生活型经济都是勤劳经济的表现形式，因为对生活型经济的追求也要建立在家庭劳动生产上的勤劳投入，只有这样才能具备生活闲暇的条件。之所以将北方农村归结为节余型经济，主要是因为北方农民的劳动生产行为、消费行为和闲暇行为表现更接近于这一理想类型。虽然中国农村整体上都多少会表现出节余型经济的特点，但农民家庭内实现节余的前提是不同的。如北方农村农民的节余是建立在低水平消费享受上的高度节余，而中部农村农民的节余则是建立在高水平消费享受这一基础之上的。也就是说，考察农民家庭是否符合节余型经济的类型，不仅要考察财富获取这一个层面，还要考察与农民节余财富

① 贺雪峰. 村治的逻辑：农民行动单位的视角[M]. 北京：中国社会科学出版社，2009(8).

相关的外部因素，如消费态度、对待劳动生产和闲暇的态度等。只有全面地分析了家庭经济结构，才能更好地分析农民节余型经济的特点和形成机制。

节余是农民经济态度的一种表现。经济态度则是费孝通在《云南三村》中所使用的概念。经济态度是指农民在欲望满足与忍受痛苦之间所做出的经济打算。在不同经济态度支持下，农民就会选择不同的经济行为和生活。费孝通主要讨论了两种生活方式：一种是痛苦的生活方式，就是要忍受当前的痛苦来创造将来可以享受的效用；另一种是享乐的生活。节余经济正属于前一种，即节余的目的不是为了当前享乐，而是指向未来的效用。本质上农民家庭都要通过辛勤劳动如农业生产和外出打工挣得家庭收入，从而既要满足家庭基本生计需求，更要满足建立在大宗消费开支上的家庭仪式性需求，如建房、结婚娶媳妇等。正如上文在讨论勤劳经济特征时，也会引用中部农村马村的案例。在湖北马村，每年 5 月份是当地村民的“忙月”时间，要在不到一个月的时间内完成“抢收抢种”，即抢收小麦及油菜、抢种水稻，为了完成“双抢”，家家户户都要加大劳动投入，从而赶时间完成“抢收抢种”。很多家庭因为土地面积较多，凌晨 3 点就要起床到田里去劳动，而在外打工的中青年人也会赶回家帮忙劳动。从这也可以看出中部农村在家庭经济中所表现出的勤劳特征，但这种勤劳与北方农民的节余型勤劳还存在差别，因为这两种类型的勤劳还涉及另外一个影响变量，即对消费水平的要求。

节余型经济与生活型经济都是通过辛勤劳动生产挣得家庭收入，满足家庭生活消费开支需求。但两者在满足消费需求上有差别。节余型经济主要指向家庭仪式性消费开支，通过家庭财富积累来完成大宗消费开支基础上的人生任务，从而压缩日常生活消费开支。生活型经济也会指向家庭仪式性消费需求，但并不压缩日常生活消费需求，即生活型勤劳要共同满足这两种需求。而节余型勤劳的目的就是满足家庭仪式性消费需求。因此，两种勤劳经济在生活水平满足上存在差异，节余型勤劳经济是建立在相对低度生活水平满足基础上的家庭财富积累，而生活型勤劳经济是建立在相对高度生活水平满足基础上的财富积蓄和消费。所以，虽然中部农村地区也属于勤劳经济的一种表征，但在对农民家庭经济进行全面的结构化分析后，就会发现节余型勤劳与生活型勤劳的不同之处。也因此，中部农村虽然也存在着村民在农业生产和打工经济上的辛苦劳动，但因为表现出与所挣得收入相对平衡的消费观念和现实，就不同于北方农村所呈现出来的收入与消费、闲暇的不均衡配置，使得中部农村并不能成为节余型经济的代表，而只能成为生活型经济的代表。

在农民家庭经济结构中，节余型经济主要是在积累和消费之间达成平衡，更重要的是积累，而非个体性的消费和享受。节余型经济的特征首先表现在农民家庭不计成本的劳动投入和对劳动投入的较高忍耐度，这主要表现在农民家庭农业生产和外出打工上。不计成本地投入劳动并不是基于家庭基本生存和生计需要，因为当前大部分农民家庭都已经脱离了“温饱”状态，不再是恰亚诺夫所讨论的 20 世纪初俄国革命前的小农经济状态。即农民的家庭消费需求其实就是农民家庭的生存需要，俄国革命前，小农家庭满足最低必须支出构成了农民提供劳动的刚性约束，是一种硬约束(郭继强，2008)。当前中国农民家庭在农业生产上表现出不计成本的劳动投入，主要是追求土地产出率的提高，而非劳动生产率的提高。这就需要对家庭劳动力进行高强度的“自我开发”，主要有两种方式。一种是通过代际分工形成半工半耕的经济结构，中青年劳动力外出打工获得较高收入，剩余劳动力从事留守农业，以此来实现农民家庭收入的最大化。

因为农民家庭在劳动投入中不计较边际生产效率和边际收益，所以就会充分利用农忙时间和空闲时间以获得收入最大化。如在皖北吕村调研时，留守在家的中老年劳动力在农忙时间都会进行精耕细作的农业劳作，“很多村民天天都要到地里去转一转，除除草、灭灭虫”。在农闲时间，这一部分留守群体也大都会寻找一些赚钱的门路，如到蔬菜大棚中打工，跟随本村建筑队做小工等。虽然在蔬菜大棚中打工时间长，一天也只有二三十元的收入，即便如此，也有很多老人天天去干活。在皖北农村，当地农村所形成的候鸟式农业也能体现出农民家庭不计成本的劳动投入。候鸟式经营是指外出务工者每年定期回村完成农活，然后再外出务工的家庭经营方式，这种“回村务农-外出务工”的周期类似于候鸟迁徙，因此可以将这种经营类比为候鸟式经营。

候鸟式经营主要是由青壮年农民定期回村完成生产任务，一般是在每年的5月30日左右收割小麦并播种玉米，9月30日前后收获玉米并播种小麦。小麦与玉米的紧密轮作节省了生产环节，这样外出务工者每年只有两次回流时间，每次大约半个月，迅速完成农活后就再次出去务工。与吕村相邻的光明村的村民潘成军，42岁，常年在浙江金华的苗圃中打工，自家的8亩地主要种植小麦和玉米，他每年回村两次，每次20天左右。因为其兄长已在外定居，便将6亩地无偿流转给他，因此潘成军每年要种植14亩地，这就需要挤出打工时间以回村种地。潘成军虽然在浙江打工也有不错的收入，但仍然会为了14亩地的收入而选择返乡进行农业生产。在直接经济效益上，农业生产收入肯定远远比不上打工收入，但保持农业生产可以间接地减少农民家庭的开支，如购买粮食等，从而也能够在总量上保持家庭收入的最大化。因此，候鸟式经营的逻辑是农民家庭宁愿耽误10天左右的打工时间，也要回来抢种、抢收，使其成为家庭积累的一部分。而这种积累是一种隐性积累，即可以帮助农民家庭减少开支，从而增加积累。

第二种形式是劳动对资本的代替，如减少雇工和机械使用，或者自己购买机械。农业生产中节省资本开支的最主要目的就是增加收入节余。在大部分北方农村，农民都会在减少资本开支上进行精打细算，通常宁愿增加自身劳动力的辛苦程度和付出高强度劳动投入来减少对雇工及机械的使用。因为农业生产本来就没有很高的经济效益，农民种田就是挣自己的辛苦钱，即自身劳动力的工资价格，如果经常雇工或者请机械，势必就会增加生产成本，从而减少了生产剩余和节余。

节余型经济除了在生产上不计成本的劳动投入外，还有另外一个因素，即忍受较高的辛苦程度，因为不管是农业生产还是外出打工，都是要通过消耗或忍受自身身体痛苦来获取收益和快乐的。在现实中，农民的辛苦忍受度或痛苦承受度是有限的，即如果劳动投入超越了身体的承受能力，就自然会退出劳动投入。而对于节余型经济类型而言，农民家庭在农业生产和外出打工上都表现出很高的劳动辛苦忍耐度。在农业生产上，农忙时间的劳动量是很大的，要在短时间内完成抢收、抢种，并且还要减少资本投入，这就要求农忙家庭要具备很高的劳动辛苦忍耐度，如全天候、全劳动力投入农业生产，还要经常在酷暑条件下劳作。这不是说农民本身就有吃苦耐劳的品质，而是由客观条件约束和农民主观意志力决定的。在外出打工上，农民工虽然能够获得相对较高的收入水平，但这也是通过高体力劳动投入获得的。如在工厂上班的年轻人，每天的工作时间都在 12 个小时左右，“一天下来都是腰酸背痛的”；在建筑工地上的中青年人也是依靠体力劳动赚取收入，而且很多都是严寒酷暑的恶劣天气条件下工作，这都是对其劳动辛苦程度的考验。

总之，节余型经济在劳动投入上表现出两方面特征，即不计成本的投入和忍受较高的劳动辛苦度。北方农村的大部分家庭都会想方设法地增加家庭收入，所以就要通过劳动力的自我开发来实现。在农忙时间，自然会进行较高劳动强度的投入；农闲时间，仍然会选择其他兼业经济进行多种经营，如副业、外出打工等。如此辛苦，主要目的就是为了日常生活中多生产、多积累和少消费，从而在家庭仪式性消费中做到高投入、高消费。农民家庭都清楚地知道农业生产上的辛苦程度很高，而且一年一亩地的收入还赶不上外出打工一个月的收入，那为什么还要忍受如此高的辛苦度进行农业生产呢？在农民观念中都是“能收一点是一点”。在很多北方农村，尤其是那些丘陵山区，农业生产条件很艰苦，因为地形限制，很难使用现代化机械，只能使用人力如人工耕地，收获时都是肩挑人扛，“一季下来能褪一层皮”。虽然辛苦度比传统农业社会低,但那些体力和耐力差的人也很难受得了。打工经济中也表现了同样的特征,即都要通过辛苦工作、加班加点等实现工资的增加。对于农民家庭来说,外出打工和农业生产都算是一种资本节约型和劳动密集型的劳动生产方式。

劳动投入中的不计成本和忍受较高辛苦度就成为区分节余型经济和生活型经济的一个变量。对于节余型经济而言,不计成本和劳动辛苦承受度很高就意味着农民家庭不是从划算还是不划算的角度来看待问题,而是考虑增加家庭收入和节余。在中部生活型农村,很多村民都认为种田“遭业”“吃亏”。这两个本土概念在村民那里就是指种田不划算,他们也都清楚地知道种田一年的收入赶不上打工一个月的收入,他们不只是在观念上有此想法,有不少人还确实付诸行动,即抛弃农业生产,选择较为舒适的打工活动,或者为了减轻身体痛苦和劳动辛苦度而选择请机械。

北方节余型经济农村也会在种田和打工之间进行收益比较的考虑,但很少会付诸具体行动。吴晓燕(2006)在恰亚诺夫劳动-消费均衡理论关照下讨论了农民外出务工和务农之间的均衡点,认为这一均衡点是在农民外出务工所得到的货币收入的边际效用与农民体力耗费的边际辛苦程度之间找到一个均衡点,而这一均衡水平便决定了农民外出务工的年总收入,也就可以推算出外出务工所付出的劳动量或劳动时间。在选择外出务工还是务农上,农民会根据边际务农纯收益与外出务工的边际纯收益来选择,外出务工边际收益就是务农的边际机会成本。但实际情况是,这种均衡点的选择并不适合农村现状。在北方农村,农民并不会因为农业生产耗费体力劳动太大而就去选择相对轻松的外出打工行为,一方面是受客观年龄条件的限制,另一方面是大部分农民家庭很少计算边际劳动收益,只要能够有利于家庭收入最大化的实现,就会忍耐较高劳动辛苦程度投入到农业生产和打工经济中去。在北方农村,如果一个农民家庭因为农业劳动太辛苦而使得农作物种植不善,甚至造成抛荒,就会招来巨大的村庄社会舆论压力。

除了劳动投入上的不计成本和高忍耐度，节余型经济还表现出低度消费和低闲暇的特征，即日常生活中的消费支出少、闲暇对劳动的替代率低，由此形成北方农民家庭注重积累而非个人享受的特征。上文在讨论勤劳经济特征时也曾提到农民家庭在收入与消费上的经济特征，总体上都是重积累轻消费，但当将其放在区域视野中进行比较分析时就会出现差别。北方农村节余型经济对日常生活的货币化追求较弱，农民群体在过日子上大都保持着较低的生活水平，即能满足基本生活需求即可，而不追求现代消费主义观念浸入下的舒适和享受。

也就是说，北方节余型农村中的农民家庭日常生活消费开支少，缺少对现代化时尚消费商品的追求。如在皖北吕村，除了年轻人因为常年在外打工而养成较为现代的生活方式，从而在农村追求与城市相近的生活方式，大部分中青年群体并不刻意追求日常生活中的消费，而保持着较为传统的生活观念和生活方式。这种传统的生活观念在年轻人看来是“落后”的，但对大部分父代家庭来说却已经成为常态。他们很少对日常生活开支投入太多花费，而是保持着对衣、食、住、行、用等方面的较低需求。

虽然近几年来农民收入水平和生活水平都得到了整体提高，但仍然会保持着较为节俭的生活方式。首先在穿着上并不像在城市打工的年轻人一样追求时尚和品牌，只要穿得干净、舒适即可。在饮食上保持着比较简朴的水平，农民家庭不会为了吃得好而花费大量时间、精力和金钱，这也可以从南北方农村的饮食结构上看得出来。北方农村的饮食在总体上都很平淡，南方农村的饮食花样则很多，在饮食结构、种类、色彩上也比北方要好很多。而且，北方农村外出打工的农民群体在生活消费上也很节俭，虽然一部分人外出打工收入还算可观，但他们很少在城市里大手大脚地消费。如皖北吕村有一对中年夫妇在上海打工，两个人一年的打工收入能有四万元，这意味着夫妻俩在城市里的消费开支很低，务工工资收入中除了日常生活开支外基本上都能节余下来。

节余型经济在日常生活中的低度消费开支主要是为了家庭节余而非

追求个体享受，因为随着打工经济的兴起，农民家庭的收入来源大大拓宽，收入水平也大大提高。在皖北农村，农民家庭通过“半工半耕”的经济结构，可以同时获得务农和务工两部分收入，足可以支撑起农民家庭追求享受生活的愿望。但在现实中，即使收入水平得到提高，农民家庭还是会保持着较为节约的生活方式。也就是说，农民家庭的收入基本上都用于那些必须的开支项目上，而不会用于超越家庭需求的日常事务中，如购买洗衣机、太阳能等电器设备。而农民家庭在日常生活上的低度消费，目的正是为了达成高度财富积累的实现。

弗兰克·艾利思(2006:1:1)讲，“闲暇与收入共同构成消费者的个人幸福”，即对于消费者而言，不仅要获取收入，更要有闲暇时间。对农民家庭而言，也会在闲暇与收入或者劳动与闲暇之间达成平衡，在恰亚诺夫看来，如何得出均衡的标准在于农户对劳动辛苦程度的主观感受和需求满足程度主观感受之间达成平衡，并想以此得出分析小农家庭在劳动辛苦和需求满足程度之间均衡点的普遍性规律。但实际情况是，农民家庭对于劳动还是闲暇的选择并不仅仅取决于主观体验因素，大部分农民家庭都会选择劳动对闲暇的较高替代率，即劳动时间远远多于闲暇时间。对于北方节余型经济农村而言，农民家庭所具有的闲暇时间更少。在打工经济兴起之前，农业生产是家庭的主要收入来源，因为没有外出打工和其他兼业的选择，大部分家庭都会将劳动力投入到农业生产的精耕细作中去，造成了劳动力的“过密化”投入。随着打工经济的兴起，农村中一部分剩余劳动力得到转移，农业生产中开始出现“去过密化”现象，同时因为外出打工和兼业、副业的选择增多，农民家庭的闲暇时间越来越少。

闲暇的意思是指人们扣除谋生活动时间、睡眠时间、个人和家庭事务活动时间之外剩余的时间。换句话说，闲暇是指个人不受其他条件限制，完全根据自己的意愿去利用或消磨的时间。因此，闲暇不同于休息，休息是农民家庭在农忙空隙进行的短暂活动，休息是为了更好地劳作；而闲暇则是根据主观意愿来安排时间消遣，闲暇的目的是打发时间或消磨时间。

对于农民家庭来说，很少需要通过寻找专门途径来打发时间。即使在农闲时期，农民家庭也会寻找各种赚钱的途径，而不会完全将时间用于休息。在北方节余型农村，农民家庭更是要充分利用时间，从而谋求家庭收入的最大化。虽然说是“三个月农忙，三个月过年，还有六个月农闲”，但这种农闲是相对农业生产而言的。

在当前外出打工、兼业、副业机会增多以及经济作物种植增多的形势下，大部分农民家庭都会在非农忙时间合理配置家庭劳动力资源，进行各种资源配置以实现收入最大化。如在皖北吕村，大部分农民家庭在春耕或秋收冬种忙完后就会寻找其他赚钱机会。一部分社会资本较多的中年人会通过各种社会网络选择进城打工，而家庭中有孙子或年龄较大的父母需要照顾而出不去的中年人，会采取“不离土不离乡”的方式就近打工。吕村有两家面粉厂，与其紧挨的光明村也有一家面粉厂。这三家面粉厂中，有一家是国家级龙头企业，一家是省级龙头企业，从而可以吸纳一定的本地劳动力就业。再有一部分中年人就会选择在当地的建筑队干活，只要不遇到雨雪天气，基本上都要去工地干活，所以，真正的闲暇对农民家庭来说是很奢侈的。虽然劳动很辛苦，但村民仿佛都能吃得了苦，一天接一天地不停劳动，只有在天气不好或工作全部做完后才会空下时间来休息。也就是说，农民家庭的休息很少是建立在主动需求基础上的，而是在农业生产和打工等客观现实条件下作出的被动选择，如工地上无法开工、农田里暂时无事等。

农民家庭所能安排的只是在高劳动投入的空隙进行休息，北方节余型经济类型的农民休息的方式主要是村民之间的聊天，而且时间也不会太长，因为每家农户都还有自家的家务事等需要操持料理。当然，北方农村中也有一部分群体会有真正的闲暇时间，并利用闲暇时间进行打麻将、打扑克牌等娱乐活动，而且还都以赢钱为目的。但这部分人群所占数量很少，基本上只是村庄中收入水平较高的富裕群体。这也与中部农村家家户户都打麻将的现象形成鲜明区别。因此，北方农村节余型经济类型的农民为了达到财富积累和节余的目标而选择低度闲暇安排，从而可以充分利用农闲时间获得较低的边际收益。

综上所述，北方农村节余型经济形成了一种高劳动投入、高积累和低度消费、低闲暇的经济结构，即北方农民家庭大都在忍受较高辛劳度的情况下进行不计成本的劳动投入，通过农业生产和打工经济以获得家庭收入的最大化。同时，农民家庭也会缩减日常生活消费开支，而不追求现代化的生活方式，以较低生活消费水平建立高积累的家庭经济。对闲暇时间的舍弃也是家庭经济积累的重要方式，对于节余型家庭而言，闲暇并不构成其必要部分。也就是说，节余型经济家庭不存在对闲暇的较高需求，更多的是进行家庭财富积蓄的现实需求。因此，节余型家庭在这种经济结构中就出现了劳动-闲暇、劳动-消费之间的不均衡。

按照微观经济学理论，农民家庭通过劳动赚得收入就是为了满足消费需求，而获得闲暇时间也是一种消费。按照恰亚诺夫的理论，小农家庭会在劳动辛苦度和需求满足度之间作出均衡选择，当需求满足的主观体验超过农民劳动投入的主观辛苦度时，小农家庭就会继续投入劳动生产，因为这种情况下是对其有效用的。而当劳动投入的辛苦度超过需求满足度时，小农家庭就会感觉不划算和经济效用下降，于是就会停止劳动投入。所以，恰亚诺夫认为当两种主观满意度相均衡时，就是区分农民家庭是否投入劳动的标准。但这种解释并不适合北方农村节余型经济类型，主要是因为北方农民家庭并没有进行经济理性上的收益比较，不管在农业生产和外出务工行为中，华北平原农村农民比中部地区农村农民能承受更高的忍耐度，即承受能力更强。

如图 5-1 所示，在劳动辛苦较低的情况下，农民家庭获得的收入能够满足其很大需求。到了第一个交点 A 时，劳动辛苦程度与需求满足程度达到平衡，即在这一点上的劳动投入所感受到的辛苦度与其所带来的需求满足度是平衡的，A 点即意味着在均衡点上的收入水平。当超过 A 点收入水平后，劳动投入的边际辛苦度降低，即其所能带来的边际需求满足度降低。也可以说，农民家庭在耗费大量体力劳动所获得的收入在满足家庭效用上并不划算，所以就会停止投入劳动。但节余型农民家庭却能忍受较高的劳动辛苦程度以换取边际效用较低的家庭需求满足，即节余型农民家庭可以继续将劳动-需求均衡点向后推迟，达到 B 点的收入水平。虽然 B 点的收入水平需要投入相对较高的劳动辛苦度，并换来相对较低的需求满足度，但农民家庭仍然会作出这种选择。即使通过高强度劳动投入产生的边际效用较低，但只要劳动能够赚取收入，节余型农民家庭就会在忍受较高辛苦程度和边际劳动生产率较低的情况下进行劳动力资源配置。比如说，农民家庭中的留守老人群体通过高度辛苦的劳动来经营农业，并赚取微薄的农业收入。

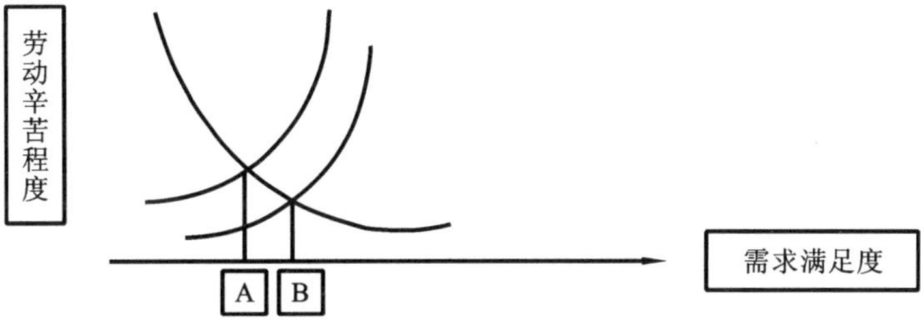

图 5-1 节余型农民家庭在劳动辛苦程度与需求满足程度上的均衡点选择

如果按照微观经济学边际效益理论，留守群体所投入劳动与获得收入、需求是不相对应的，而且如果按照个体主观偏好在劳动和闲暇之间进行选择，农民家庭肯定会选择停止劳动以用于闲暇。而实际情况恰好相反，这也构成节余型经济的重要特征，即农民家庭忍受辛苦和乏味劳动的目的就是追求经济总量的增加，而不在经济理性上进行边际收益分析。

(二) 节余型经济态度的社会伦理基础

北方农村之所以形成节余型经济态度和经济行为，并不是基于微观经济学基础上对劳动-需求和边际收益成本的选择，而更多的是因为这种经济态度和经济行为是嵌入在社会文化基础之上的，这就与北方农村的社会结构和社会性质紧密相关。节余型经济类型所表现出来的经济态度即高积累、低消费、低享受和轻回报、重付出，这些也是勤劳经济的基本特征，但放在区域差异视角下就会有其不同之处。

以华北农村为代表的北方农村农民大多是元末、明、清时期的山西移民，为了在生产、生活和防盗、防匪上互帮互助，华北平原的大部分村庄都呈现较为密集的聚居状态。因为自然灾害和历史战乱等影响，华北平原农村并没有形成较为成熟的宗族结构，而是在村庄内部存在多个姓氏，每个姓氏都形成以紧密血缘关系为基础的亲族组织。也就是说，华北平原农村并没有出现南方宗族性村庄那种长链条、大规模的血缘联合体，而发展成为血缘关系链条较短的多个小亲族群体，大多数小亲族群体都以五服为边界形成“自己人”认同的血缘集合，如河南省、安徽省等地的“门子”“门份”和“户族”概念都是这样的小亲族集合。

吕村的 7 个自然庄基本上每个都有三四个“门子”，这些“门子”在历史上共有同一个祖宗，但因为血缘绵延、村庄记忆等原因，“门子”之间不断分化。分化后的“门子”大致都由 20 户左右的农户组成。如吕大庄分成了东门、中门和西门 3 个“门子”，李家有前门、后门和东门 3 个“门子”。“门子”在村庄中是一个操办红白喜事的互助单位，即只要一家有事情，一个“门子”的亲戚都要去帮忙、上礼。

因为华北平原村庄内部没有形成笼罩性的结构性力量，如宗族，村庄中分裂的小亲族群体都想在村庄社会中占据优势，于是就产生了众多小亲族之间的竞争和张力。但这首先要在小亲族内部形成合力，即在红白喜事、生产、生活、防盗、防匪方面进行互助，然后才能同其他小亲族进行竞争。在皖北吕村，“门子”主要是一个防御性、保护性单位，即通过“门子”这一集体力量来保护“门子”内个体的安全，这就是村民所讲的“‘门子’大才能拳头硬”的道理。如果“门子”人数太少，那么在力量对比上就会处于弱势，如杨庄的陈姓“门子”。陈姓与杨姓都是在民国初期搬迁过来的，但经过几代人的发展，陈姓家族并没有发展壮大，而是成为了小门小姓，在村庄中就只能处于依附性的地位，即依附于杨姓以寻求庇护。也就是说，“门子”力量在传统时期对个体村民和家族都有很强的庇护性作用，村庄文化的形成也是基于“门子”结构之上的，如在清明、中秋时节要去祭拜本“门子”的祖先，春节要问候“门子”里的长辈等。

当地农村“门子”认同结构的形成，一方面是通过各种合作建构起来的，另一方面也通过“门子”内部的竞争来不断强化。因为华北平原地区没有南方地区较为完整的宗族体系，而在历史发展过程中演变成碎片化的、以各种形式呈现出来的小亲族，“门子”就是其中的一种形式。因此，当地农村没有笼罩性的、结构性的规范和力量，只有相对独立的众多小亲族。在这样的样态下，每个小亲族、“门子”都希望发展壮大自己的力量，以在村庄内部占据主导地位，这就产生了村庄内部众多“门子”之间的竞争和张力。“门子”大代表着家族势力大，也就说明拳头大，说话就能硬气，最起码能在各种事情上不吃亏。这样，村庄内部就很容易形成各个“门子”之间的竞争，且表现在村民日常生活和村庄政治上。本书主要讨论村民在生活层面上的竞争。

华北平原农村因为小亲族结构的存在，村庄社会形成了分裂型的竞争结构，每个村民都有很强的竞争意识，即要努力改变个体、家庭和小亲族在村庄社会结构中的位置。因此，众多小亲族群体为了在村庄内部占据一定地位，就要参与村庄内的各种社会竞争，就在村庄内部产生了较强的价值生产能力和村民面向村庄的意义价值追求。这成为影响农民在村庄社会内部所表现出经济社会行为的重要基础。具体来说，因为这种分裂型的社会结构，北方农村的村民都要参与到社会竞争中去，并在此竞争过程中产生出具有一定约束力的结构性力量，这种结构性力量主要包括两个层面，即农民对本体性价值和社会性价值的追求。

本体性价值主要是指农民在超越性精神层面上的追求，是农民在有限生命中如何完成无限意义的价值追求。具体到农民家庭内部，对本体性价值的追求就是实现传宗接代和香火世代延续，华北平原农民对本体性价值的追求也具有一定的宗教性和伦理性，即通过生儿子实现家庭在祖先-子孙之间的连接，所以表现出很强的生育偏好。当然，华北平原农村在生育上的偏好并不全是宗教性和伦理性的，还表现出很强的社会性，即生育男孩主要是为了村庄社会竞争的考虑，"别人都有，我也得有"。

在皖北吕村，过去没有儿子的家庭会被称作"绝户头"，随之而来的就是成为"憋户""眼子"，就是村庄中不敢说话、没有话语权的一类人。因此，为了避免成为"绝户头"和"眼子"，很多村民都冒着违反计划生育的风险而超生，直到生出一个儿子或者多生几个儿子。因为皖北、豫东地区一直讲究"门头风"，即"门子"势力大才能不被别人欺负，而且"门子"大了，可以成为村庄中有威望的民间精英或者成为村组干部。在吕村，除了村书记是外来人外，其他的村干部如村主任、治保主任、会计等都是各个小组内"门子"势力大的人。"门子"势力大，说话做事才有分量，别人也才会听你的。"'门子'小的人是做不了村干部的，因为别人可以不听他的话"。由此，村庄社会结构中的竞争性压力使得农民家庭保持着较强的生育偏好，这其中既包含着对家庭延续的超越性追求，又有对村庄内部激烈竞争的回应。

华北平原农村对本体性价值的追求使得村民在生育观念上保持着较强的生男孩偏好，虽然有"生两个儿子哭一场"的现象，但为了能实现家庭代际再生产，农民家庭忍受再大的痛苦也要为其子代完成人生任务。这便对农民家庭经济提出了更高的要求，因为当前子代抚育费用和为其盖房、娶妻费用都在上涨，如果没有足够的财富积累，就很难完成小孩抚育等人生任务。在对本体性价值的追求和村庄社会竞争性压力下，华北平原的农民家庭形成了较为厚重的代际伦理责任，即要将子代抚育成人和为其完成结婚成家任务。家庭伦理责任主要就是父代家庭所要完成的人生任务，即要将子女抚养成人，并为他们盖房子和娶媳妇。

家庭伦理责任在农民内心中既是一种基于祖先、家族世系、血脉延续的先天性观念，也是在村庄社会生活中不断被强化的建构性观念，即一种是对祖先、家族的交代，一种是对村庄社会竞争的交代。前者是家庭内部对传宗接代和血系繁衍等本体性价值的追求；后者是村庄社会结构和社会舆论的压力，即要完成代际责任是村庄内部道德规范的要求，要完成人生任务、完成生养死葬。如果不积极完成、不积累财富，而在组成家庭后吊儿郎当，没有责任意识，就会受到村民舆论的压力，村民会认为其不成材。这也是村庄社会竞争的结果，别人家都过上了好日子，家庭生活水平高、和谐美满，如果自家生活水平差或者完不成任务，就会没有面子。进而，就会形成一种无形的自我道德谴责，形成巨大的精神压力。因为在小亲族型村庄中，村庄生活面向向内，村庄价值生产能力强，人们就会顾及村庄对自己的评价，并想在村庄面子竞争中取胜。这种村庄内部的面子竞争非常激烈，人们能感受到很多方面的竞争在家庭和小亲族中展开，尤其是住房等长期性的投资竞争异常激烈。

因此，华北平原农民家庭面临的人生任务压力之大和财富积累困难共同形塑了北方农民节余型经济态度和经济行为。如果没有很好的家庭经济基础去完成家庭伦理责任，北方农民就会觉得既愧对祖先，又在村庄社会生活中没有面子，从而承受巨大的心理压力和舆论压力。很多村民因为还没有完成子代结婚成家的任务，而“吃不好，睡不好”。基于此，华北平原农村要同时考虑两种结构性力量：一种是本体性价值，一种是社会性价值。本体性价值层面上要求村民要完成传宗接代和在此基础上的人生任务，不能只完成生儿子的任务，而没有能力去为儿子完成建房、娶媳妇的任务。在社会性价值上，主要是在日常生活层面和仪式性场合上的面子竞争，不仅要竞争有无完成家庭香火延续，还要竞争过日子的水平。这决定了华北平原农民的社会行为和经济行为都是指向下一代的，“恩往下流”，资源也往下流。这一双重结构性力量的存在，使得华北平原农民甘愿忍受巨大的代际剥削和不平衡的代际责任。

在北方农村的调查中，笔者能够明显感觉到农民家庭内部的代际不平衡，即父代对子代拥有无限的责任和义务，而子代对父代只是有限的责任和义务。北方农村的分裂型结构所产生出来的社会竞争，是所有家庭时时刻刻都能感受到的，这也构成他们奋斗生活的动力源泉。为了参与社会竞争，北方农民可以省吃俭用地将积累资源用于建房、用于补贴下一代。更重要的是，父代家庭愿意忍受这种代际剥削和较为勤俭的生活方式来完成人生任务，并且父代家庭对子代家庭的无限投入并不是基于代际经济交换的逻辑，即父代家庭不是为了在年老时获得子代家庭的经济赡养，才作出这种经济选择，也即不完全是基于养儿防老的目的。因为，很多子代家庭在成家立业后，父代家庭并不会停止劳动，停止对子代家庭的经济贡献，而是仍旧过着勤俭的生活和付出辛苦的劳动，为的是能多挣一点钱，为子代家庭分担负担。华北平原农村的老年人群体很少会为自己养老做财富积蓄，其所挣得的收入除了能满足自己的基本生计外，大部分还是要为成家立业的子女做积蓄。因此，农民家庭愿意承担如此之高的代际剥削也就不是出于经济理性上的算计，而是对超越性家庭伦理的追求。

概言之，华北平原农村所形成的社会性质和社会结构就决定了农民家庭的宗教性及伦理性，同时又具有社会性，这两者都意味着农民家庭要以家庭血系为主，减少个体性和自我性的存在与享受，从而决定了华北平原农民在生活态度和经济态度上的特征。

二、中部农村生活型经济

（一）生活型经济态度的特征与表现

在区域类型划分下，中部农村主要是长江流域地区和东北地区的农村。因为长江流域沿线地区农村的农民大都是移民，在自然灾害和战乱等因素影响下，人口流动大，东北地区农村之所以也划入这一类型主要是因为其移民历史较短，总体上都没有形成深厚的地方性规范，从而形成了不同于华北平原村庄的社会结构和社会性质，即分散型原子化村庄。在这种村庄性质下，农民家庭的生活型经济主要是指家庭在日常生活和闲暇娱乐中保持较高的生活享受需求，日常生活消费水平高，总体上形成了劳动生产上的较低忍耐度和高消费、高闲暇的经济结构。

上文提到，中国农民家庭整体上都会表现出勤劳经济的特点，不管是基于生存压力和匮乏压力而被动选择，还是基于生活需要和完成家庭伦理责任而主动选择，节余型经济和生活型经济的相通之处就是要通过农业生产和外出打工等劳动投入获取家庭收入积累，以满足家庭生计需要，还要满足家庭大宗消费需求，如建房、结婚娶媳妇以及大病花费等。但节余型经济是建立在相对低度生活水平满足基础上的家庭财富积累，而生活型勤劳是建立在相对高度生活水平满足基础上的财富积蓄和消费。

所以，虽然中部农村地区也属于勤劳经济的一种表征，但在对农民家庭经济进行全面的结构化分析后，就会发现节余型勤劳与生活型勤劳的不同之处。也因此，中部农村虽然也存在着村民在农业生产和打工经济上的辛苦劳动，但因为表现出与所挣得收入相对平衡的消费观念和现实，不同于北方农村所呈现出来的收入与消费、闲暇的不均衡配置，中部农村并不能成为节余型经济的代表，而只能成为生活型经济的代表。中部农村生活型经济态度的主要特征有以下几方面。

首先是对劳动投入成本和比较收益的理性算计。湖北马村所在的江汉平原是典型的鱼米之乡和粮食主产区，农户家庭拥有的田地面积大、土壤肥沃，马村平均每户家庭都有 15 亩左右的田地，水稻单产能达到 1200 斤/亩。即因为当地人均土地面积较大，农业生产还能为家庭经济带来一些贡献，大部分家庭的农业生产年收入能保持在两万元左右。冬播种植油菜和小麦的收入主要用于春播的各种成本开支，所以秋收时的水稻收入基本上就能成为家庭的纯收入。即便如此，当地村民只要有机会离开农业，就会将土地流转出去，主要是觉得农业生产不划算，投入大量的体力劳动却得来相对较少的收入，这是与外出打工收入进行收益比较。而且，很多村民都认为种田“太吃亏”，特别是在每年的 5 月份和 9 月份的抢收、抢种时间，劳动特别辛苦。大部分在家种田的农户都要在天不亮时就下田干活，回家吃完早饭后还要继续回到田里，一直干到晚上。虽然双抢时间只有半个月左右，而且当前机械化水平也越来越高，但大多数村民都认为承受不了这种高强度的劳动投入。

在外出打工上，该地区的农民也保持相对较低的劳动辛苦忍耐度，即当主观感觉劳动太辛苦时就会回家休息。对于就近打零工的村民而言，一天收入最少 100 元，马村村民都认识到这是赚取收入的好机会，因为"只要愿意做，每天都会有打零工的机会"，如到建筑工地上做小工，帮粮食贩子搬运粮食以及到修建"U"形渠的工地上做工。但就近打工的村民也不会为了一天 100 元的收入而投入太大劳动，遇到雨雪天气时自然不会外出，当主观上感觉身体太累时也不会继续打零工。在马村调研期间，很多就近打零工的村民基本上都是断断续续地进行，"做一天小工再歇一天""不能整天打工，那样就没有休息和玩的时间了"。到城市打工的中青年人也会经常选择休息，而且选择进城打工也是对农业生产劳动的一种逃避方式。马村七组的杨卫国，45 岁，有一个儿子正在武汉读大学，为了支付小孩读书的费用，杨卫国家里流转了一部分土地，共有 20 亩地。但杨卫国经常跟随亲戚出去打工，主要是不愿在家管理农田，"要整田、打药、除草，还要经常放水浇灌，打工就很省心，不用操心种田的事情，只要按时上下班就行，雨雪天还可以休息。而且在不同的城市打工生活很精彩，不仅吃得好、玩得好，还增长见识"。在与杨卫国访谈期间，他还给笔者看了他在贵州打工期间写的几首诗，主要是在打工清闲时写的。

挥手，挥手，父母回。回望儿女，父母泪。日日夜夜，盼下雪。风起，无痕，雨过天晴又一春，彩虹，无声，燕子南飞早早归。谁是谁的谁的谁？

雾朦胧，雨朦胧。三黎高速梦成功。马村的情，赵山的意。雷场的友，京山的儿。[①] 开辟贵州的山，唱响三穗的景。侗族的情怀在哪里，平树人民欢迎您。

① 赵山和雷场都是杨卫国所在马村的相邻村庄，京山是指荆门市京山县，杨卫国的儿子曾在那里读书。

雾朦胧，雨朦胧。风风雨雨盼黄昏。警示牌，黄头盔，中交二航车流中。路朦胧，心朦胧。一波又起一波风，谁知树叶落河中，任他漂流无影踪。

这样，外出打工就不只是一种农民赚取收入的途径，还是另外一种生活方式，这主要就是对农业生产和外出打工持有较低的劳动辛苦度所带来的行为选择。

中部农村生活型经济类型对劳动投入的较低忍耐度还表现在家庭生活消费和闲暇娱乐上，这也是区别北方节余型经济类型的重要指标。根据上文所讲，生活型经济态度主要讲究生活而非生计，农民家庭的积蓄也以生活消费为前提。也就是说，农民家庭的劳动投入是以消费为目的的，这不同于节余型经济以家庭节余为目的。当然，节余型经济也并不是终止于财富节余和积累，而要投入到家庭仪式性消费上，如建房、娶媳妇、人情交往和面子竞争中去。对于生活型经济态度而言，农业生产和打工经济首先都要满足家庭日常生活消费需要，如对衣、食、住、行、用等日常性生活的开支。生活型经济类型的重要特征就是在不降低生活水平的基础上实现积累，或者高度生活水平基础上的积累。在中部农村的调查中，可以明显感觉到当地村民在日常生活消费上的较大开支和对生活享受的追求。

在日常生活中，村民首先追求的是体面的生活，这不同于北方农村那种勤俭节约的过日子。大部分农户家庭在吃、穿、住、行、用上都花费较大开支，如每顿饭都要有三四个菜，还得有荤菜，男主人每天还要喝几两酒。很多家庭还要在年底宰杀一头年猪以制作腊肉，用于一年的食用。虽然中部很多农村经济发展水平总体上都比较落后，但在吃喝上却保持着较高水平，并认为“吃喝最实在”。像湖北省恩施土家族苗族自治州的农村，总体上属于贫困地区，但每家每户都要在过年时宰杀一两头年猪用于自己食用，猪很少进入到市场销售。这与其饮食习惯相关，更与其消费观念有关。中部农村家庭不仅在日常生活中保持着较好的饮食水平，在过年、过节以及红白喜事等仪式性场合上更注重吃喝标准。在湖北马村,每逢清明节、春节等重要节日,城里的亲戚朋友都要回到村庄,每家农户都要准备好酒好菜招待客人,大部分都要连吃几天。春节要准备更多丰富多样的食物,马村经济水平一般的农户都要准备 5000 元左右的食物,不仅要招待客人吃好喝好,自家人也要吃好喝好。在红白喜事以及过生日等场合,每户都要请最好的厨师来做饭,饭菜档次不能太低。红白喜事上的酒席档次要更高一点,每一桌酒席都得有三十多个菜,因为赶礼的人数太多,只能采取吃流水席的办法,基本上是一个小时吃一轮,然后再让座给下一批次前来赶礼的村民。

中部农村的农民在穿着上也很讲究,很多村民都经常到县城买名牌衣服,并认为"穿衣很重要,穿得光鲜、干净、整洁才是最重要的"。在农忙时间,村民都要换上稍微破旧的衣服下田,而当忙完田里的事情后就要换上正式一些的衣服。如马村三组的赵大叔,50 多岁,其在家耕种了 15 亩农田,在农忙时间的生产、生活都很有规律,大致上每天早晨都要到水稻田里走一圈,需要两个多小时。吃完早饭后一般会骑摩托车到镇上去购置相关农业生产资料和生活用品,如果没有需要购置的东西就会换上衣服和皮鞋到村庄大街和小商店转一圈,顺便还会玩几圈麻将。马村大部分村民的生活节奏都与赵大叔的类似,在日常生活中的吃穿上都很舒适。对于村民的穿着,一方面受外出打工的影响,很多中青年人在外打工几年后,都学会了城市人的生活方式,首先要穿得体面,所以,当外出打工群体回到村庄后,都会有很时尚的穿着,从而影响了其他群体。另一方面是本地村民自古以来就注重日常生活中的穿着,这成为村庄中有面子的基本标准。

生活型经济类型主要注重生活中的享受,这自然要求在住房、生活设施上要有较高水平。在中部原子化农村,大部分农民家庭都不会注重房子的外观和高度,而更注重房子内部的装修设计和电器设备是否充足。马村也是同样的现象,村庄中的房子基本上都是建于 20 世纪 90 年代,外表看上去已经有些破旧，但房子内部大都装修得很好，有吊顶、木地板、浴室、厨房等，内部装修结构跟城市房子基本一致。而且，大多数家庭都会购置一应俱全的家具和家电，如太阳能热水器、洗衣机、电冰箱等。这是生活型经济与节余型经济的重要区别所在，北方农村大都会将房子建得又高又漂亮，而内部却装修得一般。中部农村村民认为要享受生活，所以房子建得高矮都无所谓，重要的是要搞好房子内部的装修设计。另外，马村基本上每家都有摩托车，有不少家庭甚至有两三辆，这大大方便了村民到乡镇和县城购物。马村距离集镇 15 里路，距离县城 30 里路。村庄中的年轻人自然会经常骑车到官垱镇和沙洋县城去逛街、购物，中年父母也会到乡镇购置生活用品和生产资料等。笔者在马村调查期间，遇到一位 70 多岁的老年人，他每天早晨都要骑摩托车到镇上转一圈，不管有没有需要购买的东西，都要去集镇上转转。

闲暇也是生活型经济所追求的一种生活方式，即通过闲暇来获得生活满足和享受。北方农村因为有巨大的家庭伦理压力和村庄社会压力，村民很少主动将时间用于闲暇，而中部农村则有很多闲暇时间，即实现了劳动对闲暇相对较低的替代率。中部农村的农民在闲暇时间中的活动方式主要是打麻将。在参与人群上，不论男女老少基本都会打麻将，而且不同年龄群体和不同性别群体之间都可以坐在一张桌子前打麻将。在时间上，农忙时节会压缩打麻将的时间，农忙之后就要天天打麻将，很多村民都是在上午忙田里的农活，下午就要到村庄中的小商店或邻居家打麻将。在空间上，中部农村区域范围内都存在这种现象，如四川及重庆的农村，很多都是到茶馆里打麻将，东北农村打麻将的风气也很盛行，主要地点是村庄中的小卖店，而很少在家中玩麻将。在湖北马村，基本上家家都有麻将机，以前都是手搓麻将，现在电动麻将机越来越多。

打麻将这种闲暇方式不仅表现在日常生活中，即只要有空闲时间就会打麻将，还要在红白喜事等仪式上发挥功能，即家庭中只要来了客人就要招待客人打麻将，并找邻居来陪打。不管是日常生活中的麻将，还是特殊场合下的麻将，都要有货币现金参与。虽然农户之间玩的数额一般不大，而且有输有赢，但每个村民都不能拒绝参与麻将活动。如果拒绝参与，就会被其他村民认为太小气，从而显得没有面子。所以，中部农村大部分闲暇时间都用于打麻将上，并在这一过程中寻找到一些乐趣或意义。这影响到村民在劳动与闲暇之间的选择，首先是因为劳动所具有的辛苦和乏味特点使得村民的劳动辛苦承受度较低，村民宁愿打麻将也不会冒着酷暑到田里干农活或外出打工，而又因为有闲暇时间打麻将的诱惑，很多村民都会尽快完成农活而参与到打麻将中去。

闲暇成为中部农村日常生活中的重要组成部分，村民不管家庭经济条件如何，都会参与到不同水平的麻将娱乐中去。村民通过打麻将这种闲暇方式，一方面在输赢中获得喜、怒、哀、乐等情感表达，另一方面使得中部农村闲暇对劳动有较高替代率，这正与北方节余型经济类型相反。北方农村家庭为了实现家庭收入的最大化积累，而减少用于闲暇的时间，更不会在闲暇时间中消费现金货币。中部农村的生活型经济则追求的是当下短期的体验和享受，而打麻将这种闲暇方式即可以为村民提供这种载体。

综上所述，中部农村生活型经济类型的主要特征是追求日常生活中相对较高水平的消费需求，这主要通过较低忍耐度的劳动投入来获取家庭收入，并将之用于消费开支和闲暇时间中的花费，进而以此来获得日常生活中的享受和满足感。在劳动投入上，中部农村农户家庭不会无限制、无原则地在忍受较高辛苦度的情况下进行劳动力投入，而要对劳动投入的成本和收益做出理性算计，这是北方节余型家庭经济所不考虑的因素。因为节余型经济追求的是经济总量的增加，尽管劳动投入的机会成本很低，但只要有利于增加总体收入，就值得投入劳动。生活型经济因为要追求消费和享受，就不会进行高密度、高强度的劳动投入，只要所挣得的收入能满足短期内的生活消费需求即可。为了这一目的，甚至有农户在打零工挣得 100 块钱后，第二天就跑到茶馆中打麻将。等钱用完后再去打零工,然后再用于消费或闲暇娱乐。这种生活状态是生活型经济的极端情况,但也呈现出其为了消费享受而做出劳动投入的经济态度,进而影响到其在日常生活中具体的经济行为选择,即偏重于当下短期的消费享受,而缺乏对长远积累的预期和动力。因为抱有家庭收入能够满足当前生活消费的观念,所以就不需要忍受较高的辛苦程度去劳动,也要考虑劳动投入是否划算。

也就是说,生活型经济要在劳动与消费、劳动与闲暇之间保持平衡,而不是北方节余型经济那种高劳动、低消费与低闲暇的失衡状态。生活型经济态度追求的是劳动投入程度与消费满足程度相一致,劳动强度要与闲暇时间相一致,这成为中部农村生活型经济的核心特征。

所以,生活型经济态度在劳动-消费需求均衡点上的选择与恰亚诺夫理论也不一致。在小农经济理性选择下,当劳动投入的辛苦程度与获得收入的需求满足程度相一致时,农民就会停止劳动投入,这一均衡点位置就处于图 5-2 中的 A 点。这时劳动投入所获得的收入值为 A,当获得大于 A 的收入时,其劳动投入辛苦度就会大于这一收入的需求满足程度。而对于生活型经济类型而言,因为其追求劳动辛苦度与消费需求满足度的平衡,即同等劳动投入要换取同等消费需求,所以就不会忍受过高的劳动辛苦程度,而更倾向于选择通过较低的劳动辛苦程度来获取更高的需求满足。即在生活型经济态度下,农民家庭经济行为经常在没有达到劳动-消费需求均衡点时就停止了劳动投入,如图 5-2 所示中的 B 点。

(二) 生活型经济态度的社会伦理基础

农民家庭的生活型经济态度主要与中部农村的社会结构和社会性质有关。中部农村在日常生活中更注重当下生活的消费享受,缺乏长远家庭积累预期,劳动投入上的辛苦程度低,消费水平高,闲暇时间多,娱乐方式多样化,总体上表现出很浓厚的生活化气息。这种经济态度和生活态度的形成与中部原子化农村的分散型社会结构密切相关。中部农村在历史发展中形成了一种原子化状态的分散型结构,即由于村庄历史较短而

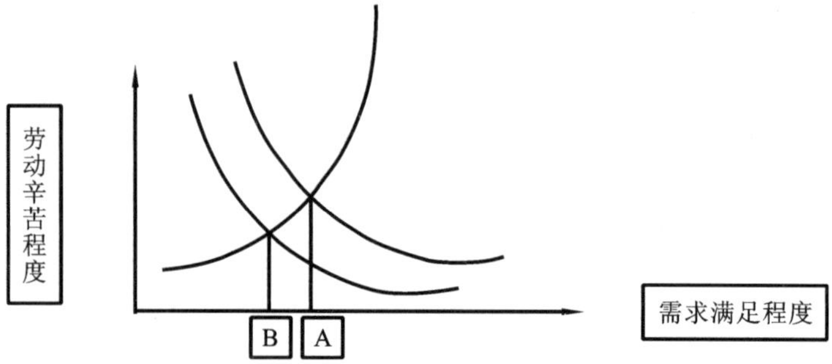

图 5-2　生活型经济类型下农民的均衡点选择

没有内生出强大的血缘结构性力量和规范，村庄基本的认同与行动单位局限在核心家庭层次，导致原子化程度很高。

从历史发展角度看，处于中部农村范围内的几个区域都是历史移民形成的，如元末明初的江西填湖广、湖广填四川以及“闯关东”等。再加上长江流域一线经常发生水灾，导致人口流动性较大，从而难以形成较为稳定和厚重的血缘关系网络，也没有在地缘上形成紧密的共同体。而且村庄中杂姓多，有的村庄姓氏有上百个，大姓一般有十几户，小姓都是三四户，甚至有的姓氏都是单门独户。这样，中部农村在历史发展中就没有形成强有力的结构性力量和地方性规范，从而导致村庄内部的价值生产能力较弱。

具体来说，中部农村的分散型结构使得农民难以形成厚重的本体性价值和社会性价值追求，从而影响到农民家庭的生活态度和经济态度。首先是中部农村的本体性价值淡薄，即没有像宗族型农村和北方农村那种具有超越性的伦理性和价值性追求，如祖先崇拜、鬼神信仰以及传宗接代、香火延续等观念。囿于历史短暂的原因，大部分中部农村家庭在家谱上都只能上溯到三四代的范围，关于家庭和家族的历史都很模糊。这种世界观表现出来的就是中部农村家庭只注重当代人的生活，而没有形成对祖先和子孙的双重责任义务，即对祖先要祭祀、对子孙要完成人生任务。也即没有形成对家族和祖先的历史记忆和社区记忆，没有“祖祖辈辈而来，子子孙孙而去”的历史感。

福武直认为，华中地区从任何意义上讲，都不存在村落共同体，由于缺少村有财产，宗族村落又极少，村落内部结合程度相对微弱，对外来者的排斥并不显著，村庄具有极大的开发性(李国庆，2005)。社会性价值淡薄主要是指农民家庭在村庄生活中并不注重其他人的评价，因为没有形成主导性的社会性价值和地方规范，每个个体都可以按照自己的规则去行动。甚至因为社会性价值的淡薄，村民难以形成朝向村庄内部的价值面向，而选择生活面向朝外，这进而导致村庄内部没有形成结构性的社会舆论，也自然没有社会层面的竞争压力。

中部农村的分散型社会结构使得农民家庭的宗教性和伦理性价值淡薄，首先表现在农民家庭生育观念上的开放。中部农村家庭因为没有传宗接代、香火延续这种本体性价值追求，没有对祖先-子孙的超越性想象，很多家庭都搞不清自己的祖先，也没有对家庭延续的超越性追求，所以农民家庭在生育偏好上不一定要生儿子，生男生女都一样，江汉平原农村还有农户说“生儿子是名气，生女儿是福气”。这一点显示出中部农村在生育观念上并不与传宗接代这种本体性价值相关联。同时因为村庄内部没有形成强大的社会性价值，社会竞争压力小，所以也就没有北方农村那种基于先天伦理性要为儿子完成人生任务的压力，不生儿子无所谓，生儿子后也不一定为其完成结婚成家的任务。而北方农村家庭必须要为儿子建好房子、积蓄彩礼以为其成婚，是在忍受巨大代际剥削的情况下实现代际资源的向下流动。

北方农村父母的这种巨大投入也降低了农村的光棍数量，在婚姻市场压力下，如果在就近的婚姻市场圈内找不到媳妇，就要扩大婚姻圈，而这需要经济基础做支撑。北方农村的低光棍率都是建立在父母这种伦理性基础上的劳动付出和经济积蓄。而中部农村的农民则没有这种伦理性压力，不完成人生任务既不会受到很大宗教性压力，也不会有很大的村庄社会压力。如果农民家庭条件不好，那就无法为儿子完成结婚娶媳妇的任务，就只能依靠个体自己的奋斗去挣钱。像东北农村所说的，一个人成为光棍主要是其个人不会“处”，四川农民说的是“不会耍”，湖北农民也认为是个体原因导致的，很少会将其归结到父母头上。实在不行，就选择做上门女婿，这也成为中部农村地区上门女婿比较普遍的原因。

除了中部农村宗教性和伦理性价值较弱外，农民家庭在生育上所持有的理性算计也成为影响农民家庭经济态度的重要因素。随着现代性因素和消费观念的影响，中部农村农民基于家庭客观需求也自动选择少生，因为多生就会增加家庭的开支和负担，实质上就是增加当代人的压力，就会透支其未来的生活消费能力。随着子女教育费用、生活费用的不断增加，村民更倾向于选择少生。家庭内部生育女儿，对当前父代家庭有几重益处。

首先是减轻家庭未来的开支，因为嫁女儿很容易，不需要耗费太多费用。而且生女儿还可以获得收入，这从“生女儿是招商银行，生儿子是建设银行”，“生了女孩打麻将，生了男孩去打工”等话语中都可以看出。其次，父母为女儿操心很容易，即人生任务容易完成。在女儿出嫁后，父母就可以保持较为舒适的生活状态，自己种田、自己赚钱、自己玩乐。有两个儿子的王村医感慨地说:“养姑娘好幸福啊！生儿子吃亏，生两个儿子更吃亏！同一辈人中，我最辛苦。那些有一个女儿的家庭，都在打麻将。村里独生女家庭很多，结婚时有钱多补、无钱少补，外孙和孙子是一样的，姓谁的姓都无所谓。”最后，女儿在出嫁后的生活状态要好很多。

因此，中部农村家庭在生育观念上越来越功利化，这是与这一代人追求当前较为舒适的生活状态相关联的。北方农村也明白生男孩、多生对于家庭负担的压力，但当代人会节衣缩食、辛勤劳作为子代积蓄财富，是一种恩往下流的无限责任模式。中部地区的代际关系也是针对下一代而努力，但其在代际传承中没有包含太多伦理性和责任意识，只是功利性地完成家庭再生产的任务，将子女抚养成人，为其操心、办结婚典礼，就算完成人生任务，在任务完成后就开始追求父代家庭的独立生活。湖北马村村民认为:“老年人到了 60 岁后就不再管儿子的事情了，因为已经完成了人生任务，就不再需要为其买房而操心，买不买房就不是老年人关心的事情了。”从这里可以看出，中部农村老年人的代际责任其实是有限的。

另外，中部农村农民家庭在生育观念上都要计算生育子女和抚养子女的高额费用及成本支出。从而使得年轻人群体不愿意多生，他们认为多生一个孩子的抚养成本高得吓人，是家庭所不能承受的，而且多养育一个孩子的高额成本会以牺牲父代家庭的享受为代价，从而论证这是不划算和不合理的。基于这种观念，农民经济行为在选择上就开始脱离辛苦劳作的考量，为了当下生活的悠闲自在和一个子女的高质量成长，何必再给自己增加无谓的经济压力呢。这种规避辛苦的观念实质上反映出的是另一面，即追求享受的观念。本来，生育抚养孩子是一种社会文化行为，大部分家庭内部只有在生育孩子的情况下才能完整，也具备乐趣，从而成为家庭进行经济活动和社会活动的动力。即使耗费当代人的辛劳也要将子女抚养成人，为其成婚完配。而在中部的原子化农村，生儿育女演变成完全的经济行为，在生育之前首先要计算成本，这种理性算计就已经不是伦理考虑，而是经济理性考量。

因此，中部农村因为没有厚重的本体性价值追求，没有对传宗接代和延续香火的宗教追求，所以就不会有强烈的生育偏好，这成为影响中部农村选择生活型经济态度的前提。同时因为村庄缺乏社会性竞争压力，农民家庭可以不在生男偏好上形成竞争，也就没有形成北方农村那种要为子女完成人生任务的强烈结构性力量和地方性规范。中部农村没有光宗耀祖的压力，没有社会竞争的焦虑，人人活得悠闲自得，这些造成中部人随遇而安的性格特征。

正因为中部农村没有强大的社会竞争压力，每个农户家庭都可以按照自身的经济条件来展开生产、生活逻辑，所以农民家庭不会在人生任务未完成时有巨大的经济压力和道德压力，也不会因为在农业生产和外出打工中不注重积累和积蓄而受到村庄舆论的谴责。所以，中部农村农民家庭就不会出现像北方农村那种代际剥削和代际失衡。父代家庭在尚未完成人生任务时总要进行劳动投入以积攒财富，但这并不影响其在日常生活中的享受。在完成人生任务后，父代家庭就开始为自己积攒养老费用，而不是像北方农村那样仍旧为子代家庭作出经济贡献。同时，中部农村家庭也不会通过改变个人在村庄结构中的位置来获得面子，可以按照主观需求来对劳动投入、消费需求和闲暇时间进行配置。因而大多数家庭不愿意参与到村庄内部长期投资性的面子竞争中去，而更注重将劳动辛苦所得用于短期消费，在当下消费和闲暇享受中获得面子，这样就不会造成劳动投入与消费需求之间、劳动投入与闲暇之间的失衡。

最后，人情往来上的交往态度也成为影响农民家庭经济态度的因素。中部农村因为原子化程度较高，村庄内部很难建立起像宗族地区和小亲族地区那种较为密切的血缘关系，村庄历史较短，也不可能形成较大的家族势力。因为姓氏众多，同宗同姓的血缘关系比较少，农民注重的血缘关系大都是三代之内的至亲，为了能够在村落社区中生存下去，必须扩展社会关系。这样，姻亲就自然而然被纳入进来，还要通过人情不断建构关系以维持个体在社会中的各种需求，再就是通过拟血缘关系的方式确立结拜关系。

因此，中部地区社会关系的主体就是依靠地缘关系和人情关系，而血缘关系只能发挥一种基础性的保障作用。在宗族地区和小亲族地区，农民寻求安全感和归属感的重要方式就是家族和亲族中先赋性的血缘关联。而在血缘关联较为虚弱的中部农村，只能通过建构后天性的地缘关联，从而形成农民在日常人际交往和社会关联中的基础关系。而建构后天人际关联的重要方式主要就是人情建构。在中部农村，家族内部的血缘亲属比较少，所以要走动的人情也相对较少，人情走动对象就主要集中在村落内部的亲朋和业缘关系上。而且人情走动的事项也很多，如基本性的红白喜事、过生日、考学、建房等。正是通过人情，中部地区的农民建构起可以“守望相助”的内聚性群体。而人情交往圈很大，自然也意味着农民家庭要维持较高的人情费用，这成为家庭经济投入的重要组成部分。

概言之,生活型经济态度和行为选择是嵌入在村庄分散的社会结构中的,农民家庭选择劳动与消费均衡、劳动与闲暇均衡的资源配置方式。这主要是基于中部农村社会没有形成较厚重的本体性价值追求,同时村庄社会性价值较弱,使得价值生产能力弱、村民价值面向指向村庄之外。这都使得农民家庭在村庄经济社会生活中不会面临先赋性的伦理责任和社会竞争压力,从而在抚育子女、完成人生任务以及村庄面子竞争中没有过高的经济负担和压力。进而,就更倾向于将劳动所得收入用于当前的短期消费支出,如日常生活中的衣、食、住、行等需求,达到劳动投入与消费需求满足之间的均衡。因此,对中国农村来说,华北地区农村均衡点最高,即农民家庭对劳动辛苦的承受能力更强;华南地区农村均衡点次之;中部地区农村的均衡点最低。

如图 5-3 所示,横坐标代表农民家庭在付出劳动后的日收入水平,假设点 A 代表 60 元,点 B 代表 80 元,点 C 代表 100 元。曲线 ab 代表为获得相应的家庭收入而付出的劳动辛苦程度,cd 代表获得相应家庭收入的需求满足程度或者边际效用水平。这样就出现了三个均衡点,即在三种不同的日收入水平上作出对劳动投入和消费满足的选择。如当均衡点在 A 点时,一天 60 元的收入水平对农民家庭来说能够满足其相对较高的消费需求,当通过继续劳动来获取多于 60 元的收入时,假如在 B 点,那么其所投入的劳动辛苦度就会大于需求满足度,或者说农民家庭要通过忍受更加辛苦的劳动来获取边际效用递减的需求满足。这就意味着劳动辛苦与需求满足之间的不均衡,因而农民就不会为了挣得一天多于 60 元的收入而投入劳动。

这种经济类型正是中部农村生活型经济态度所作出的选择,即均衡点较低,甚至会在低于 A 点收入的情况下就会选择停止投入劳动。因为,当日收入水平低于 A 点时,农民家庭可以通过很低程度辛苦的劳动而获得较高边际效用的需求满足。当均衡点位于 C 点时,这意味着农民家庭要投入更多的劳动来获取每天 100 元的收入,这种劳动投入辛苦度

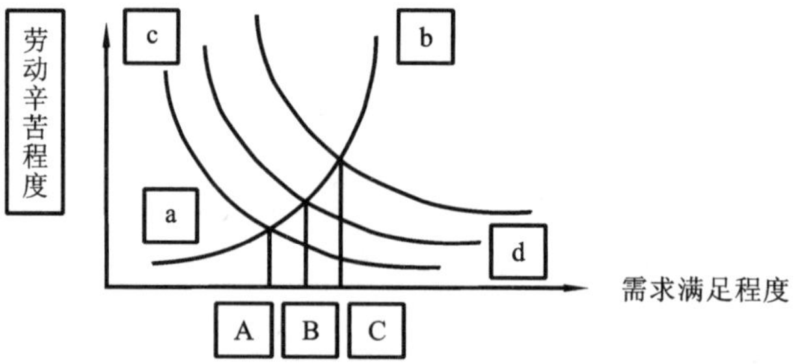

图 5-3　农村区域划分下的均衡点分布

是远远大于获得 60 元收入辛苦度的。而且，农民家庭还可以继续投入劳动以获取多于 100 元的收入，但这代表着多投入的劳动将换来边际效用递减的需求满足程度，而这正是节余型经济态度所作出的行为选择。

三、阶层分化视野下的家庭经济选择

上文主要从区域比较的视角讨论农民家庭经济态度和行为选择上的差异，而具体到普遍性的村庄内部，不同农民阶层之间也会在经济态度和经济行为上有所差异，其对待劳动投入、消费支出以及闲暇娱乐的态度会有差别。即不管是节余型经济农村还是生活型经济农村，村庄内部都会出现不同阶层在经济态度和行为上的差异。本节主要分析农村社会中出现的阶层分化现象以及在此基础上形成的不同阶层的经济态度和行为选择。

农村阶层分化是社会分层的一种表现形式，标准有很多。按照西方理论，社会分层的标准有马克思的阶级理论，马克斯·韦伯的财富、权力和声望等分层标准。改革开放后，由于政治、经济和人力资源等的差异，以及把握市场机会能力的不同，逐渐形成了具有不同特征的群体（万能，原新，2009）。中国学者也对农民阶层分化做出了很多研究，如陆学艺、张厚义（1990）依照职业、使用生产资料的方式和对所使用生产资料的权力，将改革开放以来的农民分为农业劳动者阶层、农民工阶层、雇工阶层、农民知识分子、个体劳动者和个体工商户阶层、私营企业主阶层、乡镇企业管理者阶层、农村管理者阶层等8个阶层，这一划分由于比较切合当时我国农村的实际情况，得到了多数人的认可。进入到20世纪90年代，随着农村社会的发展变化，陆学艺(1991)又修正和调整了对农村社会阶层的划分，将农村划分为10个阶层，即农村干部、集体企业管理者、私营企业主、个体劳动者、智力型劳动者、乡镇企业职工、农业劳动者、雇工、外聘工人、无职业者等。

还有学者按照收入标准对农村阶层进行划分，如唐忠新(1998)将中国农民分为新富阶层、中等收入阶层、贫困者3个阶层，主要是根据收入这一标准进行划分的。杨华(2013)认为，改革开放以来，农民由清一色从事农业劳动、收入水平相对平均的群体，分化成经营多种职业、收入差距不断加剧的不同阶层。农村阶层分化是指固守在土地上的农民大量转移到国民经济的其他领域，从而改变自己的社会身份，成为其他身份主体的过程。在当前，随着农村形势的变化，有不少学者对农民与土地关系做出了进一步研究，并在此基础上分析农民阶层的变化。陈柏峰(2009)根据农民的经济状况和就业状况，将农民阶层分为5种类型，即外出经商阶层、半工半耕阶层、小农兼业阶层、举家务工阶层、村庄贫穷阶层。贺雪峰(2011)也根据农户与土地的关系将税改后的农民阶层划分为脱离土地的农民阶层、半工半耕阶层、在乡兼业农民阶层、普通农业经营者阶层和农村贫弱阶层等。杨华(2012)讨论的是当前土地流转对农村阶层的影响，由于职业分化导致不同职业农户之间的土地流转，进而会对农村阶层产生影响，根据土地耕种及家庭收入情况，将农村阶层分为精英阶层、中上阶层、中农阶层、中下阶层和贫弱阶层。总体来说，改革开放以后，因为人口流动和职业分化，农民群体由过去较强的同质性群体转变为职业、身份和收入等异质性较强的群体。

本书主要以农民家庭经济收入为标准来分析农村阶层分化，并根据不同阶层在村庄社会中的结构性位置将农民阶层分为上层阶层、中等阶层和下层阶层。本书所讨论的农村阶层分化主要是指不同农户家庭基于经济条件和收入水平的差异，而在村庄内部形成的不同的经济社会结构性位置，并在此基础上表现出不同的经济态度和资源配置方式。

一般来说，村庄中的上层阶层都是精英群体，如政治精英、经济精英和文化精英等。上层阶层的核心特征是收入来源较多且稳定、有保障，该阶层一般都具有较丰富的社会资源和社会资本，主要是通过经商、开厂以及通过灰色利益等途径获取收入，一般年收入都能在十万元以上甚至更多。因此，上层阶层基本上不会进行农业生产或打工等需要付出较多辛苦劳动投入的经济活动，所以村庄中的上层阶层不仅收入丰厚而且经济压力较小，这是决定其经济态度和行为的关键因素。在农村调查期间，每个村庄都会有这样的上层阶层，不同的只是所占比例的多少。如东部沿海农村因为经济发达，村庄中的富裕群体或富豪群体较多，而中西部农村地区则只有少量富裕阶层。在安徽吕村，村庄中的上层阶层主要是在村庄中开面粉厂的人以及在其中入股的村民，还包括在合肥、南京等地经商做生意的村民群体。另外，上层群体中还有那些从事经济作物种植或家畜养殖的农户，如从事苗木、蔬菜等高附加值作物的种植。

案例 1。与吕村相邻的光明村村会计雷明，56 岁，家有 12 亩地。因为当会计而无法外出打工，更因为需要在家带孙子，因此依靠土地谋生是他唯一的选择。为了获取更高的收入，他在 12 亩地中全部种植了苗木，均是多年生的灌木，如冬青球、白玉兰等，目前已栽植了三年，地里的农活主要由雷明和妻子承担，自己育种、自己栽培。

种植经济作物首先需要大量投工，雷明两口子经常要在地里忙活。其次是大量的资本投入，前 3 年平均每年投入 2 万元，特别是化肥与农药的投入。而劳动与资本的密集投入也会带来高额的回报，据雷明保守估计，12 亩苗木的毛收入能达到 100 万元以上。

前徐组的徐贵仁在新村开饭店，也曾投资种植苗木，他与同村的徐传利合作，从大户手中转包了 45 亩土地，自己负责 10 亩地，用来种苗木，徐传利负责 35 亩地，种植大棚蔬菜。徐贵仁的 10 亩苗木主要是大乔木，如桂花、槐树等七八个品种。光明村还有一位养殖大户，即邱西组的邱志，44岁，他的养猪场占地10亩，装设有温度控制、监控系统，在栏的能繁殖母猪达到103头，最多时在栏育肥猪达到上千头，这种规模已经达到了国家扶持的大户水平，也因此获得过国家补贴。[①]

中等阶层的收入一般在村庄中处于中间水平，该阶层的村民通过外出务工经商或者流转土地获得较多的收入。当前形势下，村庄中等阶层主要有两种类型：一种是完全外出打工的家庭，通过夫妻外出打工或者未成家的子女也在外打工，可以获得5万元左右的年收入甚至更多；另一种是在家半工半耕，流转较多的土地面积，同时又在农闲时外出打工或做零工，年收入也能在5万元左右，这也与上文所讨论的中农群体相吻合。在湖北马村，在同样都有外出打工收入的前提下，种田多少成为衡量家庭经济收入高低的最重要指标。因为土地在当地家庭中的配置相对均衡，户均土地都集中在10亩左右，所以经济水平就相对集中和接近，不会出现太大分化。

但是村庄中仍然有不少人处于中等阶层，主要有四种类型。一种是靠外出打工获得较高收入，主要靠年轻人在外有较为稳定的工作，并能存下钱，这样就可以依靠一对年轻夫妻的收入在城里买得起房子。第二种是通过税费时期捡田或者当前流转土地，形成了20亩左右面积的土地规模，主要以务工为主，同时在农闲时进行兼业，就可以达到年收入5万元左右的水平。第三种是包田大户，只要有足够大的包田面积，年收入水平就必定很高，生活水平也就自然处于村庄的较好位置，能够盖起新楼房，进行较为舒适的家庭生活和村庄社会生活。第四种是家庭中有10亩左右土地的家庭，同时有一定手艺可以获得较好的副业收入，如瓦工、钻井以及抓龙虾等。

总体上，村庄中的中等阶层通过较好的务农和务工收入可以应付家

---

① 陈靖，皖北光明村村治模式报告，2012年。

庭日常开支和仪式性开支，小孩读书、盖房以及结婚和养老等问题都可以很好地应对。但对于中等阶层来说，其位于村庄社会结构中的中等水平，面临着贫弱阶层的追赶压力，同时也要不断通过努力来改变自身位置，像上层阶层看齐，所以压力最大，也有付出劳动的动力。

下层阶层一般是村庄中收入水平较低的群体，依靠种几亩地或者外出打工挣得收入。主要是因为家庭劳动力有限，不能耕种太多土地，或者家庭中常年有病号、残疾者以及好吃懒做者，没有很好的社会资源进入城市谋得一份好工作，使得收入少、开支大。这使得下层阶层的经济态度不能和中等阶层的比，因为他们没有中等阶层所具有的社会资源，虽然在村庄中有压力，但没有能力去改变，长期下来就没有了动力。下层阶层在村庄社会竞争结构中，因为主客观等原因影响，很难依靠社会资源等实现结构性位置的改变，所以也会选择较低水平劳动投入上的较低消费开支和享受。下层阶层在总体上的收入-支出结构是平衡的，要实现结构性位置的改变，只能依靠子代。

从以上可知，因为村庄中的上层阶层、中等阶层和下层阶层在社会资源占有、收入情况、消费需求等方面存在很大差别，所以不同阶层在村庄社会中表现出不同的经济态度和经济行为。总体来说，因为农村社会中不同阶层所处的经济条件、地位和结构性位置不同，其面临的家庭经济压力不同，在劳动辛苦程度与需求满足程度之间得出的均衡点也不同，也即劳动对闲暇的替代率不同。因此，对处于同样人生阶段的不同阶层来说，其面临的经济压力不同、所追求的劳动投入与消费需求均衡点也不一样。上层阶层因为具有较稳定和有保障的经济收入条件，可以保持较高的日常生活水平，又可以比较容易地完成各种家庭人生任务，所以上层阶层的经济压力在村庄中是最小的，这决定了其对劳动投入、消费支出以及闲暇娱乐上的经济态度。因为可以通过较好的社会资源途径获得经济收入，意味着上层阶层不用付出太多的劳动投入就能保证收入来源，而且还可以将挣得的收入充分地用于家庭日常生活开支，在衣食住行用等方面都显得比其他农户阔绰大方，也可以举办很体面的各种仪式。

如湖北马村的刘玉元，家里有一台常年对外出租的挖掘机，还承包了农场的100多亩土地，这使得其家庭年收入能在10万元以上，从而在村庄中的经济生活水平最高。而且，因为出租挖机生意较好，种田也有一定收入，所以他就很少自己劳动。在挖掘机出租上，刘玉元负责接生意，然后雇人开挖掘机。在种植土地上，也是全部用机械如插秧机、收割机、整田机等进行，在不能用机械的事项上如打农药、除草和灌溉上，就专门请人，一天工资就得支付100元甚至更多。

所以，像刘玉元这种村庄中的上层阶层，其在劳动方面是不需要也不会投入太多劳动的。在消费方面，他虽然像大多数农户一样没有在村庄中盖新房，但却在儿子结婚成家时将房屋内部进行了装修，基本上达到了城市居住水平，而且还配备了很完善的家具、电器等设备，另外他还在荆门市购买了价值近50万元的房产。因为有较好的经济实力，所以就很容易为其儿子完成成家任务，办酒席时就可以到镇上最好的餐馆，每桌标准都能定到六七百元，也可以办得起五六十桌的酒席规模。

在闲暇方面，上层阶层一般都是村庄中的精英阶层，这决定了其社会活动圈子里都是不同的政治、经济精英，从而需要投入很多时间进行社交应酬，这使得上层阶层都有很多闲暇时间。如刘玉元因为在出租挖掘机和种田上都可以请人，就可以腾出时间到镇里打麻将，或者到县城“谈生意”等。所以，村庄中的上层阶层能保持比较宽裕和消遣的经济态度，因为经济条件较好，就不需要忍受较高的劳动辛苦程度，并且能够保证较充裕的消费支出需求和较多的闲暇时间。即村庄中的上层因为具备较好的经济条件和收入来源，所以可以通过较低的劳动辛苦程度来获取较高收入，其均衡点也较低。

村庄中等阶层一般经济条件处于中间状态，一方面存在着一定程度的家庭经济压力，因为中等收入水平还不能充分地保证家庭过上较为舒适的日常生活，而且在完成家庭人生任务如盖房和为子女结婚成家等方面有巨大压力，这都缘于中等阶层的收入水平还不能完全承担起家庭内部的各种开支消费需求。另一方面，中等阶层还要保持在村庄经济社会结构中的中间位置，甚至还要往上走、向上层阶层看齐。这两个方面共同决定了村庄中的中等阶层要通过更加勤劳努力的农业生产和打工经济来积累家庭财富，以获得支撑家庭日常生活开支和大宗消费开支的经济收入。

所以，中等阶层的经济态度就不同于上层阶层。中等阶层要有较高程度的劳动投入，这是中等阶层维持农民家庭经济的前提，不管是在农业生产活动中，还是在外出打工中，都要投入较多劳动力。如上文所讲的在村庄流转中等规模土地面积的"中农经济"，要想获得较多收入，就需要减少资本投入而增加劳动投入，实现劳动对资本的较高替代率。

在湖北马村，中农群体在农业生产上基本上都是自己劳动，家里也配置有拖拉机、插秧机等机械，可以耕田、整田和机插秧，也可以用来运谷。这样就能基本上不请工，机械上只请收割机。通过外出打工而获得中等年收入的群体也会保持很辛劳的工作，如马村在外打工的工作基本上都是在服装厂里上班，要想增加收入，首先就要保证劳动时间，很多中青年人的工作时间都是 12 个小时左右，并经常加班。不仅如此，还要在生活中节衣缩食以积蓄下大部分工资。只有通过这样辛苦的劳动投入，才能支撑起中等阶层农民家庭在村庄社会生活中的较好水平，也能在村庄中获得面子。如马村一组的周明家，去年刚盖起来两层新楼房，花费 20 多万元。这主要依靠周明在家种 20 亩田和一家三口外出打工的收入积攒。

所以，在农民家庭面临相同人生任务时，村庄中等阶层群体要付出更多的劳动投入，甚至是不计成本的劳动投入，以获得家庭经济总量的增加，并且要保持适度节俭的家庭日常生活消费开支。中等阶层因为面临的经济压力较大，也不会花费太多时间用于闲暇，甚至在劳动投入的机会成本较低时也不会选择"被动闲暇"。这决定了中等阶层要忍受较高的劳动辛苦程度和较低的需求满足程度，从而使得劳动-消费需求的均衡点很高，即意味着当劳动投入的边际效用很低时，还是会选择继续投入。

下层阶层因为家庭客观条件或主观条件的限制，经济收入较低。一方面家庭劳动投入难以挣得较多收入，如农业生产中因为没有太多土地或劳动力，即使再投入辛苦劳动，其收入也仍然很低。如马村七组的小刘家，小刘 45 岁，其妻子属于智力残疾人，基本上不能参加体力劳动。其家中只有 3 亩土地，小刘在这 3 亩地上可以说是精耕细作，种植的水稻产量能达到亩产 1500 斤，远远高于其他农户，但仅凭如此少的土地也不可能获得很多收入。在外出打工上，下层阶层因为没有有效的社会资源和社会资本，很难获得稳定且收入较好的工作，大都是到工地上做体力重且收入低的工作。

因为下层阶层的收入条件有限，这就决定了其在日常生活消费中的拮据状态，只能保持收支平衡。如果家庭中再有大病患者，则下层阶层就会走向收不抵支的家庭经济状态。在村庄社会经济结构中，下层阶层自然面临着很大的竞争压力，其也会想方设法地改变自身的结构性位置。但因为各种条件限制，下层阶层即使再如何投入辛苦劳动，也不会实现经济水平的很大提高。也就是说，下层阶层因为不具备获得相应劳动投入的收入条件，所以其劳动的辛苦度投入在一定程度上不会改变其边际效用。多投入劳动与少投入劳动对农民家庭经济的影响不大，这决定了下层阶层在经济态度上会选择相对均衡的劳动投入与消费需求，从而使得其均衡点位于上层阶层与中等阶层的中间状态。

阶层分化后，不同农民阶层所选择的经济态度和行为不同，主要是因为村庄内部存在着社会竞争。不同阶层之间、同一阶层内部家庭之间的社会性竞争非常激烈，村庄内部各个阶层都有强烈的地位焦虑与地位恐慌，生怕自己在竞争中处于劣势，被村庄社会“甩”出去，而处于中、下阶层农民的地位焦虑尤甚。下层阶层和中等阶层还是希望能通过勤劳劳动以改变家庭经济状态，从而改变家庭在村庄社会中的结构性位置，因为村庄仍然是大部分人生产、生活和休闲以及获取意义价值的场域。不同阶层的村民还是要在村庄中"确认自己的位置，定位自己的身份""各阶层注重与其他阶层、家庭的区隔，或者至少不落后于其他阶层和家庭，主要表现在居住地选择、子女上学、休闲及人情上"(杨华，欧阳静，2011)。

因此，不同阶层就会在村庄社会竞争中产生身份、地位的焦虑感，会产生对未来地位提升的渴求与担忧，对未来的不确定性与地位下降有恐慌感和焦虑感，杨华(2013)在这一基础上讨论的是不同阶层的地位焦虑感差异。拥有更多物质资源、机会资源和社会关系资源的上层阶层农户，其地位焦虑感较少，而处于下层阶层的农户则因各方面资源的缺少，其地位焦虑感就会更强烈。这些阶层的农民使出浑身解数释放焦虑，其中一个很重要的途径是家庭内部的代际分工与代际剥削，在这个过程中，老年人被利用、被忽略或被遗弃，并在村庄去道德化中最终走向自杀。杨华(2013)通过阶层分化分析认为，农村代际之间的紧张关系是导致老年人自杀这种社会现象的主要原因。而具体到农民阶层分化中，为村庄社会性竞争的压力和村民对地位身份获取的焦虑感，决定了农民在家庭经济中的经济态度和经济行为选择。

第六章 小农理性变迁下的农民家庭经济

在农民家庭逐渐走向分散的原子化状态时，村庄社会已经没有了形塑舆论压力的能力和结构，所以这就对农民家庭在社会层面上的竞争产生了影响，进而就会影响到农民家庭的经济行为。

农民家庭的经济态度和经济行为与小农理性密切相关。根据前文的讨论，农民经济理性和目的理性共同形塑出中国农民的勤劳经济特征。其中，经济理性主要是指农民家庭在生存匮乏和生计压力下进行的资源配置，并形成了农民家庭在经济意义上的“勤劳”。因此，农民家庭在收入来源上必须由农业收入和务工收入两部分组成，为了保障家庭基本经济生活，必须最大化利用家庭劳动力。目的理性主要是指农民家庭伦理责任和村庄社会结构对农民经济态度和行为的影响，并在总体上形成了文化意义上的“勤劳”。而且，农民家庭所表现出的不计成本的劳动投入、高投入和高积累以及低消费和低闲暇的经济态度主要是由农民的目的理性决定的，即目的理性会导致农民家庭即使不存在生计压力，也会保持这种经济态度。这就是在第三、四章所讨论过的农民家庭伦理责任和村庄社会竞争结构，这种超越经济性的理性使得农民家庭可以忍耐较高的辛苦度，并能在维持较低生活需求基础上实现家庭财富的高度积累。

但在当前形势下，农民家庭的经济态度和经济行为已经发生了很大变化，如农业生产中开始降低劳动力投入和辛苦程度，在消费主义观念影响下，更加注重当前的短期消费。打工经济中开始注重将挣得的收入用于消费和娱乐，农业生产和打工经济中开始计算劳动机会成本，将劳动力价格作为会计成本计入农业生产核算，并作为是否投入劳动的经济标准。如果打工一天或打零工一天的收入有 100 元，就会将一天劳动的价格定位在 100 元，也即只有当劳动一天能够赚到 100 元时，才会投入劳动。如果不能达到 100 元，就不会投入劳动，而选择被动闲暇。也就是说，农民家庭不会再“无原则”“无底线”地进行劳动投入以获取边际效用较低的收入，而是更加注重劳动力边际机会成本，并改变了传统省吃俭用的消费观念，认为农业生产和打工经济所挣得的收入就是为了当期消费和闲暇。

而农民家庭经济态度和行为的变化主要与其理性变迁有关，即经济理性凸显、目的理性弱化。这里所说的经济理性凸显不同于之前传统时期在生计压力和生存匮乏客观环境下所作出的行为选择，而是在经济成本核算基础上所作出的行为选择。经济理性凸显还表现在农民家庭在打工经济和城市消费文化影响下呈现出来的消费主义观念和经济态度。目的理性弱化主要是指农民家庭在伦理责任上的约束减弱，即不一定尽全力积蓄家庭财富以为子女完成人生任务，而是表现出对当期生活享受的追求。另外，村庄社会性竞争压力减小也是影响农民家庭目的理性变迁的重要因素，而且村庄社会内部的竞争更多的由之前注重道德竞争转变为纯粹经济竞争，而道德竞争下农民的经济行为并不起决定作用。因为农民家庭要在村庄社会竞争中不至于落后，就不仅要考虑经济理性上的辛苦劳作，还要在基本经济需求满足后继续完成家庭伦理层面上的责任，这样才能在村庄社会竞争和经济分化中处于中上层。而当前道德、道义竞争不断弱化甚至消解，经济层面上的物质关系和货币获取成为唯一标准，这些都已经脱离了目的理性的范畴。

本章即主要分析当前小农理性变迁背景下农民家庭经济态度和行为所出现的新变化，以及小农理性变迁的主要影响因素。

一、劳动伦理观变迁：伦理规范弱化与消费经济指向

（一）勤劳经济态度变迁

在勤劳经济态度下，农民家庭基本上都会选择不计成本的劳动投入、转低的日常生活消费以及劳动对闲暇高替代率的经济态度和活动。农民家庭经济活动的主要目的是挣得家庭收入、积累家庭财富，从而能够满足家庭基本的日常生活开支和大宗消费开支，而大宗消费开支如建房、结婚以及预防大病等是主要开支。也就是说，农民家庭经济是基于消费需求基础上作出的行为选择，但农民家庭的消费行为并不是为了钱财而去获取钱财，不可能只是为了消费而去获取消费能力，而只是将其作为一种获取美好生活和完成家庭伦理责任的方式，这背后就一定要有某种伦理和美德。具体来说，农民家庭经济活动所指向的伦理和美德就是建立在家庭责任基础和村庄社会竞争基础上的资源配置行为，即家庭伦理责任和

社会结构性竞争决定了农民家庭的生产行为和消费行为。传统时期农民家庭经济行为选择是围绕整个家庭进行的，是为了儿子或者是完成家庭内部的代际再生产，从而实现资源向下流动，所有的经济活动都围绕此展开。虽然很多时候劳动辛苦程度很高，但因为有家庭伦理责任的支撑，农民对劳动辛苦程度的忍耐力就继续存在，而不会出现终止农业生产的行为。

而在当前打工经济兴起和城市消费文化影响下，农民家庭的勤劳经济态度和行为选择都已发生了改变，即对劳动辛苦程度和消费满足程度的主观体验出现了变化。如农民过去愿意做一天挣 50 块钱的工作，在同等购买能力的情况下，当前就有很多人不愿意做这种工作，而宁愿打麻将或选择其他消遣方式。还有，农民家庭经济理性的均衡点出现变化，即农民在进行理性算计后开始降低劳动辛苦程度，家庭经济行为所具有的责任伦理下降，而个人享受开始凸显。如四川农村的农民宁可打麻将，也不会顶着酷暑外出务农或务工。即因为社会文化因素的变化，农民经济理性行为也发生了变化，“以前做一天工可以有所收入，现在还不如打麻将”。这样，农民家庭的劳动伦理观就发生了变化，即农民家庭劳动背后的伦理和美德逐渐弱化甚至消解，而更多的是追求个人消费享受。

陈柏峰(2010)也讨论了当前中国农村出现的劳动伦理异化现象。他主要是从农村妇女从事性工作中的去道德化评价，以及青年男性的混混化来讲劳动伦理观扭曲，认为劳动伦理观的异化使得自古以来形成的勤劳致富、劳动光荣的道德话语被解构。而市场经济和消费主义兴起更加改变了人们的行为伦理，人们想法设法挣钱，钱和消费能力日益成为衡量人们社会地位和生活意义的主要标准。而这就是小农理性的变迁，金钱和消费代替闲暇和劳动成为人们展现生活意义的工具，但钱财和消费并不能代替人的生活意义本身。这种消费主义经济态度接近于西方人的行为理性，跟费孝通先生在 20 世纪初所讲的类似，即“在西洋的都市中，一个人整天地忙，忙于工作，忙于享受，所谓休息日也不得闲，把娱乐当作正经事做，一样累人，他们好像不花钱得不到快感似的”（费孝通，张之毅，2006）。这实质上就意味着手段与目的之间的本末倒置，这还与资本主义初期阶段拼命挣钱的清教徒不同，初期阶段是高生产积累、低消费享受的，都是在天职观基础上进行荣耀上帝的经济行为。

劳动伦理观的变迁主要是对农民家庭劳动投入态度和消费态度产生影响。在劳动投入上最明显的变化就是开始考虑劳动投入的边际效用，即不管是农业生产劳动还是外出打工劳动，都要考虑这种劳动投入所付出的机会成本和边际收入情况。如果在农业生产劳动或外出打工劳动中所获得收入的主观评价低于所付出劳动辛苦度的主观评价，那么农民就会考虑选择退出农业生产活动或更换工作。当前农业生产活动中主要出现了粗放经营、流转和抛荒等现象，农民家庭不会再像以前那样进行精耕细作、投入大量过密化劳动力。这种行为选择一方面与农民家庭在劳动伦理观上的变迁有关，即不认为这种边际效益较低的劳动投入能有助于家庭经济条件的改善或有助于增加家庭财富的积累。另一方面是与农民家庭开始考虑农业生产的机会成本和比较收益问题有关，即认为农业生产这种经济活动收益远远不及外出打工，因为相对来说，外出打工的劳动投入没有务农辛苦，且挣得的收入高于务农收入。

打工经济兴起之前，土地是唯一的收入来源，农民不会计较其单位劳动日的产出和收益是否最大化，遂出现过密化现象。随着城乡统一劳动力市场的建立，劳动日可以折算成货币，劳力可以从土地上转移出去，人们开始改变以往过密化的生产模式，不仅仅考虑农业收益最大化，还会考虑单位劳动日投入的收益。随着打工带来的劳动力增值和劳动力转移，人们便不再不顾劳动力投入农业的边际收入递减效益（郭俊霞，2010）。于是便出现了农民家庭在务农和务工之间的行为选择替代。

还有一种是农民对兼业的经济态度变化。自古以来，农民家庭的主要收入来源就是农业生产，兼业机会很少，而如果出现一点兼业机会就会立即投入劳动，而很少考虑主观辛苦度，只要每天都能挣得收入即可。而当前随着外出打工机会和收入的增多，一部分农民就开始产生比较收益的观念，如外出打工一天的收入是 100 元，如果低于 100 元就不从事这项工作或劳动。因此，在具有兼业和外出打工同样的机会条件下，农民就不会选择建筑队中兼业的小工工作。

而且，农民家庭不仅会对务农、务工和兼业等劳动机会进行比较，还会考虑每种劳动过程中的劳动辛苦程度。即如果每天都有很可观的劳动收入，但农民家庭还是会考虑在劳动与消费、劳动与闲暇活动之间作出平衡选择。笔者在湖北马村调研时发现，当地村民有很多打零工的机会，主要是房地产开发和水利等基础设施建设需要大量劳动力，小工一天的收入是 120 元，大工收入在 200～250 元。这样的收入条件对村庄中大部分中青年劳动力来说是可以接受并具有很大诱惑力的。

在调查期间，马村很多村民都是早晨骑着摩托车到乡镇建筑工地或水利建设工地工作，下午五点左右回家。这样一天就有了 100 多块钱的收入，但即便收入条件可观，而且很多村民的劳动体力也可以承受，但仍然有一部分人是出工两三天、休息两三天，而且休息期间都是在村庄中的小商店或其他村民家打麻将。这种行为选择并不是基于劳动投入的边际收入，而是要在劳动与消费、劳动与闲暇之间追求平衡。很多村民对笔者说："一天 100 多块钱的收入是很不错，但不能天天干活，还要懂得生活和享受"。意思即如果只追求积累财富而不去消费享受是没有意义的，皖北吕村村民也持有相同的观点，即农民家庭一方面要通过辛苦劳动来获取收入，另一方面要将挣得的收入用于当下消费和生活享受。这种经济态度不同于自古以来追求高密度劳动和低密度消费生活的勤劳经济态度，在勤劳经济态度中，劳动和消费、闲暇是不均衡的，而当前的劳动投入和财富积累则要讲求平衡。

农民家庭在劳动投入上的变化还与劳动力市场价格的形成密切相关，并改变了村民在村庄社会中的行为逻辑。如上文所说，随着城乡劳动力市场的统一，农村劳动力会根据城市劳动力价格来计算是否应该投入劳动,也即打工经济的兴起使得原本没有市场价格的劳动力具有了与城市相近的工资价格。这样,农民家庭在农业生产或村庄其他经济活动中就会将劳动力的工资价格作为会计核算单位,因为外出务工的劳动力价格是全国性市场的价格,这个价格实际上远远高于农村的劳动力价格。在这个价格的参照下,很多村民就会认为之前的大多数经济行为是不合理的。如贺雪峰(2008)在湖北省恩施土家族苗族自治州农村的调研,因为宜万铁路在2001年要通过恩施土家族苗族自治州的一部分农村,从而将外出务工劳动力的市场价格搬到了当地农村。因为修建铁路的时间长达数年,并需要大量劳动力,"技术工人的工价一天在70元左右,一般工人的价格也在50元左右,两个工价都远远高于当地农民从事农业生产时雇工的价格。在1997年,农民雇工的标准是一天8元,到了2004年,雇工种田一天至少要40元,且要好吃好喝,还要送一包烟,连吃带喝,一天的工价约在70元"。雇工价格上涨使得农业利润更少,从而使得很多村民选择粗放经营、流转或将土地抛荒。

另外,城乡劳动力市场的统一,使得农村劳动力价格不再是影子价格,从而改变了当地村民的经济行为和社会行为。如大部分农村在以前有村民修房子、种田时经常会请村庄里的邻里朋友帮工,这是没有任何工资的无偿劳动,一般只会在主家吃顿饭。如在湖北马村,以前村庄中有农户家修房子时,一般只会请两三个瓦工,剩下的就大部分由亲戚和邻居来做小工帮忙。在红白喜事过程中,也会请亲朋好友来帮忙,主要是村里的年轻人端盘子上菜、送水、上酒等,在做菜过程中也有很多人来帮忙择菜、收拾桌椅等。在农业生产过程中也是如此,如每年5月份双抢时节,每家每户都忙着抢收油菜、抢种水稻,但因为时间紧、工作量大,往往都是田地相连的几户人家相互帮忙,共同过"忙月"。这些都是不需要付工钱雇人的,帮工是不需要支付工资的,与金钱没有关联,是村庄中人情往来的一部分。虽然不用金钱做出补偿,但蕴含在帮工中的人情是存在的。"现在别人来帮自己,等以后别人家有事情要办,自己也要去帮忙的"。这样,村庄中互帮互助的循环就能有不断延续下去的动力。

而当劳动力价格显现后，村民就不会再去免费请其他人来帮工，而是要按照劳动力市场价格支付工钱。劳动力市场价格的凸显使得农民家庭开始注重对劳动力资源的经济理性配置，因为有外部打工市场上的劳动力价格，农民家庭在不能实现与市场价格相匹配的收入时，就不会投入太多劳动，如花费太多劳动进行农业生产或积极去给其他村民帮工，而是更多地选择闲暇娱乐，如打麻将、打扑克牌或聊天等。

与农民家庭劳动投入相对应的变化是消费观念和消费行为的变化。在传统的勤劳经济观念中，农民家庭会缩减日常生活支出费用，而将家庭积累主要用于大宗消费支出。在当前打工经济和城市消费文化影响下，农民家庭的消费观念也发生了变化。一方面农民家庭会更倾向于通过消费获得享受，这是费孝通所讨论的西方人不消费就很痛苦的情形，而必须在消费中获得一种享受和意义。另一方面，因为是通过消费获得享受，就意味着必须有经济收入。但消费主义所引导、建立起来的价值观是享受导向，就牵连到为挣得经济收入的劳动投入行为。即只要通过一定劳动，就能满足即时的消费，形塑出一种低度投入与低度消费基础上的短期消费行为。消费主义观念即是市场经济消费逻辑，主要通过两种渠道深入村民心中，即媒体广告和打工者城市生活的切身体会①。消费主义观念的兴起会带来两个后果，不只是使农民家庭消费行为、消费欲望膨胀，还会导致其对劳动辛苦承受能力的下降。也就是说，一方面人们会想方设法挣钱，另一方面又不会以付出太多痛苦为代价来获取消费需求满足。湖北马村本来就属于生活型经济地区，农民家庭在日常生活需要中的消费一直就占有很大比例。而皖北吕村本属于笔者所讨论的节余型经济农村，注重通过缩减日常生活消费开支来实现家庭总量财富的积累，而在当前消费主义观念影响下，农民家庭的消费行为也开始发生变化。

其中最明显的变化是外出打工年轻人的消费行为。对于年轻人来

① 耿羽.从征地看当前农民的土地变现观念[J].南京农业大学学报(社会科学版),2011(4).

说，农业生产劳动与打工经济存在共性和差别，共性上是指两者都是通过体力劳动在家庭内实现财富积累。差别在于，农业生产与货币的直接关联小，因为农业生产的收入有限，只能提供家庭基本生活的功能需求。而打工经济则直接与货币工资相连，更多的凸显出货币化性质。在当前大部分年轻人的观念中，从事农业生产是吃力不讨好的行为，打工经济才是获取货币收入的捷径。在这个意义上，通过打工以积累家庭财富的目标并不明显，而演变为功利性的单纯追求货币收入的行为。普遍来说，农业劳作和打工都是在积累财富，从而维持家庭生活和家庭再生产，两者都只是手段，而过日子和家庭再生产是目的。而当前在年轻人群体的观念中，农业劳作不可能达到挣得收入的目标，打工则成为挣钱的唯一手段，从而"没有区分挣钱与过日子的关系，挣钱就是生活，生活就是为了挣钱，挣钱成为自己的人生目标"(宋丽娜，曹广伟，2013)。

也就是说，打工、挣钱只是成为表意性的行为动机，而丧失了背后的伦理价值目标。正是基于此，年轻人通过外出打工挣得收入后的消费行为也不同于父代家庭。"农民工劳累和无聊的打工生活是他们的付出，目的是为了挣到钱，而挣到钱后的休闲娱乐必然是与消费联系在一起的，这既是对农民工辛苦劳动的回报，也使农民工产生了新的意义感和价值感"，"只是这种意义感和价值感具有临时和物化的特征，并不能够建构起农民的人生意义系统。"(宋丽娜，2013)也就是说，年轻人群体在外出打工中确立起一种新的消费观念，即要通过消费来获取自身劳动的价值和存在感。如很多在外打工的年轻人在回到村庄后穿着打扮都很时尚，但往往并不能为整个大家庭的财富积蓄作出很大贡献。年轻人在打工获得收入后往往都会很快将其消费掉，用于上网、滑冰以及唱歌等各种城市生活活动。就像阎云翔(2009：49)在《私人生活的变革：一个村庄里的爱情、家庭与亲密关系(1949—1999)》中所指出的一样，"对于年轻一代来说，有钱就是有钱花，东西就是用来消费的。一个简单的事实是，核心家庭的年轻人比他们的父兄等在事物和衣着上花销更多，他们也更愿意赶时髦，追逐消费潮流，比如换彩电、买摩托车等"。

概言之，随着城乡统一劳动力市场的形成，农民家庭开始形成劳动力机会成本和工资价格概念，从而改变了其劳动投入行为。主要表现是在农业生产上减少投入、以劳动力市场工资价格来计算从事兼业和其他务工机会的收入效益，并且减少在乡村社会中无报酬的互助行为。在消费观念上则表现为追求劳动投入与消费支出的平衡，以及对当前短期生活消费的追求，父代家庭不仅要通过辛苦劳动进行财富积累，也会在满足当代人生活需求和享受上作出资源安排。年轻人群体则更注重枯燥、辛苦的打工生活后的消费和享受，从而很难对大家庭财富积累作出经济贡献。

（二）家庭经济态度变迁的社会文化因素

上述农民家庭在劳动投入和消费行为上的变化，很重要的原因在于受到农民家庭在伦理责任和村庄社会竞争等目的理性层面上的影响。如在第三章中所讨论的，家庭伦理责任主要是指父代将子代抚育成人，在其读书、结婚成家等方面提供经济支持，也即要完成人生任务。而在当前经济理性凸显这一背景下，农民家庭的伦理责任不断弱化。首先表现在生育观念和生育行为上，指农民家庭都开始计算生育子女和抚养子女的高额费用及成本支出，很多农民家庭不愿意承担自认为太重的经济负担，而在生育行为上选择少生甚至不生，如笔者所调查的湖北马村和皖北吕村都有这种情况。虽然皖北农村属于小亲族农村地区，自古以来形成了强烈的生育男孩的偏好和冲动，但当前在现代生活方式等的影响下，大多数年轻人都不会坚持非要生儿子，而且很多家庭都只有一个女儿就不生了。这样的考虑是基于当前社会舆论下认为的生养小孩对家庭所带来的巨大经济负担，还有观点认为少生育小孩可以保证教育质量和培养得更好。其实就是当代人为自己减轻经济压力所寻找的借口，因为很多农民家庭特别是年轻人都认为多养育一个孩子就意味着父代家庭要投入更多的辛苦劳动，而这是以牺牲当代人家庭的享受为代价的。只要将成本计算纳入到农民家庭的生育考量中，就改变了之前基于家庭延续和伦理责任上的行为逻辑。因为中国传统文化中的生儿育女不仅意味着传宗接代和家庭延续这种超越性的期待，还蕴含着在生儿育女过程中获得家庭生活的乐趣和价值感。

而生育观念上的成本核算则反映出家庭伦理责任的弱化，也就对农民家庭的经济态度和经济行为产生了影响。表面上看来，基于生育观念上的行为选择只反映出农民家庭在抚育子女上的态度，但正因为选择了对家庭经济负担较轻的生育观念和行为，农民家庭在抚育子女的过程中就不会有太大的经济压力。在农民的观念中，当家庭只有一个子女时，就意味着在之后的抚育过程中可以减少父代家庭的劳动投入强度，也意味着家庭财富积累可以有更多部分用于当代人的消费和享受。如湖北马村村民所认为的，如果家中只有一个孩子，就可以有更多的时间去打麻将、更少的时间去劳动。“一个娃子都负担重，很遭业，就不会多生。一个娃子吃得好、喝的好，两个娃子就赶不上一个娃子的生活”。如果家中只有一个女孩，那么面临的经济压力就会更小，不仅可以减少子女教育费用和生活费用开支，更可以减少家庭内的大宗消费开支。因为不需要为女儿盖房子，也不用出彩礼，只需要负责准备嫁妆。因此，家庭中如果只有女儿，就可以一方面减少家庭开支，另一方面还可以形成父代家庭的经济积蓄。如马村村民所说的，“家庭中只有一个小孩，父母就可以自己种田、自己收入、自己玩乐”，即“辛苦地挣钱，快乐地玩耍”。由此，生育观念上的变迁就能反映出农民家庭在劳动投入和消费上的行为变化。

农民家庭在劳动投入与消费开支上的均衡也是家庭伦理弱化的一种表现，即农民家庭一方面要通过劳动投入积攒应对大宗消费需求的收入，还要保持日常生活消费中的较高水平。这种劳动-消费的平衡结构是不同于传统农民家庭在勤劳经济下的行为选择，即高劳动投入、低生活消费和享受。而之所以选择劳动投入与生活消费上的平衡，一方面是因为家庭经济条件改善，可以有足够好的收入水平来应对家庭各种大宗消费需求，另一方面是农民家庭无限的伦理责任开始转变为有限责任。无限责任观念形成于父代家庭对超越性的本体性价值的认可，这是先天性生成于父代意识中的。另外，村庄内部的社会性竞争压力也越来越小。在以前，如果父代不努力为子代负责、完成抚育、上学和结婚等任务，就会受到村庄社会性舆论的压力，即父代家庭会被认为是“不会过日子”的人、“没有出息”等。进而，如果农民家庭对子代不承担无限的责任，就意味着很有可能完不成人生任务，这同样会使得农民家庭在村庄社会竞争中没有优势，从而处于边缘性位置。而当前村庄内部的社会结构不断弱化，很难再形成强有力的地方性规范。因此也就不会对追求生活享受和“失职”的父代家庭形成压力。

农民家庭在目的理性上的变迁还包括养老模式上的变化。之前讨论的家庭伦理责任主要关注的是父代家庭对子代的无限投入和付出，以及伦理责任弱化后对其经济态度和行为产生的影响。而另一方面，子代对父代的责任和义务也属于家庭伦理责任的一部分。费孝通所讨论的不同于西方社会“接力模式”的“反馈模式”就是中国传统的家庭养老模式，即父代要承担对子代的抚育义务，子代要承担对父代的赡养义务。这表现在传统代际关系上，就是中国农民家庭中父代与子代的双向伦理责任。其中，父代对子代的无限责任和义务主要是基于厚重的家庭伦理基础，因为父代只有在完成了其应尽的责任后才能上对得起祖先、下对得起子孙。子代对父代的赡养义务则很大程度上是基于后天性的责任养成和村庄社会舆论压力，即在村庄社会结构性压力下形成的子代对父代的孝道传统。正如阎云翔(2009:201)引述农民的话所言:“天下只有没有良心的孩子，不会有没有良心的父母，因为孩子的感情需要培养，父母的感情却是天生的，父母之心使他们总是要为儿女付出。”因此，双向责任的代际互动承载了农民对家庭延续的本体性价值追求，并在此过程中体现出子代对父代的伦理规范。而双向代际责任的实现都需要经济基础做支撑，即不管是父代对子代的抚育，还是子代对父代的赡养，都是建立在经济条件之上的，而且在赡养义务上还是超越经济基础的反馈行动。超经济的代际反馈行动正是在目的理性选择下的农民家庭经济态度，即子代对父代要承担着经济养老责任，这种责任并不仅仅是经济上的货币义务，还承载了代际伦理责任。

而在当前小农理性变迁的情况下，农民家庭在养老模式上出现了新的变化，即子代对父代的伦理责任弱化导致经济上的养老行为变迁。其主要表现形式就是代际剥削，从以家庭为目的到以个人为目的。这使得小家庭开始注重积累财富而对父代家庭形成代际剥削和代际关系失衡，而代际剥削从结婚之前就开始了。代际剥削的表现形式首先从定亲、收彩礼时开始，如索要彩礼时，年轻人会合谋向父母要父母所能承受的最高彩礼价格，有的准儿媳妇所要的彩礼正好等于父母银行卡中的积蓄。而且，年轻人的核心小家庭将要来的彩礼主要用于小家庭的建设和发展，从而使得父代家庭经济拮据。其次表现在分家时的财产分配，虽然父母是分家的主导者，但在分家实践中，父母基本上很难得到很多财产，土地基本上都要分给儿子，新建的楼房等也属于核心小家庭。在湖北马村，很多老年人都在分家后选择单过，而不与子女同住。这样在分家时年轻人就会留一部分土地给老年人，一般只有一两亩左右，作为老年人的口粮地。"儿子都没有多少地，自己要那么多地干什么"。最后表现在养老责任上，传统意义上的分家对于儿女来说不仅仅是分配公共资源，还要分担养老这一公共负担。即由众多儿女共同承担养老义务，包括经济上的粮食供给和货币供给，还包括医疗上的照顾、精神上的慰藉等多种形式。而在当前农村的养老责任上，则表现出"无养老"的状态，基本上都是老年人在自我养老。大部分子代在脱离父代联合家庭后，一方面，各个子代家庭主要是考虑核心小家庭，致力于自身家庭的建设和发展。另一方面，子代家庭在分家后只存在纵向上与父代的互动，而且大部分是从父代家庭中获取资源和帮助，成为一种含情脉脉的代际剥削。

马村三组有一对70多岁的老年人夫妻，由儿子分开养老，即大儿子养父亲、小儿子养母亲。表面上是养老，实际上是将老年人分开，以继续为子代家庭做贡献，如帮助照顾小孩、放牛、做农活以及农忙时做饭等。而父母这种付出的待遇只是可以住在儿子家，而且都是住在偏房里。河南农村的老年人也是这种待遇，即在分家后都要从宽敞明亮的新房中搬出来，而让给儿子与儿媳妇的小家庭，自己则在边缘地带搭建一座小房子，当地人称之为“趴趴屋”，寓意就是又矮又低的房子。“村东头村西头，老头老婆住里面”，这也是对老年人生活的真实写照。老年人还要自己做饭吃，不能与核心小家庭同灶。这在老年人那里的理由是自己的牙口跟年轻人的不一样，“跟年轻人吃不到一块去”，而子代只是给老年人提供一点生活费和粮食。

因此，当前农村的代际关系已经呈现出高度失衡的状态，即父代对子代有无限的抚育责任，而子代对父代只有有限的义务，且还有很大的代际剥削。代际关系的失衡主要是因为子代对父代的伦理责任弱化，子代核心小家庭在分家后考虑更多的是其自身的生活和发展，而没有对父代家庭承担应尽的养老义务。传统上的代际关系是基于伦理责任上的代际资源无限投入，并且是以牺牲父代家庭的生活享受为代价的。以前也存在代际关系失衡，但只是低度失衡，子代家庭在伦理责任和村庄社会舆论压力下，还是会对父代家庭投入很多经济照顾和精神照顾。父代对子代要无私奉献，子代对父代要承担养老送终的责任和日常生活中的孝顺。

郭于华(2001)对河北省农村的个案调查也认为反馈型代际关系模式已经发生了变化，代际均衡交换关系已被打破。而交换型代际关系就成为这种变动后的一种状态，孙新华(2013)就对交换型代际关系做出过讨论。他认为，当前农村家庭代际关系成为以工具理性为主导、交换内容讲究清晰化、交换时间强调即时性，并日渐成为乡村社会中规范家庭代际关系的新秩序。也就是说，农村家庭的代际关系原本并不是建立在理性交换关系基础上的，而当前却演变成为代际之间的经济交换关系，即子代对父代的养老责任需要建立在父代是否对子代有足够多的经济投入和付出。这种经济付出不仅仅是在抚育阶段和为其完婚成家阶段，更体现在父母是否在子代家庭独立后为其作出经济贡献。而子代家庭则是根据父代所付出的劳动投入和收效成果来确定赡养的责任度。也就是说，农村年轻一代人在享受了父辈养育之恩后却不思回报，而只想谋求个人利益的最大化，他们逐渐从一种理性的、平等交换的角度来看待和理解养老。

范成杰(2009)也指出,孝道这一套有利于家庭养老运行的伦理规范正在逐渐失去它应有的效力,年轻一代正在以一种自私自利的方式来应用它。年轻一代在养老行动上越来越理性化,养老过程背后起主导作用的实质上是一套平等交换似的工具理性,家庭养老因而从一种超经济的伦理性行为转变成为了一种市场经济平等交换似的经济性行为。

家庭代际关系在目的理性上的变迁,造成了父代家庭在社会行为上的后果和经济行为上的调整。社会行为上的后果主要是代际剥削和代际关系失衡造成老年人的自杀现象,如陈柏峰(2009)所讨论的激愤型自杀和绝望型自杀正是这种表现。经济行为上的调整主要是因为父代家庭感受到其对子代的无私奉献并没有得到应有的回报,从而会即时性地影响父代对子代的后续经济付出行为。即父代家庭开始"考虑自身的生活和未来,而不像以前那样近乎吝啬地对待自己而将一切都给予子代""以前的父母都是为后代而活的,活一天就要拼命地为后代攒一天的钱,而现在他们看穿了、想透了,再不当苕[1]了"。他们中的很多人开始认为,"活着要多吃多喝,好吃好喝,不然划不来"(孙新华,2013)。这便对农民家庭经济行为产生了影响,因为父代对代际责任失望,转而考虑自身的生活消费和享受,以及劳动付出开始为自身养老做考虑,而减少对子代家庭的经济投入。另外,代际关系上的失衡也会对其他尚未进入代际互动的中年人群体造成影响,因为中年人群体会目睹村庄内部很多子代对父代的不孝顺行为和现象。这种示范效应同样会改变中年人群体对未来养老的预期,使得中年人群体转而注重对当下生活的享受,并开始积蓄养老资本。

因此,代际关系失衡成为影响农民家庭经济态度和行为变迁的重要因素。自古以来的农村代际关系是建立在超越经济算计上的伦理性行为。父代家庭要通过省吃俭用和勤劳投入以挣得用于抚育子代和完成子代人生任务上的各种开支,这就形成了高劳动投入和低消费开支、低闲暇娱乐的经济态度和行为。而随着代际剥削和代际关系的失衡,父代并没

① "苕"是湖北省的农村方言,就是傻、缺心眼的意思。

有获得很多经济上的赡养，更没有子代基于伦理责任上的付出，从而改变了农民家庭在代际关系上的行为方式。而因为代际剥削成为村庄社会中的普遍状态，父代家庭开始减少对子代家庭的劳动投入，增加生活消费开支和为自身养老积蓄资本也成为一种新的社会规范，且不会像以前一样，遭到其他村民的舆论压力。

村庄社会内部由道德竞争转向经济竞争也是农民家庭经济态度变化的重要因素。在村庄社会内部，农民家庭之间的竞争都是为了能够进入村庄社会结构性位置，农民家庭选择勤劳经济态度、积累家庭财富都是为了能够在村庄社会竞争事项中不至于落后。也就是说，劳动投入、消费开支等经济行为选择都服务于家庭自身的需求和在村庄社会中的面子竞争。从这个意义上说，农民家庭所采取的资源配置和经济行为都是具体手段，目的则是满足家庭生活需求和大宗消费需求，进而能够在村庄经济社会分层中处于上层位置。这也是村庄道德竞争的内容，不是为了获取财富而去劳动和节省，而是为了完成村庄社会所共同认可的家庭伦理责任。经济竞争则改变了农民家庭的经济行为，即完全以获取金钱货币为目标，而没有经济行为背后的伦理责任做支撑。如在当前村庄社会中，很多农民家庭都会有面子竞争和攀比心理，如婚礼酒席要办得规模大、花的钱要比别人多，从而演变成为异化的面子竞争，而没有了社会竞争的价值内涵。经济竞争虽然也会对农民家庭形成激励作用，但因为经济竞争机制纯粹是经济层面上的内容，就必然涉及消费表征，即要通过消费才能展现出经济竞争的价值。而这与道德竞争完全不同，道德竞争追求的是伦理责任的完成这一内核，并不会通过过度消费来展现。

二、打工经济中的小农理性变迁

随着外出打工机会的增多，打工经济成为农民家庭收入来源的主要组成部分。在当前农村社会，80％左右的家庭中都会有人外出务工。按照年龄群体来分，家庭中的年轻人基本上都会选择到城市打工，主要依靠其年龄优势从事劳动密集型工作。而且年轻人大都会在结婚后，夫妻两个同时外出打工，家中的土地交给父母耕种，小孩也交给父母照顾，这样其打工收入就构成了当前农村“以代际分工为基础的半工半耕”结构中的重要部分。外出打工可以在一定程度上解决农业生产中劳动力的“过密化”问题。打工收入还可以成为完成家庭劳动力再生产和代际再生产的重要经济基础。在这个意义上，打工经济和农业生产的性质是相同的，即都要通过劳动投入获取收入，从而构成家庭财富积累的一部分，进而服务于家庭再生产和小农经济生活，以及服务于村庄内部的面子竞争和意义生产。农民家庭对打工经济的选择具有必然性，打工经济是实现家庭收入最大化的重要方式，同时又可以实现家庭劳动力的最大化利用。如果单纯依靠务农收入或务工收入，农民家庭经济就会面临发展困难。因此，农民家庭选择外出打工行为就同时受到经济理性和目的理性的双重影响。在经济理性层面上，主要是外出打工能够充分利用家庭劳动力，构成农民家庭收入来源中的重要一环。在目的理性层面上，主要是通过外出打工积累财富，用于家庭日常生活需求和大宗消费开支，进一步就是支撑农民家庭完成其伦理责任，从而在村庄经济分层中处于上层，在社会竞争中不处于落后局面。

农业生产和打工经济构成了农民家庭收入的两个“拐杖”，但农业生产收入主要是满足家庭日常生活需要，是为了够吃，农民都知道“农业是不挣钱的”。打工收入则具有很强的经济目标和伦理目标，经济目标就是通过打工挣钱，而伦理目标则是打工挣钱的深层次原因，即将打工挣得的收入用于子女教育、盖房子和娶媳妇等，也就是用于农民所说的“过日子”。正是有这种伦理目标，农民在外出打工过程中才能忍受得住工作中的辛苦、乏味和恶劣的生活与工作条件。年轻人外出打工中的辛劳主要来源于单调、乏味、时间长的流水线工作，中年人在外打工主要是忍受体力上的艰辛。如马村七组的村民杨一国，45 岁，经常在外做瓦工，一天工资能有 150 元。但他觉得做瓦工容易搞得全身都是泥灰，很多人就宁愿选择做木工而不做瓦工。因此，对于外出打工的农民来说，打工挣钱只是手段，过日子才是目的，这是由农民家庭经济的目的理性所决定的。

而在当前形势下，农民工外出打工行为也发生了变迁。普遍来说，农业劳作和打工都是为了积累财富，从而维持家庭生活和家庭再生产，两者都只是手段，而过日子和家庭再生产是目的。而当前在年轻人群体的观念中，农业劳作不可能达到挣得收入的目标，打工则成为挣钱的唯一手段，对于很多新生代农民工来说，打工挣钱就是生活，生活就是挣钱。这不同于上文所说的打工挣钱不完全是生活，真正的生活是过日子。而对于年轻人来说，挣钱就成了生活，成了目的本身，这样就混淆了手段和目的。阎云翔(2012)说，很多农村年轻人外出打工，把挣到的钱全花光，他们到城里打工的意义何在呢？用他们的话来说，就是“看世界”和“长见识”。

也就是说，打工、挣钱只是成为表意性的行为动机，而丧失了背后的伦理价值目标。宋丽娜(2013)认为，“传统社会的农民是在过日子，挣钱只是一个附带性功能，农民生活的核心在于过日子”。因此，劳作-挣钱有两种逻辑。一种是劳作是为了实现家庭财富积累的目标，不管是农业劳作还是打工，其获取农业收入和挣得工资都是为了积累家庭财富，都是农民生活的一部分。劳作所得服务于家庭生活或用于家庭责任的完成和人生目标的实现。另一种是劳作与金钱货币的关系，即农业劳作和打工都只指向获取货币现金收入，挣钱这一手段都成了目的。“挣钱”在一定程度上展现了理性化、金钱社会对农民观念的影响，农民工获得收入的方式促成了他们劳动力价格的观念，“现金货币收入成为农民工劳动成果实际和唯一的判别标准，金钱上的算计、功利主义的观念日渐成为支配农民工行为逻辑的关键因素”。宋丽娜主要是对农民工行为逻辑变迁作出分析，实质上农业生产劳动中也同样出现了这种变迁。

因此，外出打工对于新生代农民工来说就有了不同的内涵。对于中年人群体来说，进行农业生产和打工都是为了积累财富，打工经济的货币化性质也不强烈。而对于年轻人群体来说，两者的差异则很大，从事农业生产是吃力不讨好的行为，打工经济才是获取货币收入的捷径。在这一基础上，新生代农民工群体就容易将打工经济的目的理性转变为经济理性。即原本外出打工的主要目的是过日子，而对于新生代农民工而言则演变成为挣钱消费，从而导致很多“月光族”的出现。这种现象的出现一方面是因为新生代农民工群体对打工挣钱有稳定预期，每个月只要工作就会有工资收入，因此这个月的工资即使全部去花完也不会有影响，因为下个月还会继续获得工资。也就是说，新生代农民工群体形成了很货币化的劳动观，“只要劳动就有报酬，并将劳动明码标价”，这样就会对劳动报酬有相对稳定的预期，进而决定了其将打工收入用于消费的经济行为。正是因为有对打工挣钱收入以及预期消费的认识，一部分农民工群体就形成了对打工活动的理性计算，即选择一项打工活动要在体力投入、耗费和消费开支上达成平衡，而不能投入高度劳动，却只换来相对有限的消费水平，这样其就不会继续投入劳动或者重新选择另外一项劳动，甚至会选择“被动的闲暇”，即宁愿处于无聊的闲暇状态，也不会进行收益成本较低的劳动投入活动。

在农业社会中，懒惰、不辛勤劳作的人是处于边缘化位置的，或者那些花钱如流水的人，被认为是不会过日子的象征。而对于当前外出打工的月光族来说，因为其经济实践活动展开的场域远离村庄，其形成的这种迥异于普遍农民家庭行为的生活方式和行为习惯，是不会受到村庄社会结构和村庄意识形态规约的，这也是农理性变迁的原因之一。而且，年轻人在经济行为上的变化主要是基于其经济态度的改变，如核心家庭的年轻人在食物和衣服上的花销要比他们的父母或哥哥姐姐要多得多，他们也比年长村民们更有可能跟随消费潮流趋势，例如把黑白电视换成彩色的，或者买摩托车(阎云翔，2012)。在经济态度上，年轻人开始不认同老年人自古以来所形成的观念和行为，在年轻人观念里，一个小康小家是要积累更多的家庭财富和拥有较多劳动力，但这并不一定意味着更高的生活品质，因为个体无法随意支取主干家庭的财富来用于自身的消费。因此，仅仅是消费的渴望和购买力的增强，已经让年轻村民产生了要与保守和守旧的父母分开住的强烈动力。而父母却是习惯于降低消费，并尽量避免不必要的花费。年轻人觉得老人们不懂得怎么好好享受生活，在他们看来，节俭、勤劳务农，或者身体力行儒家伦理都不能帮助他们享受好生活。

因为对农村的年轻人来说，农民们过时的节俭习惯（例如，把开支缩减到最低水平）并不一定是好事，因为这种习惯既不能产生财富，也不能使生活变得更愉快。许多农村年轻人已经用实际行动来赋予“能挣能花”这个观念以意义（阎云翔，2012：115，156）。

打工经济中小农理性的变迁还表现在打工经济的指向变化上。即当前很多农民工是通过外出打工积累在城镇买房和作为生活资本的，从而退出了村庄内部的社会竞争，这样其经济态度和行为虽然也有压力，但不是在村庄内部的竞争压力。相对而言，村庄社会中还有一部分群体是通过外出打工积累财富以维持家庭再生产和完成人生任务的。在这样的伦理目标下，农民外出打工可以表现出较高的辛苦忍耐度和较低的消费需求，从而很快可以获得较多收入。如湖北马村农村和皖北吕村，如果一对年轻夫妇同时在外打工，除去打工生活中的日常开支等，一年纯收入能有4万～5万元。这样，这部分外出打工群体就可以在短时间内积累远高于务农的收入，不仅大大改善了家庭经济条件，也可以在村庄社会面子竞争中提高声望和地位。马村七组的罗德久家刚刚盖起了楼房，他家主要靠出租吊机挣钱，其儿子也在外打工，但“儿子打工就是个笑话”，主要依靠的还是父辈外出打工和种田的收入积累。

在皖北吕村调查期间，当地农村正在兴起新一轮的盖房热潮，而且都是盖两层楼房。像大多数北方农村一样，皖北吕村在20世纪80年代的房屋基本上都是瓦房，20世纪90年代主要是建平房，当前则随着收入水平的提高开始修建楼房。而修建楼房的成本一般需要20多万元，这也不是一般家庭所能承担的，大部分收入来源就是依靠外出打工的收入，特别是中青年人的打工收入。进一步看，因为外出打工可以较快地赚钱，村庄内部就会形成在打工赚钱上的竞争压力。最终，当农民工外出打工经济指向朝向村庄内部时，就使得打工行为具有很强的伦理价值意涵，因为通过外出打工赚到的收入可以转化为村庄内部“过日子”的资本，具体来说就是可以依靠打工收入转化为建房资本，就可以为子代结婚成家奠定基础。

而对于那些将打工经济指向村庄之外的群体，则是另外一种逻辑。他们追求的是通过打工获得用于生活、消费的收入，以及用于在城市安家立足的资本。因为缺少村庄内部伦理性价值作为竞争支撑，这部分群体在经济态度上就不会表现出高度劳动投入，即只要能通过打工挣得相应的收入就可以，而不需要拼命透支当前的体力以换取更多的边际收益。湖北马村大部分外出打工的中青年人都集中在服装工厂里，如在广东、福建等服装制遭业发达的地区。如果夫妻两个人一起打工，一般情况下每年可以获得 4 万元左右的积蓄，而且这种工资水平要保障其在外地打工中较好的生活标准。

另外，大部分打工群体都要利用这一部分收入在城镇买房，很多村民选择背井离乡辛劳打工就是为了脱离村庄，从而为子代或自己积累在城市生活的资本，并没有将打工收入转化为在村庄过日子的动力。有的只是在打工回家时进行炫耀性消费，或者在麻将桌上表现得大方一些。如很多打工回家的年轻人都选择购买崭新的摩托车，一般花费都要在四五千元。但年轻人在家骑摩托车的时间其实并不多，只是过年回家的一段时间以及平时偶尔回家使用摩托车，但即使如此也要购买新摩托车。“家家都买摩托车，有钱了当然想享受，出门骑自行车也不好看，走路也累人”，“年轻人几乎毫无例外地不喜欢下地劳动，千方百计地避开繁重的体力劳动。但他们喜欢在街上闲逛，炫耀自己的新衣服和皮鞋，把钱花在价格昂贵的洗发水、磁带等以前只有城里人才买的东西上”（阎云翔，2012）。

也就是说，生活面向指向村庄和社区的家庭经济实践和经济行为不同于生活面向指向外部的家庭行为。虽然都是勤劳地工作、努力挣钱，但目标是不一样的。后者在一定程度上脱离了村庄社会竞争，其经济行为中所蕴含的强制性的伦理色彩较少，即其在进行家庭财富积累时，可以扩展家庭成员的享受和消费，这样也不会面临较大的村庄传统舆论压力。这部分群体一般不会将打工经商获得的收入浪费性地用于村庄社会中的仪式性场合等面子竞争上，如花巨资建楼房等，而更愿意留下来用于保障城市的生活。经济理性凸显下的外出打工群体会根据收入情况进行资源配置，如将打工收入用于积攒买房、买车的资本，用于旅游、娱乐等活动，基本上达到了收入与消费的均衡状态，也是一种依据收入来决定消费行为的选择。

概言之，新生代农民在外出打工中没有对挣钱与过日子作出区分，他们认为打工的主要目的就是挣钱和消费，而不会将钱财积蓄下来，用于家庭财富积蓄和村庄社会中伦理性的面子竞争，只表现出完全货币化的消费行为。这种经济态度产生了相应的经济行为，他们虽然也会积蓄一些家庭资本，但总体上表现出较高的消费需求，保持着劳动对闲暇的较低替代率。这样就出现了大部分农村年轻人群体在结婚之前基本没有任何财富积蓄，“只是在结婚成家后才开始注意积累”。因此，新生代农民工群体在农民家庭经济中就表现出劳动-消费的较低均衡点，并通过与父代家庭劳动-消费的较高均衡点共同构成完整的家庭经济结构。这就是小农理性变迁上出现的代际分化，劳动辛苦程度和需求满足程度达成的均衡点正是由代际之间的不公平实现的，即有年轻人群体上的低水平均衡和中老年人群体的高水平均衡。就是说，年轻人群体对劳动辛苦程度的忍耐度是较低的，不管从事农业生产还是务工经商，都会有较高的边际收益递减意识。当劳动辛苦程度超过需求满足程度时，年轻人群体就会停止辛劳的工作，而选择闲暇。而中老年人群体则会选择需要较高的辛苦忍受程度的劳动。

三、经济理性、目的理性与农民家庭经济行为变迁

上文主要讨论了农民家庭在小农理性变迁下的经济态度和行为选

择,核心是农民家庭中经济理性的凸显和目的理性的弱化。经济理性凸显主要是指农民家庭开始有对劳动投入机会成本和比较收益的观念,这种经济理性不同于前文所说的农民家庭在生存压力和匮乏压力下所作出的行为选择,也不同于以代际分工为基础的半工半耕生产模式。后两者考虑的是对家庭劳动力的自我开发和自我剥削,从而实现家庭收入的最大化。而农民家庭在劳动投入上的机会成本观念使得其改变了之前的经济态度和行为模式,如很多人认为种田不划算,其在种田上的收入所得完全不能与其劳动辛苦度相平衡,这样就会停止投入农业生产。在打工经济中也存在同样的现象,如果打工一天的工资收入没有达到其自身预期的劳动力收入水平,就会选择其他工作或选择闲暇。正如上文分析的新生代农民工的消费主义观念和行为,因为更多的考虑打工劳动中的投入与收入的平衡,而不能忍受较高辛苦度的劳动,从而更容易在劳动观念和消费观念上发生变化。因为不愿意承受高辛苦度的劳动,也就意味着在挣得收入后要对劳动投入进行补偿,而消费和闲暇就成为最好的方式。

农民家庭经济态度和行为的变化更多的是因为目的理性弱化,即家庭伦理责任减弱和村庄社会结构压力的减少。自古以来,农民家庭要同时承载着过去、现在和未来三重意涵,即农民家庭的存在和发展不仅要考虑现世的状态,还要有“祖祖辈辈而来、子子孙孙而去”的观念。在这种先赋性观念下,农民家庭就不能只注重当前的生活状态,还要有对祖辈的历史感和对子孙的责任感,这是影响农民家庭经济的重要因素。而就当前来说,农民家庭已经越来越缺少历史感和责任感,而更注重的是当下生活。这样,自古以来形成的厚重家庭伦理责任就开始淡化,父代家庭已经不再是以前那种对子代的无限责任和义务。再加上子代对父代家庭的代际剥削造成代际关系失衡,父代家庭也开始注重自身的生活和享受,而不再为子代承担太大的伦理责任。这就意味着农民家庭在资源配置上的改变,即开始将一部分财富转移到当下的生活消费开支上,而不再是全部留作对未来的积蓄。随之而来的就是农民家庭在劳动投入上的变化,即因为不再承受过重的心理负担和伦理负担,其经济负担自然也会下降,从而改变了之前高劳动投入和低消费闲暇的经济结构。

农民家庭目的理性变迁的另一方面是村庄社会结构压力的减小或改变。随着村庄社会的开放性和流动性的增强，农村地区很难再形塑出强有力的结构性力量，村民都开始呈现原子化状态，很难形成有共同认同感的规范或规则。村庄社会内部的结构性规范和竞争是紧密相关的，因为有共同认可的社会规范，所以农民家庭才会在这些规范上进行竞争，如在建房子上的竞争、在红白喜事等仪式性场合上的竞争。村庄内部之所以有竞争，正是因为有结构性力量和社会规范的存在。但当共同认可的社会规范弱化甚至走向消解时，村庄内部的竞争也就成了“无源之水，无本之木”。因为农民家庭之间的竞争不是无缘无故形成的，其要在竞争中形成对村庄社会地位的获得，注重的是村庄舆论对其的评价。在农民家庭逐渐走向分散的原子化状态时，村庄社会已经没有了形塑舆论压力的能力和结构，所以这就对农民家庭在社会层面上的竞争产生了影响，进而就会影响到农民家庭的经济行为。如当前因为没有竞争性压力，农民家庭可以保持较低的人生任务，即使完不成任务也不会受到村庄社会舆论的压力，就可以在日常生活中少投入辛苦劳动，花费较多时间用于闲暇和自我享受。

阎云翔(2012)是从中国道德转型的高度来分析中国社会个体化的，其很重要的表现形式就是农村社会中的个体化。阎云翔长期关注中国农民个体在思想和行为方面的快速变化，如个体化越来越要求自我的发展、个人幸福和安全感，这与本书所讨论的小农理性变迁也有紧密关系。在阎云翔看来，当前中国社会的个体化进程主要是从集体主义的责任伦理转向个体主义的权利伦理，这种转型是在物质主义和实用主义标准下的选择。在集体主义下的个体化中，如在 1949 年至 1979 年这 30 年的大集体时期，个体只是手段，要嵌入在家庭、组织以及各种集体中，没有自身的价值。阎云翔认为以前个体存在的价值是为了集体主义的责任伦理。个体都是在进行角色扮演，以完成各种社会性的义务或任务，这是在集体主义责任伦理下尽职责和义务。这种集体主义是指改革开放前30年所形成的道德话语或伦理话语。因此，以前的个体主义是出于对集体主义的被动责任，从而使个体成为没有自我的个体。

而随着个体主义权利伦理的兴起，个体开始追求更多的自由空间和自我实现价值。但个体主义权利伦理却缺少了对超越性价值的追求，是古典个人主义缺失下的个体化过程。阎云翔认为，古典个人主义或者现代性个人主义是建立在平等基础上的，没有等级。因为现代性社会已经脱离了匮乏状态，面临的不再是生产问题，而是消费问题。因此，个体就可以成为核心，这也是现代性的本质。现代性个人主义是一种天赋人权的平等，人生来就可以获得制度上所赋予的各种权利。而中国传统等级制的个人主义则是要通过自身努力以获取权利，主要是个人要在社会中扮演各种角色、完成各种任务，从而才能成为完整性的社会人。这种个人主义在实质上是压抑多数人的欲望，因为物质匮乏，所以就在文化上进行规范，即只有少数人才可以享受，而大多数人都要努力。这样便产生了等级性以及中国自古以来形成的差序格局和道德伦理观。

具体到对中国农民家庭经济态度和经济行为上的变迁中，笔者也持有与阎云翔相同的观点，即认为在当前的个体化转型中，个体丧失了对超越性价值的追求，如家庭伦理责任和村庄社会结构中产生的意义和价值等。吉登斯所讲的“去传统化”(detraditionalization)和贝克所讲的“脱嵌”，也即指个体日益从外在的社会约束中脱离出来，这些约束包括整体的文化传统和其中包含的一些特殊范畴，例如家庭、血缘关系和阶级地位等。如阎云翔(2012:11)所讲:“随着家庭结构性的变迁，家庭的主要功能也从一个为了集体生存而奋斗的法人群体演化成为个体成员提供幸福的私人生活港湾。当代家庭的现代性一方面在于个体欲望、情感和能动性在家庭生活中的重要性上升，另一方面则是家庭关系中个体化成为中心的趋势。换言之，现代社会的个体不再愿意为了集体的利益和家庭的绵延不绝而牺牲自己；相反，他们通过家庭的运作来寻求自己的利益和快乐。”

这导致了上文所分析的农民家庭在经济态度和经济行为上的变化，当家庭不再蕴含超越性的价值和伦理，而是更多地凸显出个体享受和价值自我实现，那么农民家庭就开始更多地追求生活享受，而不是自古以来的勤劳经济态度和行为选择。最明显的表现就是农村年轻人通过外出打工来“见世面”和寻求意义感，但这种通过大众传媒和消费主义观念形成的意义追求注定是不能长远的，只能满足短期享受和快乐，却不能建立起生活和生命的意义感及价值感。

第七章 结论和讨论

当前建立在代际分工或夫妻分工基础上的半工半耕生产结构正好与农民家庭经济选择相契合，不管是留守农业还是中农经济，都是农民家庭在寻求经济收入最大化和完成家庭伦理责任方面所做出的选择。

本书从第二章到第六章分别阐述了农民家庭经济的具体形态及社会文化影响因素，认为正是社会文化因素形塑了农民家庭经济态度、行为和变迁。

第二章主要分析了农民家庭经济在农业生产中的两种形态，即留守农业和中农经济，并分别分析了留守农业和中农经济的形成机制、经营逻辑和经济社会效益。总体而言，留守农业和中农经济都是基于代际分工基础上形成的半工半耕生产结构，是农民家庭在考量经济理性和目的理性下的双重选择。

第三章主要分析农民家庭经济的伦理基础，即考察家庭伦理责任对农民经济态度和行为的影响。对于农民家庭而言，完成子代抚育义务和赡养老人义务是家庭内部及村庄内部形成的地方性共识，也是一种先天性的“文化仪式”。只有顺利完成这些仪式，才意味着家庭生活和生产的完整性，也才能实现农民家庭所追求的本体性价值和社会性价值。因为家庭伦理责任和伦理负担的存在，农民家庭要承担这种负担和成本，从而选择勤劳的经济行为，在此基础上呈现出高投入、高积累和低消费、低闲暇的家庭经济特征。

第四章主要讨论了村庄社会结构对农民家庭经济态度和行为的影响。村庄社会结构能够生发出地方性规范，不仅是对农民社会行为的约束，还有对其经济行为的约束，主要表现出一种舆论压力，如对村庄中好吃懒做的人的评价，对勤俭持家家庭的评价等。地方性规范中还存在竞争性压力，即对家庭经济生活水平的竞争，这些都会对家庭经济决策和行为选择产生影响。

第五章是在区域比较视角和阶层分化视角下讨论农民家庭经济态度和行为的类型差异。因为区域差异的存在，农民家庭经济表现出节余型经济和生活型经济两种类型，节余型经济与生活型经济都是农民家庭勤劳经济的表现形式，本质上，农民家庭都要通过勤劳劳动如农业生产和外出打工挣得家庭收入，从而既要满足家庭基本生计需求，更要满足建立在大宗消费开支上的家庭仪式性需求。但节余型经济更注重积累家庭财富、缩减日常生活消费开支和闲暇娱乐时间。生活型经济则在一定程度上算计劳动机会成本，劳动辛苦忍耐程度不会太高，并更倾向于通过日常消费和闲暇获取享乐状态。阶层分化下的农民家庭经济态度和行为也不尽相同，因为不同农户家庭基于经济条件和收入水平的差异而形成在村庄内部不同的经济社会结构性位置，并在此基础上表现出不同的经济态度和资源配置方式。

第六章主要讨论了农民家庭在理性变迁情况下的经济态度和行为选择的变化，变迁的主要形式是农民家庭在经济理性上的凸显和目的理性上的弱化。然后分别讨论了农民家庭在家庭伦理责任弱化和村庄社会性竞争压力减弱的情况下所呈现出的变化，主要是劳动伦理观变迁和消费主义观念兴起，总体上形成了农民家庭从勤劳经济到消费经济的变迁。

一、农民家庭经济的社会文化嵌入性

正如本书在导论中所提出来的研究方向，是在经济人类学视角下对农民家庭经济展开实体论的研究，而最重要的研究路径就是考察农民家庭经济行为的社会文化嵌入性。即农民家庭作为一个组织，要存在于社会结构中，其经济行为也自然要嵌入到当地的社会文化结构中。这样就能克服微观经济学和形式主义经济学在解释农民行为上的困境，形式主义经济学主要是用经济理性解释道德规则，而实质主义经济学则相反，是用伦理解释经济行为。如微观经济学和家庭经济学所讨论的农民经济行为中如何选择劳动和闲暇的问题，决定其作出选择的是个人偏好以及理性算计，即出发点是考虑劳动辛苦程度和劳动边际收益问题。恰亚诺夫所讲的劳动-消费均衡论也只是在经济效用和收益上讨论如何在劳动和消费、闲暇之间作出主观选择。而如果将其纳入到社会文化因素中，就可以清楚地分析农民家庭为什么在边际收益递减的情况下还要付出高强度的劳动投入，这就是本书所强调的农民家庭伦理和村庄社会结构等因素。

在这一基础上形成了中国农民家庭在文化上的“勤劳行为”，而这不同于经济意义上的“勤劳行为”。后者之所以做出勤劳投入，主要是因为基于生存压力和匮乏压力这种客观环境。文化意义上的勤劳则是在没有匮乏压力的情况下还要进行高密集劳动投入，并仍旧缩减日常生活开支、继续投入劳动生产。

在此基础上，农民家庭经济总体上形成了高投入、高积累和低消费、低闲暇的特征。一方面要在家庭内部实现劳动力的自我开发和最大化利用，如当前农村地区基本上都形成了以代际分工为基础的半工半耕模式，都属于这种选择。外出务工和农业生产都要付出辛苦和乏味的体力劳动，但为了挣得更多的经济收入，农民必须忍受这种辛苦程度，并减少日常生活消费和闲暇时间，以获得家庭财富的更多积蓄和积累。低消费主要是通过压缩家庭内部的日常生活性消费需要来实现财富的积累和大宗性消费开支的增加，如减少购买非必要的耐用消费品，而过着省吃俭用的生活。这种勤劳经济的形成不仅与农民家庭在经济理性上的考虑有关，更与农民家庭所具有的社会性和伦理性密切相关。也就是说，农民勤劳经济决策和行为的选择共同受经济理性和目的理性的影响，其中经济理性主要是指家庭在生存压力和匮乏压力下作出的不断进行劳动、投入的选择。

就经济理性而言，农民家庭经济中所表现出的半工半耕结构是基于农民家庭人口结构作出的决策安排，并在此基础上追求家庭经济收入的完整性。在当前人地关系紧张和劳动力就业受约束的情况下，农民家庭中的全劳动力人口可以参与到就业市场中，而半就业或无就业机会人口则将农业作为一种就业性质，从而可以降低家庭内部的劳动者与消费者比例，也即可以减轻家庭经济压力。也就是说，务工收入和务农收入构成了农民家庭经济的“两条拐杖”，剔除任何一条都会降低农民家庭的生活水平，这里体现出的是农民在经济意义上的“勤劳”行为。目的理性则是基于家庭内部存在的结构性压力和家庭在村庄中所处的结构性位置而作出的选择。家庭伦理主要是指家庭内部的代际责任、人生任务对家庭成员所带来的社会压力和经济压力。这种压力不同于生存压力和匮乏压力,是社会心理层面上所呈现出来的。生存压力和匮乏压力也会激发农民的勤劳行为选择,但当没有生存压力和匮乏压力时,勤劳经济行为就会出现变化,即不再选择勤劳投入。而属于目的理性范畴下的家庭伦理则不会受家庭经济条件变化的绝对影响,即就算家庭经济条件改善,农民还会继续投入到辛苦劳动中,并呈现出高投入、高积累和低消费、低闲暇的家庭经济特征。

如在半工半耕结构中,农民家庭很少会考虑边际劳动生产成本的递减,而只追求劳动生产总量和土地产出率的增加,这转化成微观经济学的内容就是闲暇对劳动的替代率较低。农民家庭往往都是不计辛苦地投入到劳动生产和财富积累过程中,这属于农民家庭在文化意义上的"勤劳"行为,而影响这一经济决策和行为选择的因素就是农民的目的理性考虑,其中很重要的一点是农民家庭对家庭生活理想的追求。如完成抚育子女、供其读书上学以及为其完成结婚成家的人生任务,只有这样才能"上对得起祖先,下对得起子孙"。农民家庭对人生任务的重视,一是基于本能上的考虑,如果不能完成就意味着不称职,是不负责任的表现;二是基于对家庭未来发展和再生产的期待,即讲究家庭血脉延续。所以,农民家庭所追求的人生任务最终都落脚在传宗接代上,即要为儿子建房娶媳妇后,还要抱上孙子,这样才了结了一桩心愿。

因此,农民家庭选择高劳动投入和低闲暇的勤劳经济行为,主要有两个因素:一是农民家庭中所存在的传统代际伦理,二是当前农民家庭中的代际剥削。这两个因素共同决定了农民家庭为了完成代际责任、人生任务而选择的家庭经济决策和经济行为。具体来说,农民家庭要完成人生任务,要在两个方面做好准备:一方面是减少消费开支,另一方面是增加收入来源。在这种"开源节流"的经济结构下,农民家庭经济才能不断积累,从而可以为人生任务的完成做准备。对农民家庭来说,其节约开支和积累财富都是指向家庭代际再生产，即通过在经济条件上支撑家庭内部的代际责任实现这一长远目标，而不是为了当前的个体享受。代际剥削主要是父代家庭为完成人生任务而将家庭资源和财富用于为子代盖房和结婚成家事务上，在当前形势下，农民家庭所面临的婚姻负担还在不断加重，主要是建房、买房费用的增多以及婚姻支付成本的提高。因此，因为家庭伦理责任和伦理负担的存在，农民家庭要承担这种负担和成本而选择勤劳经济行为，其具体策略就是“开源节流”，即消费开支上的节俭和增加收入来源。

概言之，农民家庭中形成高投入、高积累和低消费、低闲暇的经济结构，与家庭内部的代际伦理责任密切相关，正是因为有先赋性的地方性规则，农民家庭的经济决策和经济活动才受到约束。农民家庭经济活动的指向并不是为了现世个体的享受，而所有财富积累和积蓄是为了完成代际责任做准备。正因为有这种社会文化因素的存在，农民家庭可以不考虑劳动辛苦程度和边际劳动生产效率，而不计辛劳地进行农业生产或外出务工，总体目标就是进行财富的总量积累，从而可以为下一代盖新房以及结婚成家作准备。即使在当前婚姻支付成本不断提高和代际剥削日益严重的情况下，农民家庭仍然要承担这种负担，力所能及地为家庭增加收入来源，通过减少个体闲暇来增加劳动时间，从而构成了农民家庭勤劳经济的伦理基础。

农民家庭的经济决策、经济行为以及资源配置方式，不仅是个体性和家庭性的，还具有村庄社会性。即农民家庭组织并不是独立存在的，而是与村庄其他家庭组织发生互动和关系，其经济行为也就同样受到村庄社会结构的影响。这与卡尔·波兰尼和格兰诺威特所讲的嵌入性理论相一致。村庄社会结构对农民家庭经济的影响主要有两方面，一方面是农民家庭在村庄人际关系建构和人情消费上面对的经济压力，因为农民家庭要在村庄社会中生活，就要形成与其他人的社会关系建构，如先天性的血缘关系建构和后天性的人情关系建构，而这些都需要把人情消费作为一种关系润滑和建构的方式。而且人情往来在村庄社会结构中具有一定的强制性和道德内涵，村民不能随便退出人情圈，因此人情往来对农民家庭的社会行为和经济行为都产生了影响。而当前农村社会中的人情异化加重了农民家庭的经济负担，主要是指人情往来的经济互助和社会团结功能正在丧失，人情往来更多的成为聚敛财富的手段。人情异化对农民家庭经济负担的加重主要体现在人情礼金不断提高、人情名目增多等方面。

村庄社会结构对农民家庭经济影响的另一个方面是面子竞争下农民家庭的经济付出。面子竞争是村庄社会中的常态，主要是农民家庭之间在日常生活水平和仪式性场合下的竞争。农民家庭在面子竞争上的核心包括对本体性价值和社会性价值的竞争，对本体性价值的竞争与上文所讨论的家庭伦理责任相近，即要实现家庭、家族的延续和兴旺等目标。对社会性价值的竞争即农民家庭对村庄社会中的评价体系和声誉地位的竞争。具体来说，竞争形式主要有在生育行为上的竞争、盖房子竞争、仪式性场合下的竞争以及日常生活中的竞争。之所以说是竞争，是因为农民家庭在这几个方面要投入更多的资源和财富，从而能够在村庄社会舆论中得到较高评价，能够做得比其他农户好，这就是农民家庭参与竞争的心理基础。

面子竞争首先对农民家庭的社会性行为产生影响，但这直接牵扯到农民的家庭经济情况。面子竞争的几种表现形式都对农民家庭经济产生影响，都使得农民家庭经济不能独立存在，而是嵌入在村庄社会结构中。农民家庭经济决策和经济行为的选择，既要考虑家庭劳动力情况和基本经济条件，也要考虑与其他农户的比较。正是因为面子竞争的存在，农民家庭要更多地投入劳动力，并获取更多的家庭收入，以此支付面子竞争所需要的消费开支。农民家庭在住房和仪式性场合上的面子竞争同样加大了其经济负担和压力。

因此，农民家庭经济要嵌入在村庄社会结构中，参与人情交往和面子竞争成为农民家庭在村庄社会中获得身份和地位的重要基础，正是在人情交往中建构社会关系，在面子竞争中获取意义和价值，才使得农民家庭不是孤立性的存在，而是在与邻里村民的社会交往和竞争中展开社会行为及经济行为。其中，农民家庭经济行为更是要考虑这两个因素，而不能只考虑家庭个体需要和生活享受层面上的经济态度，勤劳经济态度和行为就成为必然选择。

二、勤劳经济到消费经济的变迁

在前文中，笔者曾讨论过农民家庭经济活动的三种态度，即消遣经济、勤劳经济和消费经济。消遣经济主要是以获取消遣为目的而减少劳动投入，这与费孝通所讲的消遣行为相同。萨林斯所讲的狩猎采集时期的原初丰裕社会所形成的低生产、低消费结构也是消遣经济的一种形态。在一定意义上，消遣经济态度也和中国自古以来就存在的无欲无求伦理相似，即要缩减欲求以获得道德理想。如孟子所说的“养心莫过于寡欲”，朱熹认为的“人之一心，天理存则人欲亡；人欲胜，则天理灭”，即“存天理，灭人欲”。勤劳经济主要是基于家庭伦理和代际责任等社会文化内核之上形成的经济态度，通过采取高密集劳动投入和不计辛劳的方式，以实现高积累、低消费的家庭经济结构。而消费经济主要是货币化指向的经济态度，将农民家庭挣得的收入用于消费需求满足和享受。

吴晓燕(2006)曾讨论过农民日常生活消费的三个约束条件，分别为社会化背景下货币压力的约束、传统“面子”观念的约束和农民最低消费忍耐度的约束。即农民家庭消费有一个约束条件区间，在满足最低消费需求和家庭货币经济条件之间。也就是说，一方面要满足家庭最低的消费需求，同时消费需求又不是无限扩大的，而是受到家庭货币收入条件的限制。而传统面子观念包括的家庭伦理责任和社会竞争压力，则决定了农民家庭在消费之间选择更趋向于最低消费需求，还是更倾向于达到家庭货币收入的最大压力。以这三个约束条件为标准，可以对勤劳经济、消遣经济和消费经济三种经济态度和行为作出区分。勤劳经济态度主要是在传统家庭伦理责任约束和村庄社会结构竞争压力下倾向于将消费支出偏向于满足家庭最低消费忍耐度一边，消费经济则正好偏向于家庭最大货币收入一边，消遣经济则是选择最低消费忍耐度和最大货币收入中间的状态。

在当前小农理性变迁背景下，农民家庭经济开始呈现出经济态度和行为上的变迁，即由勤劳经济转向消费经济，主要原因是基于目的理性基础上的家庭伦理责任弱化和社会竞争结构消解，其中影响最大的就是农民家庭在消费态度和消费行为上的变化。消费态度和消费行为的改变和表现，总体上来说是在经济条件改善条件下增加消费需求，用于积蓄和大宗开支的费用减少，日常性消费增多。因为父代家庭伦理责任弱化，村庄中在日常生活消费上的竞争以及代际关系失衡，使得农民家庭倾向于选择增加短期生活型消费。外出打工的年轻人群体则更倾向于将打工收入用于城市丰富多彩的生活方式上，积累和积蓄都很少，他们更加注重表面上的、视觉上的消费攀比。勤劳经济和消费经济的共同之处是都还要保持一定辛苦程度的劳动投入，只是在消费态度上有所差异。但勤劳经济的消费是减少日常生活开支消费、省吃俭用，不注重日常生活消费和享受；而消费经济一方面要有劳动投入以挣得家庭收入，另一方面要维持劳动投入与消费的均衡，即要在日常生活中投入较多花费。所以，消费态度和消费行为成为勤劳经济与消费经济的重要比较指标。

消费经济态度和行为首先不同于传统的勤劳经济行为，对于后者来说，勤劳付出是农民家庭经济活动的主体，其动力主要来自于三个层面。一个是个体层面上的，个体的劳动付出和积累主要是一种利他型经济，是作为经济的主体而非客体存在，要通过勤劳付出完成主体感受上的任务。第二个层面是家庭或家族层面上的动力，即勤劳经济行为指向整个家庭的发展，是为家庭负责的态度。第三个层面就是社会竞争层面上的动力和压力。而消费经济讲求的是为了个体享乐而进行消费，快感是建立在消费基础上的，也就是在消费中得到满足，这产生了不同于勤劳经济态度下的行为选择。如农业生产中开始降低劳动力投入和辛苦程度，在消费主义观念影响下，更加注重当前的短期消费。改变了传统省吃俭用的消费观念，认为农业生产和打工经济所挣得的收入就是为了当期消费和闲暇。农业生产和打工经济中开始计算劳动机会成本，将劳动力价格作为会计成本计入农业生产核算，并作为是否投入劳动的经济标准。而且，消费经济态度在年轻人群体中体现得最为明显，“对于年轻一代来说，有钱就是有钱花，东西就是用来消费的……他们也更愿意赶时髦，追逐消费潮流，比如换彩电、买摩托车等”（阎云翔，2006：249）。

消费经济也不同于消遣经济态度。消遣经济态度是建立在低度劳动投入基础上的低度消费享受，而勤劳经济是建立在高度劳动投入基础上的低度日常生活消费享受，消费经济则是低度劳动投入基础上的高度消费享受。消遣经济与消费经济在劳动-消费均衡点上是相同的，即都对劳动辛苦程度的忍耐度很低，而消遣经济是保持较低的消费忍耐度，消费经济则要保持较高的消费忍耐度。而且，消费经济在经济态度上更倾向于消费而非积蓄和积累，这就决定了其在劳动投入上的态度，即不会有太高的辛苦忍耐度，还会理性算计劳动投入的机会成本。在劳动投入并不能获取相应的收入时，就会停止投入劳动，而选择闲暇活动。这就是一种被动闲暇，即宁愿闲暇也不会参与报酬较低的劳动活动。被动闲暇就是消费经济的一种表现形式，宁愿闲暇而不愿从事劳动机会成本较低的工作，这与消遣经济中农民少消费、少生产和多闲暇的经济态度是不一样的，因为后者没有对劳动力的市场价格和边际生产效益进行对比。

在抽象层面上，消费经济区别于消遣经济之处还在于两者的行为理性，即消费经济建立在古典经济学的理性人理论基础上，货币支出主要是因为其能给个体消费者提供效用。“人们通常认为，获得和积累物品的目的在于消费所积累的物品，不管是由物品的所有者直接消费，还是由附属于他的家人来消费。这种消费可以满足消费者的物质需要、物质享受，或者满足更高层次的需要，即满足精神、审美、智识等方面的需要。”（索尔斯坦·凡勃伦,2011:13)因此,在消费经济态度支撑下的消费行为则基本上偏离了消费满足人之生存需要的基本功能和目的,消费目的已不再是人的生理和生存需要,而发展成为不断追求和无限制地增加非基本的需要,以此来显示其成功、富有和所谓高贵的社会地位。勤劳经济和消遣经济态度下的消费观念和行为主要注重的是消费物品的使用价值,而消费经济态度下的消费则关注的是消费品的时尚价值,人们消费的多少完全突破了生存和发展基本需要的限制(程秀波,2004)。这则进一步决定了消遣经济和消费经济在消费类型上的差异,即前者因为注重消费品的使用价值而要保持节俭型消费,后者出于对消费享受的追求而具有挥霍性特征。

而萨林斯所讨论的原初丰裕社会并不是通过消费来获得享受,主要还是基于生存性目的。正如让·波德里亚(2006:39)所说的:"原始部落丰裕社会,他们会一下子把所有的东西都消费掉,既没有经济上的考虑,也没有库存。"但这不意味着消遣经济不进行任何劳动投入,而是仍要通过密集度低的投入来换取刚刚够用的生活和生存需求。索尔斯坦·凡勃伦(2011)考察了美洲印第安人等少数民族的生活方式,发现在这种原始的单纯经济形态下,生存的代价就是劳动,每一个人必须工作,不管他们的工作是什么性质,没有高低贵贱之分。这种原始民族经济的内在驱动力不是出于盈亏上的考虑,而是一种自然的敬业精神及对后代的一种长辈关爱。人人都力求在他们分内的日常工作方面出人头地,偷懒(闲暇)虽不会受到责备,但绝不会赢得社会尊敬。这也就是消遣经济不同于消费经济态度的另一个特点,即消遣经济仍然属于勤劳经济的一部分,而"西方社会戏剧性的浪费,不再具备它在原始节日与交换礼物的宗教节日里所具备的集体的、象征性的而且起决定作用的意义"(让·波德里亚,2006:21)。

质言之,消费经济态度和行为的主要特征就是凸显了其货币经济性,而没有蕴含消费背后的目的理性和伦理性,如上文所讨论的基于农民家庭伦理责任上的经济赡养和大宗消费开支以及在村庄社会结构性压力下的有限道德竞争等。消费经济因为缺少伦理支撑而呈现出对享乐性欲望的满足,这被弗洛姆(2011)称为消极性消费。消极性消费指的是消费行为并非是出于自我实现的需要,而是取决于外在的诱导或强迫,正因为行为本身是非自主性的,这里就不存在丝毫的责任意识。这样一种消费(如购物成癖、攻读博士学位、追求因对贵重物品的占有而引发的优越感等)涉及以物质为载体的持续不断的外在刺激(甘绍平,2000)。

索尔斯坦·凡勃伦正是在这一基础上反对理性消费理论,提出了消费的文化理论,即认为习惯、习俗以及迷信等非理性都能决定人类的消费行为。索尔斯坦·凡勃伦作为制度经济学的创始人之一,主要根据人类学及其他社会科学来研究人类行为,强调个体行为受社会制度影响,而不是受理性与利己主义的驱动。他认为人的行为并不都是理性的,不是遵照理性的考虑力求效用最大化,而是遵循习俗与习惯。"炫耀性消费"这一概念正是否定了古典经济学的经济人观点,这种消费形式包括将贵重礼物送人、驾驶豪华赛车、举办奢侈的宴会等,而这又与原始部落时期举办的"夸富宴"不同。炫耀性消费行为是为了证明一个人的身份和社会地位,"夸富宴"则包括部落社会中互助的功能。

另一方面,勤劳经济虽然追求消费行为的伦理性,但"不是要求也不可能要求人们禁欲苦行,只是在对人的生命目的的解释方面,精神上的追求能够提供更实质性的内容。这是一种自我实现,这种自我实现固然需要以一定物质需求的满足为依托,但是当必要和合理的生活水平一旦达到之后,物质消费在数量及质量上的持续提高与人的自我实现就毫不相干了,因为自我实现所涉及的完全是无法用金钱来衡量和表达的。"(甘绍平,2000)这与本书所讲的农民家庭的目的理性是相通的,即农民家庭的生产、消费行为并不是纯粹的经济行为,而是蕴含着伦理意涵,如代际伦理、家庭责任、社会竞争等。

具体到中国农民家庭消费态度和行为中,就是通过劳动投入挣得收入后的资源分配主要用于积累和开支两方面。但在消费经济态度下，农民家庭的消费行为所蕴含的伦理性和价值性越来越少，即挣钱就是为了消费，消费就是为了满足生活需要和提高生活水平，这种消费观念大都是比较现实和功利的，没有了索尔斯坦·凡勃伦所讲的消费文化伦理。一方面，村庄中的年轻人群体受城市生活方式的影响，而很快就形成了对收入-消费的主观认识，因为脱离村庄场域，从而既不能感受到村庄社会中的竞争压力，又不能形成对家庭伦理的认识，便难以形成具有伦理性的消费观念。另一方面，因为村庄中代际关系失衡和代际剥削的出现，父代家庭开始通过当期消费来获取生活中的舒适感和享受，从而减少对子代家庭的劳动投入和经济贡献，这些都是农民家庭消费经济态度和行为的集中表现。

这类似于赫伯特·马尔库塞等西方马克思主义学者对发达资本主义社会民众消费观念变迁的分析。赫伯特·马尔库塞对消费观变迁的分析，主要是在《单向度的人》一书中进行分析。赫伯特·马尔库塞(2008:4)首先提出了发达资本主义社会存在“真的需求”和“假的需求”。后者是指“大多数对松弛、玩乐、按照广告来表现与消费、爱憎他人所爱憎的需要都属于这个假需要范围”。赫伯特·马尔库塞仍然是在马克思物化观基础上进行讨论的，他讨论的出发点是无产阶级和民众在这种虚假消费下丧失了自我和革命性，是西方马克思主义对发达工业社会的批判。而普遍来说，虚假需求成为纯粹经济理性的追求，而丧失了其他超越性的价值意义追求。

马斯洛曾提出过人的五层次需要理论，包括生理需要和安全需要、归属和爱的需要、尊重的需要、自我实现的需要。这包括了人的自然属性和社会属性。人的生理需要包括食、色、欲，是不可少和必须满足的。但只有生理需要是不够的，还要有社会需要和精神需要。而在赫伯特·马尔库塞看来，“真的需要”应该包含这种社会需要和精神需要，虚假的需要则逐渐丧失，人们的消费从而很少蕴含更多“真的需要”。弗洛姆

(E. Fromm)认为，现代社会中失去自我意识的人，正是通过高消费找到了自我。为了弥补在发达工业社会中标准化生活所带来的精神空虚和创伤，他们拼命地挣钱，然后尽情地挥霍、享受。最后，消费作为达到目的的手段，现在却成了目的本身[①]。这里所说的虚假消费同样是消费经济类型的一种表征，消费可以使人获得娱乐与享受，但却不能带来自我实现，也即不能给农民家庭带来意义感和价值感。

农民家庭中消费经济的指向主要有几个因素的影响。首先是客观收入水平的提高，随着农民家庭人口结构中同时由务农和务工两部分收入组成，经济收入条件已经得到了很大改善。在这一基础上，农民家庭就可以提高消费水平，如加大对生活型消费品的需要，可以购置家庭日渐需要的各种现代家电和电器等，如太阳能热水器、洗衣机、电冰箱等以前从没有用过的设备。总体而言，家庭收入水平的提高使得农村社会在整体上提高了消费水平。在匮乏经济时代，很少有农户可以随心所欲地满足家庭消费需求，只有那些经济条件较好的上层家庭才具备这种消费条件。索尔斯坦・凡勃伦也指出，在经济发展的初期阶段，通常只有有闲阶级无限制地消费物品，尤其是消费一些高级物品——在观念上，只有有闲阶级才能进行超过最低生活需要的消费。对于食物、饮料、麻醉品、住所、劳务、衣着、装饰品、武器装备、娱乐片、护身符和神像，他们是随意消费，而且是消费最好的(索尔斯坦・凡勃伦，2011:34)。

其次，随着当前市场化和社会化水平的提高，农民家庭已经被裹挟到整个开放的市场环境中去，而不能再独立地自成一体，“小农生活中的每一个环节、每一个步骤都需要以现金购买商品和服务。面临巨大的货币支出压力和高社会化的现金需求，其行为逻辑是追求货币收入的最大化”(贺红梅，2009)。也就是说，农民家庭已经不再有自给自足的经济，而是要参与到市场交换中去。虽然还有少数农民家庭可以通过“庭院经济”来

① 向益红.从“虚假需求”到“异化消费”——“西方马克思主义”现代消费观批判及其现实意义[J].重庆工学院学报，2006(6).

减少市场需求和消费，但总体上的市场环境要求其进入市场。如农业生产过程中产前、产中和产后的市场化程度大大提高，购买农药、种子、化肥等农资的价格不断提高，产中阶段雇请机械的成本也在近几年飞快提高，产后阶段的粮食销售也要通过粮食经纪人进入到收购粮食的企业单位。

徐勇(2006)在讨论社会化小农时也作出过分析，他认为农户家庭在吃、穿、住、行等方面都已经全方位社会化，生活、生产的中每一个环节和每一个步骤都需要以现金购买服务与商品。而社会化的潜台词就是货币支出，巨额的货币支出导致小农持续性的货币压力。随着农民家庭货币压力的上升，其消费支出偏好也受到影响。徐勇认为当前农户家庭的支出偏好顺序依次为家庭教育支出、医疗支出、生产支出、人情往来支出，最后为生活社会化所需要的其他支出，如燃料、电费、电话、衣物支出等。另外，还有非日常性的婚、丧、嫁、娶、建房等一次性的大额支出。

再次，农民家庭在主观层次上对消费需求的增加。一方面是因为当前农村社会受到城市消费文化的影响，农民家庭开始追求更高的物质生活水平。城市迅速膨胀的消费欲望和强烈的消费刺激借助于现代化的快捷方式传递到农村，从而使得农民家庭越来越不满足于以前的生活方式，对生活水平提出了更高的要求。如肉、蛋、奶、蔬菜、水果的市场购买率增加，烟、酒、副食的消费增加，衣服消费也体现了多样性(贺红梅，2009)。另一方面则是上文中所说的农民家庭伦理责任上的弱化和村庄社会竞争结构的变化，这种消费伦理变迁构成农民家庭主观上追求消费生活多样化的更深层次原因。这种缺失伦理价值的消费诉求更多的等同于索尔斯坦·凡勃伦所说的有闲阶级“炫耀性消费”，就是认为“不从事生产而从事消费是光荣的”。这种消费态度实际上也是西美尔(2002)在货币哲学中所强调的，消费经济导致了货币的客观性，而这意味着货币的非人格化或去人格化。

消费经济态度和消费主义观念的形成对农民家庭及村庄社会产生了很大影响。在消费经济时代，消费和时尚成为地位与能力的象征，也成为人们从事劳动的理由和动力，而不再等同于勤劳经济和消遣经济。在后两种经济态度下，人们从事劳动的理由和动力有很强的超经济性。具体来说，勤劳经济选择是因为有伦理责任和竞争压力，消遣经济是为了避免辛苦。这样在经济态度上，人们日益接受消费经济的理念，开始接受电视广告铺天盖地的宣传，逐渐像城市人一样，将消费和时尚当作快乐和成功的来源。而乡村社会也越来越受到货币经济的冲击，消费攀比和面子竞争越来越严重。这种面子竞争不同于勤劳经济态度下的面子竞争，勤劳经济态度是建立在道德伦理基础上的，而消费经济态度下的竞争则纯粹是经济货币意义上的，只有消费的外显形式而没有了消费内容。

消费经济态度还使得农民家庭在资源配置和时间分配上发生了变化，因为消费经济追求的是通过家庭劳动力的合理配置来追求收入最大化。正如加里·斯坦利·贝克尔(2005:4)所讲，家庭行为受时间和货币两个因素限制，家庭决策的代价要用时间和货币来衡量。当一个家庭的时间和货币既定时，为了使家庭行为最大化，家庭成员就在户主的组织下，对有限的资源进行最合理的配置，进行家庭生产。而且，在消费主义观念上，农民家庭要有一定的消费时间和闲暇时间，因为只有通过时间才能将赚得的收入转化为需求满足。每个人的配置时间就像把货币收入配置到不同的活动上一样，从花费在市场上的劳动时间中得到收入，而从花费在吃饭、睡觉、看电视、从事园艺和参加其他活动的时间中获得效用(加里·斯坦利·贝克尔，2005:30)。正因为消费经济对时间的重视，从而影响了农民家庭的生育观念和态度。这主要是因为生育孩子与否以及生育数量的多少，在很大程度上取决于比较成本。具体来说，消费经济态度下的农民家庭认为对孩子的需求取决于家庭收入、父母的时间价值(特别是母亲的时间价值)。如果是勤劳经济态度，则不会在这一层面上考虑生育行为，因为利他主义的父母可以将全部资源都投入到子代身上，尽管其认识到对子代投入越多，对自己的支出就越少。而在消费经济态度下，就要考虑生育子女对其本身消费行为的影响，即如果多生育子女，就会增加农民家庭的经济负担，这意味着其自身消费需求和享受的缩减。

三、半工半耕生产结构与农民家庭经济的合理性

根据上文可知，农民家庭经济选择主要考虑经济理性和目的理性两个因素。经济理性下的考虑主要是充分利用家庭劳动力，实现资源最优配置，从而达到家庭收入的最大化；目的理性的考虑主要是农民家庭要从事勤劳劳动，保证高劳动投入、低消费开支、低闲暇娱乐的经济状态，从而能够完成家庭伦理责任和建立起家庭在村庄中的有利位置。在当前情况下，以代际分工为基础的半工半耕生产结构正是农民家庭的理性选择。即家庭中中青年劳动力可以进城务工，获得工资性收入，留守老人和妇女可以在家进行农业生产，获得农业收入，这样就可以实现大部分农民家庭收入的最大化。

因此可以说，当前建立在代际分工或夫妻分工基础上的半工半耕生产结构正好与农民家庭经济选择相契合。不管是留守农业还是中农经济，都是农民家庭在寻求经济收入最大化和完成家庭伦理责任方面所作出的选择。就留守农业来说，其可以构成半工半耕生产结构中的重要一环。留守群体从事农业生产既可以为这种半劳动力提供就业机会，又可以充分挖掘留守劳动力的土地产出率。虽然当前农业生产大部分是由老年人管理，但这并不意味着土地产出率很低，反而会比规模经营农业有更高的土地生产率。因为留守群体从事农业经营是不计劳动成本的，他们可以将大部分时间都投入到农田中去，进行非常精耕细作的生产和管理，自然也会实现较高的粮食产量。对于中农经济来说，正是因为村庄中有一部分群体进入了城市劳动就业市场，他们可以将土地流转出去，这样就可以使得村庄中的中年人群体扩大土地经营面积，从而就能实现最大的农业生产收益。

半工半耕的生产结构正好可以为农民家庭提供经济意义上的勤劳付出和文化意义上的勤劳付出。就前者而言，因为存在城乡二元的劳动力就业市场，农民家庭内部的半劳动力和全劳动力都可以实现自身的劳动

力价值。留守老人和妇女可以在“去过密化”的农业生产中实现劳动力价格,中青年人自然可以参与到城市劳动力市场中去实现更高的价值。这样,农民家庭劳动力就可以获取双份收入,减少了家庭中消费支出的各种压力和生活压力。就文化意义上的勤劳而言,半工半耕生产结构可以实现家庭中每个劳动力的最大化“自我开发”。因为有家庭伦理责任和村庄社会经济竞争的存在,农民家庭都要想方设法获取收入,并将这一手段转化为目的,即实现家庭再生产和家庭理想。在缺少城市劳动市场前,大部分农民家庭主要依靠农业生产来谋得收入,以此来实现较低水平上的抚育、养老等责任,维持着村庄内部较低的经济社会竞争。也就是说,在打工经济兴起之前,农民家庭主要是通过黄宗智所说的“过密化”劳动投入来实现经济意义和文化意义上的勤劳,因为这是大部分人的唯一选择。

随着城乡二元劳动市场的开放,农民家庭仍旧在寻求新的方式来满足这种需求。对于留守农业来说,这不是一种被动选择,而是一种主动选择。对农村中的半劳动力群体来说,在以前全家劳动力都可以投入到农业生产中时,老年人很早就会退出农业生产过程,所能做的只是辅助子代家庭。而当前因为中青年人劳动力能够外出打工,就给这部分留守群体提供了实现劳动力价值的最好机会。虽然农业生产也很辛苦,但农民家庭中的老年人正可以通过这种春种秋收的农业生产过程获得自身的价值。更进一步,可以为农民家庭责任的实现继续贡献力量,而且是非常重要的力量。因此,半工半耕生产结构对于农民家庭来说,是实现家庭经济生活水平提高和担负家庭伦理责任的最好选择。

而在当前情况下,农村社会中发生的资本下乡和大规模土地流转就对这种半工半耕的生产结构产生了重大影响。规模经营和资本下乡都是在当前追求农业现代化话语和规模效益话语下的一种行为,主要是通过流转分散农户的土地以实现大规模的农业生产经营,从而避免分散型农户在机械化使用和劳动生产率上的弊端。因此,各种企业资本不断进入农业领域,加上地方政府认为小农经营存在各种弊端,从而提出推动发展现代农业、规模农业和家庭农场等经营形式，使得资本和地方政府很快形成利益合谋的状态。地方政府有推动农业规模经营的积极性，主要是通过土地流转迫使小农退出，实现大户和企业等集约经营农业，这可以成为地方政府追求政绩的手段。企业资本为了获得农业利润，大都改变农业种植结构，发展各种效益更高的经济作物。或者，通过扩大种植面积获得规模收入。

现实逻辑却是资本经营农业改变了农业维持农民家庭生计的基本功能。农民虽然可以获得一定的租金，但这远远不能满足整个家庭运转和经营的需要。因为资本介入到农业中，就在地方政府支持下通过规模土地流转的方式实现了“去小农化”经营，小农就丧失了进行半工半耕的基础，中农群体也因为流转不到土地而被消解。在这一过程中，资本经营农业大都会得到众多政府项目资金的扶持，从而可以大大减少生产成本投入。如湖北省的一个国家级龙头企业在政府支持下流转到了3000亩土地面积，并争取到上千万元资金的农业项目用于土地平整、安装地下水管和用于水利灌溉的电子阀控制系统。这基本上能实现机械化和自动化经营农业，但其获得的农业利润是与农民无关的，甚至是在剥夺本属于农民自身的农业剩余价值。这样，资本经营农业在实质上就打破了农村自发形成的维持家庭生计模式的半工半耕经营方式和中农经济形态。

而且，资本经营农业也对农民家庭经济产生了很大影响。在半工半耕的生产结构下，农民家庭可以依靠劳动机会成本较低的留守群体从事农业生产，虽然务农收入不高，但仍旧具有较高的经济社会收益。如正是通过自身耕作实现了自给自足，农民家庭可以减少进入市场购买粮食和生活用品的高额成本，并能减少进城务工群体在城市的消费。在一定意义上，正是借助留守群体的农业生产，可以解决农民家庭在农村的所有开支需求，如人情消费、小孩读书费用、农业生产费用和日常生活费用等。进一步，就使得外出打工人员的收入成为农民家庭中的净收入。而当工商资本等企业进入农业生产后，留守群体就失去了继续务农的条件，也就意味着这部分群体不再能够产生劳动价值。因为这些群体已经不再具备进入城市就业市场的机会，这就使得农民家庭经济缺失了一条重要的“拐杖”。

从这个层面上说，资本经营农业使得农民家庭缺少了在经济意义上的勤劳经济投入，这对中农经济的冲击就更为明显。在上文讨论中也提出，中农经济不同于留守农业的地方在于，其主要依靠农业生产获得家庭经济收入，而留守农业的经济收入只是家庭中的辅助性来源。资本经营农业主要是通过相对较高的租金来流转分散农户的土地，那些之前免费或以较低价格流转给中农群体土地的村民，就会更愿意选择将土地流转给资本企业，而不再流转给中农。因此，中农群体就不能再依靠农业生产来满足家庭日常生活消费需求和大宗消费需求，而只能选择另谋出路。

资本经营农业还使得农民家庭缺少了在文化意义上进行勤劳投入的行为选择。在资本没有将土地流转之前，农民家庭可以通过较高的辛苦度来从事农业生产，通过提高土地产出率来实现收入的微小增加。这就会对农民家庭完成人生任务产生重要帮助，并可以成为农民家庭在村庄社会面子竞争中的筹码。而土地的“被流转”就使得农民家庭不再能够通过这一途径来完成这种责任。上文所讲，农民家庭在文化意义上的勤劳行为选择主要是高劳动投入和低消费、低闲暇的结构。而当留守群体既没有了土地可以经营，又不能进城打工后，这一群体就不能实现高度劳动投入了。而且因为收入来源的减少和消费需求的增加，农民家庭中留守老人的消费开支就更为缩减。这样，留守群体在农民家庭经济中就成为了一种低度劳动投入或无劳动投入的状态，日常消费开支大大减少。这对于农民家庭在完成家庭伦理责任和在村庄社会中的竞争都产生了很大的负面影响。

因此，当前及未来很长时间内，农业仍旧发挥着维持家庭生计的重要功能，任何想试图改造小农农业的尝试都是对农民剩余价值的损害。以代际分工为基础的半工半耕模式和中农经济形态是在城镇化、打工经济和农民分化背景下，农民所选择的经营农业的最佳方式，其不仅能够满足农村各个群体对家庭生计的需求，更能保持农村社会的稳定和农业生产的发展。

附录 A　精准扶贫背景下农村贫困的类型、形成机制与治理

一、问题的提出

消除贫困是实现全面小康社会目标的重要标志。改革开放以来，伴随中国经济的快速发展，共有 7 亿多农村贫困人口成功脱贫，中国减贫工作成效显著。但另一方面，农村社会仍然有 7000 多万贫困人口，贫困形势依然非常严峻。2015 年 11 月，中央扶贫开发工作会议提出了"精准扶贫""精准脱贫"的政策要求，并提出要在 2020 年实现全面脱贫的目标。精准扶贫政策的出台对解决农村贫困问题是一个重大契机，表明中央自上而下对贫困的重视达到了一个新高度，扶贫工作也因此由部门工作变为政府中心工作，并成为一项新的考核任务。国家层面上对贫困的重视和扶持，将有效地解决农村贫困问题，但贫困是一个发展中的问题，应该在发展的过程中认识贫困和化解贫困。当前在精准扶贫的契机下，应该形成对农村贫困问题的充足认识和理解，这样才能更好地对症下药。

已有关于农村贫困研究的文献数量众多，其中很大一部分聚焦在贫困的类型和成因分析上。具体来说，学界将贫困类型主要划分为制度贫困、权利贫困、文化贫困和能力贫困等。其中，对贫困的制度性研究最早是由社会学家汤森德阐发的，他认为贫困的原因在于分配不公正和相对剥夺。制度性贫困的分析起点是将贫困的成因归于宏观政治经济制度、社会制度等，如城乡二元的体制使得农村社会难以获得公平的社会保障、公共服务和政治权利，城乡二元的户籍制度影响农村劳动力的流动和就业机会的获取[1]，更有学者认为城乡二元分割的制度壁垒是农村贫困形成的根本性制度原因[2]。王曙光认为农村存在制度供给不足型贫困，如公共财政制度、社会保障制度和收入分配制度供给不足成为致贫原因[3]。

与制度性贫困相关联的是权利贫困,即农民权利缺失导致的贫困。权利贫困包括政治权利和发展权利,前者主要是指缺少民主参与权,发展权利主要是缺少社会保障、养老保险和医疗保险等基本公共服务。权利贫困是一种社会形式上的贫困,其不同于生理形式上的贫困[4]。文化贫困不单单指农民的受教育程度低、文盲率高、科技文化水平低,更重要的是思想观念层面导致的贫困。贫困文化最早由人类学家刘易斯(O. Lewis)提出,是指与贫困群体的生活方式、生活态度、生活行为等相关联的一套价值观念[5]。

制度贫困、权利贫困和文化贫困都属于结构性贫困,是社会在发展过程中形成的一套相对固化的制度结构、经济结构和文化结构所形塑出来的贫困状态,这种多元化的结构整体上导致了农民和农业产业的弱势地位[6]。而正是在这种结构性困境下,出现了农民的能力贫困。能力贫困由阿玛蒂亚·森提出,是指人的发展能力不足。一方面是缺乏发展所需要的土地、人力资本和生计资本等[7],另一方面是指缺少发展机会及资源获取手段[8]。除此之外,产生贫困很重要的原因是贫困的代际传递,贫困家庭因为缺少发展的人力资本、物质经济资本、社会关系网和文化观念等,造成了代际之间贫困的传递和延续[9][10]。

以上关于贫困的解释为本文开展对贫困的研究提供了很好的理论基础,但这些研究也存在一定的不足,即并没有与农村社会的实际贫困场域相结合。本文以三峡库区秭归县农村为案例来分析贫困的类型和产生机制,在此基础上形成对贫困现象的完整理解,从而为精准扶贫和贫困治理提供更好的应对之策。

二、地方社会中的农村贫困现状与结构性困境

秭归县位于鄂西山区,是三峡库区坝首,历史、地理因素使秭归县从开始便被划为国家级贫困县。这意味着当地不仅贫困人口基数大,而且贫困发生率高。根据调研统计,整个秭归县人口为 38 万人,贫困人口有

5.95 万人，贫困发生率为 15.66%。具体到单个村庄，贫困发生率可能更高。如郭家坝镇百日场村全村有 1879 人，而有贫困户 157 户，共 447 人，贫困人口占全村人口的 23.79%。贫困户的特征在当地也比较明显，如仍然住着破旧的土墙房，家庭中有低保或五保，有重大疾病或残疾等，部分贫困情况如表 1 所示。

表 1　秭归县部分乡镇的贫困情况

乡　镇	总人口/人	贫困户/户	贫困人口/人	贫困发生率/(%)
杨林桥镇	27000	1669	4178	15.47
茅坪镇	87640 (以农业人口 38626 人计算)	2397	6280	16.26
九畹溪镇	23141	1653	4024	17.39

在当前国家实施精准扶贫政策背景下，农民脱贫成为重要目标。秭归县也制定了详细的脱贫目标和时间表，即到 2018 年，秭归县要实现“47 个贫困村出列、2.22 万户脱贫、5.95 万贫困人口销号”，并要做到精准识别和精准帮扶。如秭归县桂村共有农户 486 户，共 1671 人，在经过工作组多次摸排识别后，确定贫困人口有 85 户，共 248 人。并在此基础上对贫困户进行了分类，根据致贫原因分类，桂村因病、因残致贫的农户有 34 户，因学、因灾和缺土地致贫的农户有 10 户，因缺少技术、劳动力和资金致贫的有 24 户，因交通条件落后和自身发展能力不足致贫的有 17 户。农村贫困现象是一种常态，农民家庭中先天能力不足或劳动力不足，造成家庭收入少和再生产的能力较弱，老弱病残家庭无法完成家庭再生产，就产生了家庭贫困现象。笔者在秭归县几个乡镇调研时，发现当地的贫困现象非常突出，贫困发生率高，而且在整个地区是集中连片地出现。

秭归县的农村贫困有其形成的客观原因，总体上属于历史性贫困和区域性贫困[11]。历史性贫困是指秭归县集“老山穷坝库灾区”于一体，先天条件不足，三峡库区移民也对当地农村的发展造成了很大影响。区域性贫困则是指秭归县在地理环境上山大人稀，村庄都坐落在崇山峻岭间，交通条件极为不便，地区发展不平衡导致了贫困的产生。同时，秭归县山区面积大、土地少，资源的限制造成人地关系紧张，当地粮食作物种植受限，基本上只能种植玉米、红薯、土豆等满足自我需求。在经济作物发展上，虽然地方政府进行了多次产业结构调整，发展柑橘、核桃和茶叶等产业，但这些产业并没有发展起来。农民收入就只能依靠传统的粮食作物种植，而这只能实现自给自足，如果再遇上天灾人祸，就更容易陷入贫困。这都造成当地的贫困发生率远远高于平原农村和东部农村。

但在当前城镇化进程加快、城乡劳动力市场统一的背景下，农民可以选择进城打工，外出打工成为大部分农村家庭的主要收入来源。在农民家庭结构中，中老年人可以留守在家获得农业收入，中青年劳动力进城打工获得务工收入，半工半耕的家庭经济结构成为实现家庭再生产的主要方式[12]。在这种背景下，秭归农村却仍然有较高的贫困发生率，而且属于集中连片型，这就说明贫困不仅仅是经济逻辑所能解释的[5]，而且有其自身的形成机制。

三、农村贫困的类型、特征与形成机制

虽然贫困的外显特征相对一致，但贫困的类型和形成原因却大不相同。根据秭归县当地的实际情况，主要有三种贫困类型，即收入性贫困、支出性贫困(消费型)和社会性贫困。

(一)收入性贫困:内涵与特征

收入性贫困主要是家庭劳动力不足、残缺，或因为患有重大疾病、残疾等先天症状，使得整个家庭获取财富的能力不足，是能力不足导致的贫困，最明显的是因病、因学致贫的家庭。家庭劳动力能力不足、劳动力不健全，既不能外出打工，又不能在家种田，导致收入不足，主要造成的是家庭绝对贫困。低保户家庭、病残家庭大都属于这一类型的贫困。如在郭镇的陈家村，绝对贫困户占全村人口的10%，基本上都是智力残疾、重大

疾病及其他残疾等情况，其他都是相对贫困。相对贫困家庭是因为处在家庭生命周期的上升期，家中有小孩上学读书，教育开支压力大，家庭劳动者与消费者比例不匹配[13]，或者家庭发生临时性灾难，如面临建房压力等造成的贫困。

收入性贫困主要有三个特征。首先，收入性贫困家庭维持着一种低收入-低开支的家庭经济结构。因为家庭劳动力不足或残缺，难以通过务农和打工获得足够多的收入，这部分家庭大都只是从事简单的农业生产以满足日常生活，整个家庭并没有任何财富积累。在开支上，主要是保持最低水平的自给自足，很多家庭连基本的日常生活用品都无力购置，更遑论家庭的大宗开支，如没有足够的资金用于修缮旧房或建设新房，维持着最小范围内的人情交往圈，且人情费用低于村庄一般水平。在秭归县农村，一般农户的人情标准最低是 200 元，而对于贫困农户而言，只能保持在几十元的水平。总之，因为缺乏获取收入的能力，贫困家庭被迫保持低收入-低开支的生计模式。

其次，收入性贫困家庭大都属于绝对贫困，处于农村社会阶层分化中的底层或边缘化位置。在农村阶层分化中，经济收入是最重要的标准，而收入不足、积累不足的贫困家庭就自然处于村庄社会中的最底层。而低保户、五保户和光棍等群体，基本上将全部精力放在创造更多家庭收入、走出贫困上面，就没有时间和能力参与到村庄公共事务的讨论及建设中，也就在村庄中逐渐失去了话语权，从而处在了边缘位置[14]。

再次，收入性贫困家庭的代际传递性强，家庭内部的再生产难以完成。在贫困家庭中，父代家庭因为缺少能力和资本而无法形成财富积累，也就很难为子代完成建房、娶媳妇等人生任务。对于子代来说，因为从小在家庭中获得的资本和支持少，大部分人初中辍学后便选择外出打工。但这一群体又缺少现代市场环境中所需要的知识和技术，从而只能进入低端劳动力市场，依靠体力赚取微薄收入，难以创造家庭再生产所必须的财富积累。

(二) 支出性贫困:内涵、表现与形成机制

支出性贫困或消费性贫困主要是指将家庭收入中的很大一部分用于支出和消费,造成家庭积累少,这种贫困类型一般是相对贫困。因为这种家庭具备创造收入的能力,而且收入也不一定很低。在秭归县农村,劳动力健全的家庭基本上都可以挣到 3 万元左右的年收入,但即便如此,很多家庭都没有存款或者存款很少。这就表现出家庭积累性不足和发展能力不足的特征。

1. 支出性贫困的两种表现形式

(1) 收入-开支的低水平均衡

家庭财富积累少可以分为两种类型。第一种类型是一些家庭本来收入就不够高,然后基本将全部收入消费掉,维持着一种自给自足的平衡状态,这就造成了家庭内部收入-开支的低水平均衡。

秭归县桂村所在的高山地区基本上没有发展成熟的产业,大多数农户都保持着传统的粮食作物种植方式和牲畜养殖方式,而且只能维持种植和养殖的内部循环。桂村基本上每家每户都养殖生猪,主要是用自家种的红薯、土豆、玉米等喂猪。这样,种植的粮食作物就基本不进入市场销售,而形成粮-油-猪内部循环模式。因此,当地农户家庭收入的主要来源就是依靠养猪获得。但养殖收入非常有限,一是因为农户养殖的规模较小,二是因为农户养猪的目的并不全是获取收入,很重要的目标是用于家庭肉类的自我食用,每个家庭基本上能够保持一天一斤猪肉的食用标准。这样,农户家庭更注重追求生活型的满足,而其积累意识和积累动力则较差,从而造成整个家庭的积蓄比较少。再加上日常生活消费开支和人情开支,家庭积累就更少,或者说日常生活开支和人情消费等仪式性开支抵消了本就不高的家庭收入。

案例 1。桂村十一组一个 73 岁的老婆婆,家里有 3 口人,儿子 40 多岁还是光棍,每年过年都会杀两头猪用于家庭食用,但她还嫌少,认为"一

个人平均不到一头”,一头猪有240斤,基本上一天能吃一斤肉。在其他生活开支上,每个月还要买3斤烟叶,20元一斤,共花费60元。还要购买散酒,8元一斤,基本上一天喝一斤,一个月就要花240元。除此之外,还要参加一些亲戚朋友的宴席,发生人情开支。多样化的消费开支使得其家庭没有任何积蓄。

收入与开支平衡的家庭,由于没有很强的获取收入的能力,因此收入来源有限。传统的粮-油-猪模式只能实现自给自足和家庭内部循环,但却解决不了建房、子代结婚等问题。家庭收入的有限性和低积累度使得家庭可以面对日常生活,但这种低度均衡不同于北方农民在家庭生计上减少开支的生活逻辑[15],就产生了低度、短期积累和长远需求的矛盾,从而在面对结婚、建房等任务时要么借钱,要么应对不了而完不成人生任务,造成家庭内光棍和贫困的产生。

(2) 高收入-高支出结构

第二种积累不足的家庭在收支结构上保持着相对较好的收入,但开支也大,所以总体上也是收支平衡,节余和积累少。即当地村民所说的,“挣的少花的少,挣的多花的也多”。

案例2。桂村高某的女儿和女婿在北京打工,年收入能有八九万元,但开支消费很大,等到过年回来时也就节余五万元左右。在外打工的人如此,在家谋生活的人也是如此。向祖成是桂村三组的理事长,家庭收入主要依靠柑橘、妻子在外打工和自己打零工,年收入能达到五万元左右。但向祖成家里却基本没有积蓄,主要是因为开支太多。其中,人情开支占到家庭收入的三分之一,“光赶人情就要近两万元,三组的人情基本上都要去,桂村其他组的人情也要去”。此外还包括两个小孩读书的生活费和学费,两个人一年就要花费1.6万元。所以,人情、教育等大额开支使得整个家庭没有产生积蓄的基础。

2. 支出性贫困的形成机制

支出性贫困的本质是家庭积累少，而家庭积累少同时与获取收入的能力和消费方式有关。家庭积累少首先表现在获取收入的能力上，不同于收入性贫困的家庭是劳动力资源短缺，支出性贫困家庭则是有足够的劳动力，但劳动力的配置方式和家庭生命周期阶段影响到了其获取收入的能力。另外，家庭积累少还与消费方式有关，这主要是受地方社会的家庭伦理和生活目标的影响。

(1) 家庭劳动力配置方式与家庭财富积累

家庭劳动力配置方式是指家庭内部对劳动力的安排。在当前打工经济背景下，家庭收入的主要来源是务工收入，整个家庭经济结构是半工半耕，即父代或妇女在家务农获取农业收入，青壮年劳动力外出打工获取打工收入，从而可以支持整个家庭完成建房、结婚等人生任务，也即完成家庭再生产和社会再生产。但笔者在秭归县农村调研时却发现，当地家庭的劳动力配置方式并不合理，这包括家庭内部个体层面上、代际之间和夫妻之间的劳动力配置方式。

在个体层面的劳动力配置上，当地村民选择外出打工的时间短，而且是出去得晚、回来得早，即一年之内在外打工的时间也就七八个月。这种现象与当地村民选择外出打工的行业有关，即大部分人都愿意跟着工程干，而不愿意到厂房企业上班，即便年轻人也是如此。像当地村民所说的，“农村人不想受拘束，而且厂里工资还低”，而跟随工程做工虽然收入相对高一点，但做完一个工程后却不能保证下一个工程会接续得上，或者做另一个工程就要换地点。所以当地很多村民在做完一个工程后就会选择回家，一方面是因为还剩下两三个月就要过年，要准备回家；另一方面是劳累了将近一年也该回家休息一下。这样，打工时间短和不可持续就使得收入相对有限，再加上打工收入用于家庭开支，就无法形成较多的积累。

案例 3。桂村十一组组长的五弟是光棍，1970 年出生，2015 年出去打工的时间只有 6 个月。他年初跟村民一起到辽宁打工，这个工程做完后不想再到其他地方打工，就回到家休息。另外也有一些跟他一起去辽宁打工的人后来就又到云南继续打工了，这些人要到腊月十几才能回家。组长的弟弟出去打工已经有 5 年，每年打工时间都只有四五个月，然后就回来，回来之后就基本上将半年多的打工收入花销掉，等到第二年再继续出去打工。在当地，出去打工一整年的少，工程结束后基本都要回家过年。

代际之间劳动力安排的不合理也限制了劳动力价值的充分发挥。这主要是指当地农民家庭没有形成代际之间的合理分工，即父代家庭帮忙照顾孙代、在家务农收入保障整个家庭的日常生活开支，子代外出打工，形成半工半耕的经济结构。在秭归县农村的三代家庭结构中，很少有父代为子代家庭照顾孙代的，一般是父代在儿女成家后，就保持自给自足的生活，主要依靠种养殖的内部循环来满足基本生活需要，也不会给子女增加负担。

案例 4。桂村八组的黄兴海老人，64 岁，在家种植了两亩柑橘树，可以收获 1.2 万斤，2015 年价格不好，卖五毛五一斤能有 6000 元收入。平时还种植玉米、黄豆、红薯、土豆等，一共收了 4200 斤玉米，红薯六七千斤，全部用于喂猪、喂鸡。黄兴海喂了 3 头猪，每头猪都有 500 斤左右，2015 年年底市场价是 8.5 元/斤，一头猪就能卖 4000 元。但黄兴海只卖了一头，另外两头要杀掉自己吃。他还喂了 20 多只鸡，主要是给自己、女儿和女婿吃。黄兴海老人一年的柑橘和养猪收入有一万多元，但赶人情就要花费五千多元。

上述案例所讲的生活方式是当地老年人比较正常的状态，虽然老年人也会将挣得的收入支援子女，但很少会帮助其照看孙代。像当地人所说："上了 60 岁的老人都不愿意带孙子，孙子上学、生病等都需要照顾，很麻烦，照顾不好还要被儿子、儿媳说。"因此，父代不愿意照顾孙代就使得子代核心家庭内的劳动力无法全部外出打工，而必须要有一个人且大多都是年轻妇女留守在家照看小孩，这使得家庭内部全劳动力的价值被牵扯，从而影响了家庭收入的增加。

而这同时也影响到家庭内夫妻之间的劳动力配置，即在当地很少有年轻夫妇共同外出打工的，而是女方留守在家。在桂村十一组 42 户家庭中，夫妻两个出去打工的只有两对。年轻夫妇不能共同外出打工为家庭积累，一方面是因为父代不能帮忙照顾孙代，另一方面则是因为当地人本身的逻辑，即在秭归县农村，大部分妇女 40 岁左右就不出去打工了，而主要在家照顾小孩上学、种田。因为当地小孩上学都要去离家 20 里路远的乡镇小学，“要五天一换衣服，十天一接一送”，妇女在家就基本上以子女为中心。

案例 5。十一组组长的大女儿 2015 年 38 岁，就一直在家带小孩，两个孩子一个读小学，一个读高中。丈夫就在外打工，架高压线，一年收入三四万元。其婆婆 60 多岁，但从没为其照看过小孩，所以大女儿也从来没有出去打工。只有在小孩成人、老人去世后，家庭中的女劳动力才可能出去打工，但这主要是因为有建房子的压力才被迫外出打工。

(2) 家庭生活目标与财富积累

家庭积累不足还与当地村民的节余目标不明确和动力不足有关。在目标上，当地人辛勤劳动挣钱并不是因为有强大的人生任务感，即为子代积累财富从而完成建房、结婚等人生任务，而只是为了自身的生活消费。“存钱干什么，要自己享受。老实人不知道吃，存钱、生活节约的人在当地是负面评价，是不会享受的人”。因此，一般情况下家庭内部的日常生活消费就呈现出刚性状态，除非面临重大疾病等情况，否则刚性的日常消费就不会减少，就容易出现赚得多花得多的现象。而因为目标比较现实和实际，所以挣钱的动力也不会太足，只要挣得的收入能够满足当前的消费需要，就可以退出辛苦劳作。像当地村民经常说的一样，打工几个月挣到钱后就回到家，等再面临消费压力时就再外出打工或就近打零工。在建房上也是同样的道理，当地农村从 2007 年开始兴起建新房高潮，主要是因为大部分家庭手中开始有一些收入，但他们大多都不能完全靠自家的收入就能修建起花费近二十万元的房子，而要跟亲戚朋友和邻居借钱，“不借钱建房的很少”，而且大部分家庭手中有五万元积蓄就能筹划建成近二十万元的房子。正是因为有借款，就逼迫着家庭劳动力想方设法挣钱还债，要么外出打工、要么就近打零工，而等还上欠债之后就不再如此辛苦劳动，而是回到家中。

因此，家庭内节余目标不明确、动力不足，影响到了当地家庭的劳动力配置方式。这就使得家庭内劳动力的价值不能充分实现，虽然青壮年劳动力可以在家照顾小孩、避免隔代教育的问题，但因为没有充足的收入来源，就无法从根本上解决子女的教育问题，很多家庭因为收入不足而面临着子女教育的困难，也即因学致贫。

(3) 人情消费与贫困

支出性贫困还与消费方式有关，如农村的人情消费开支大、建房开支大等，都成为农村支出性贫困产生的重要因素。在秭归县农村，当地人情圈范围很大，基本上一个行政村范围内的人情都要走动。一般家庭做事情都要办四五十桌，一桌 10 个人，就意味着参加宴席的有四五百人、近四五百户。而且基本的人情消费保持在 100～200 元的标准，这主要是村落内和村庄邻居之间的人情，而亲戚之间的人情就更多，“少则几百，多则上千”。

人情圈的范围大与当地的地缘关系共同体有关，因为在同一个村落或村庄共同生活、生产，就要维系基本的社会人际交往，这样才能产生个体存在的价值和意义。而当地社会交往的最重要载体就是人情，只要村落或村庄中有家庭要办事情，就基本要去走人情，并在走人情的过程中使得双方关系更加润滑和巩固，也能够在地缘村落中找到安全感和存在感[16]。如果不参与村落中的人情交往，很快就会被边缘化。

人情成为当地社会交往的重要手段，也就意味着人情很难退出，即使是光棍户也要走人情，这造成家庭收入的很大一部分都用在人情上。有钱人会将收入用到人情上，贫困户、光棍为了面子也会走人情，结果却成为农村社会中的去分化机制。每家每户都要赶人情，并将很大一部分收入用于人情，从而使得当地农村的经济分化和社会分化都不明显。即人情的内卷化抑制了经济分化，从而也抑制了发展。因为人情主要是消费，并没有增量产生和扩大再生产，而只是农户之间的资金流动和简单再循环，也就意味着人情消费并没有带来农户家庭发展能力的提高，这造成了整体性贫困或普遍性贫困发生几率的增大。

总之，家庭劳动力的配置方式不合理使得家庭内获取的收入很有限，而又因为当地刚性的日常生活开支和人情支出，家庭内每年的收支结构基本保持平衡，“够过生活，但没有存款”。这样就使得家庭积累不足，进而形成了当地农民家庭生计的低水平均衡。家庭节余目标和动力不足、劳动力配置不合理，造成收入来源上的有限性，但开支有很多，包括教育、医疗、日常生活开支和人情等，就是一种过生活的逻辑，带来的后果是家庭的低度积累无法完成家庭再生产或者是家庭应急性任务，如建房、结婚等，这样的生计逻辑就容易导致贫困的产生。相反，如果家庭内形成了半工半耕的经济结构，就能保障家庭收入的充足性，再加上有足够的节余动力，就会形成良好的家庭经济。

除了收入性贫困和支出性贫困，还有社会性贫困。这种贫困的主要成因是父代家庭和子代家庭都没有跟上社会时代的发展形势，没有适应市场经济的能力，导致他们很少进入或不进入市场从事务工行为，而仍然保持着传统自给自足的生产生活方式。在当前，打工经济、城镇化已经成为普遍趋势，农户要将自身能力、需求和市场经济结合起来，才能获取收入并致富，而只靠在家务农是不可能有收入累积的。秭归县茅镇的林某，31 岁还没有结婚。林某家庭条件一般，其父亲 50 多岁曾在武汉打工几年，林某也是在武汉打工两年后就回到家中，现在就在附近做点零工，基本上挣不了多少钱。父代和子代都属于壮劳动力，但不进城务工的选择就使得整个家庭的收入只能维持基本生计，因此，这种家庭里面父代没有动力和意识去积极积累财富，子代也没有对自身发展的预期和动力，就容易陷入贫困。

四、农村贫困的治理与应对

当前，精准扶贫成为地方政府的重点工作。作为贫困县的秭归更是把精准扶贫作为县、乡、村三级的中心工作。精准扶贫主要有两块内容：一是贫困对象的精准识别，二是扶贫政策的精准制定。在贫困对象的精准识别上，主要目的是筛选出贫困户并锁定，从而成为后面 3 年脱贫工作的重点对象。主要做法就是县、乡、村三级组成工作组，在每个村庄开展入户走访调查，对村委会提交的贫困户家庭进行家庭收入测量，以看其是否符合 2780 元的贫困线标准，进而对贫困户进行分类，并将其归入到不同的贫困类型中，如因病残致贫，因学致贫，低保户、五保户贫困，无产业基础和收入来源等。

精准扶贫主要有五种措施，即对有重大疾病的家庭进行医疗救助；对面临教育困难的家庭进行教育扶贫；对住房困难的农户，为其提供危房改造项目，帮助其建新房，或者对于高山地区的村落实行移民搬迁，实现统一居住；对于低保户、五保户等困难家庭，则实施民政兜底，为其提供基本的生活保障；对于缺少产业基础的村民和村落，则进行产业扶贫开发。在这几个措施中，民政兜底最容易操作，即对低保户、五保户进行民政救济或救助，只要把低保户识别出来就可以。

但根据上文对农村贫困类型的分析，收入性贫困家庭可以依靠政府兜底得到帮助，因为这部分家庭主要是绝对贫困，自身不具备发展能力，精准扶贫就可以实施如对老弱病残群体的救济和救助、大病救助和危房改造等。而对于支出性贫困和社会性贫困家庭，精准扶贫的一些措施则很难将他们扶起来，因为支出性贫困主要是社会文化原因造成的。即使发展产业或重新建房，但如果家庭中有壮劳动力但不积极劳动、不合理配置劳动力资源，或者家庭消费开支多而积蓄少，则也很难脱贫。

因此，精准扶贫的重点应该聚焦在绝对贫困农户和因学、因病导致的暂时性贫困上，因为因学、因病致贫大都是短暂的，只要对其家庭进行一些扶持，就可以度过上学、就医期间的难关，等子女毕业工作、家庭劳动力脱离病情后，压力就会变小。当然，精准扶贫也要加大对农村产业发展和基础设施建设的投入，这是促进农村整体发展和提升农民收入水平的重要保障。另外，农民贫困状态的改善还需要各级政府为农户提供更多的就业机会，1949 年至 1979 年这 30 年的发展已经将国民素质大大提高，市场经济的发展和城镇化的加快也为农民进城提供了契机。在这种背景下，农业增长对降低农村贫困的成效已经不显著，使贫困户有更多机会进入非农部门或进行非农生产以增加收入，成为改善农民家庭收入状况和使农民脱离贫困的最重要渠道[17]。

参考文献

[1] 郭鹏，等. 中国农村贫困的特征以及反贫困对策[J]. 西北农林科技大学学报(社会科学版)，2006(1).

[2] 潘泽泉，许新. 贫困的社会建构、再生产及应对：中国农村发展 30 年[J]. 学术研究，2009(11).

[3] 王曙光. 问道乡野——农村发展、制度创新与反贫困[M]. 北京大学出版社，2014(10)，208.

[4] 郭熙保. 论贫困概念的内涵[J]. 山东社会科学，2005(12).

[5] 吴理财. 论贫困文化[J]. 社会，2001(8).

[6] 吴力子. 论社会转型期的农民贫困问题[J]. 社会科学研究，2007(5).

[7] 李雪萍，王猛. 多维贫困"行动—结构"分析框架下的生计脆弱[J]. 华中师范大学学报(人文社会科学版)，2014(5).

[8] 姚云云. 基于人文贫困维度的中国农村扶贫政策[J]. 西安电子科技大学学报(社会科学版)，2014(6).

[9] 陈文江. 西部农村地区贫困代际传递的社会学研究——以甘肃 M 县四个村为例[J]. 甘肃社会科学，2010(4).

[10] 甘露.西部欠发达地区农村贫困的致因分析——基于贫困代际传递论与贫困陷阱论比较[J].延边大学学报(社会科学版),2010(2).

[11] 原华荣.生产性贫困与社会性贫困[J].社会学研究,1990(6).

[12] 贺雪峰.论中坚农民[J].南京农业大学学报(社会科学版),2015(4).

[13] A.恰亚诺夫.农民经济组织[M].萧正洪,译.中央编译出版社,1996.

[14] 余练.多重边缘者:基于对D村光棍群体社会地位的考察[J].南方人口,2011(6).

[15] 袁明宝.小农理性及其变迁——中国农民家庭经济行为研究[D].中国农业大学博士学位论文,2014.

[16] 桂华,余彪.散射格局:地缘村落的构成与性质——基于一个移民湾子的考察[J].青年研究,2011(1).

[17] 章元,许庆.农业增长对降低农业贫困真的更重要吗?[J].金融研究,2011(6).

附录 B 村庄吸附、逆向推拉与西南民族农村贫困再生产

一、问题提出

随着国家实施各种扶贫开发战略以来，贫困问题得到了很大解决，共有7亿多农村贫困人口成功脱贫，中国减贫工作成效显著。但民族地区农村仍然面临着较为严峻的贫困形势，可以说，中国的贫困问题在一定程度上已经转化为民族地区的贫困问题。在全国14个连片特困区中有11个在民族地区，民族8省区贫困人口占全国人口比重的32.5%，其贫困发生率高出全国6.4个百分点。民族农村贫困呈现出贫困面广、贫困程度深、代际传递强的特点，贫困区、生态脆弱区和民族区高度重叠[1]。在当前国家实施精准扶贫、精准脱贫背景下，民族地区农村成为脱贫攻坚的主战场，能否如期完成脱贫任务，不仅关系到全面建设小康社会目标的实现，更关系到民族团结和社会稳定。因此，只有对民族地区致贫机制和本质形成了更好的认识，才能在贫困治理中更加对症下药。

已有关于民族农村贫困的研究重点是讨论民族文化特质与贫困的关联性，文化与贫困、发展之间有着更为内在的、本质的联系[2]。讨论文化贫困的起点是民族地区在自然环境和地理空间上的封闭性和边缘性[3]，即地理劣势因素导致空间贫困陷阱[4]，这不仅表现为经济意义上的贫困，如少数民族地区商品化率、劳动参与率双低，导致市场化率低，贫困发生率高[5]。更为重要的是带来文化观念上的贫困，程厚思认为，地域空间的封闭性导致了经济、技术及文化价值观念的封闭性，从而使少数民族地区跌入了一个社会经济封闭发展的“孤岛”陷阱[6]。沈红则认为，边缘化不仅指人口向边缘地带流动，也意味着经济边界(如市场范围、民族区域和文化范围)发生变化[7]，这易于形成一个相对隔离的社会圈子[8]，进而建

构起一种独特的生活方式和价值观念。文化上的封闭性还会形塑少数民族农村的婚姻习俗、神灵信仰和习惯法等秩序,文化的封闭性使其不能适应商品经济形式,不能从商品经济形式中找到合适的位置[9],贫困也由此跨越纯粹的经济存在,成为一种深刻复杂的文化现象[10]。民族文化特质还会影响到少数民族群体的消费观念、资源配置方式和生计模式等,民族和宗教文化以及特殊的自然生态条件使得重视宗教和节庆消费的惯性不断加强[11],甚至出现过度消费问题[8]。在资源配置方式上,汪三贵认为少数民族农户重消费不重积累,子女较多而往往得不到良好的教育,拥有大量的闲暇却不外出打工[11],如此就建构了民族地区农村独特的生计模式。文化的封闭性还会促使人们选择自给自足的自然经济模式和粗放式经营等生计模式[12],人们对生活的期望值不高,温饱成为大多数人追求的理想,安贫乐命成为当地一种主流的生活态度。虽然传统生计方式是少数民族维持和延续民族文化的重要途径[13],许多少数民族的生产和生活并不以追求收入为目的,而是要满足生活、社会和文化需求,但传统的文化和生计方式已经与现代化和市场化难以契合[14],以自然为中心的传统生计体系与现代市场经济制度的发展存在本质区别,带来的结果就是少数民族地区的脆弱性贫困[15]。

上述关于民族农村文化贫困的研究偏重于从历史视角或抽象层面来分析少数民族农村文化的特殊性在致贫上的机理,而没有对民族文化和贫困具体化、在地化地从微观和中观角度去理解,就很难真正形成对民族农村贫困再生产的解释。本研究立足于黔西南布依族村寨的调查经验,试图从村寨社会文化系统的吸附力来理解少数民族农村的文化贫困。主要基于两点考虑:其一,民族地区农村在国家各种扶贫政策和资金的帮助下,水、电、路等基础设施条件得到大大改善,限制其发展的客观外部环境逐渐改变,但即便打通了与外界的联系通道,民族农村仍旧处于贫困状态;其二,当前在全国劳动力市场统一的背景下,农户家庭的主要收入来源和贫困改善基本上依靠打工经济,但西南民族农村却没有形成此种收入结构,当地人外出打工开始晚、时间短、打工收入低,这成为该区域与中西部一般农村的最大差距所在。因此，本研究的重点就是要探讨西南民族农村的社会文化结构是如何形塑农民外出打工选择和行为逻辑的。

二、劳动力回流：少数民族村寨打工特征和行为逻辑

当前中国农村家庭按照劳动力年龄的分配，基本上形成了半工半耕的结构[16]，即中青年人在外打工，老年人在家务农、照顾小孩，老年人依靠种田收入可以支付家庭日常生活开销和小孩教育费用，年轻人外出打工的收入基本上就可以积累下来。但在西南少数民族农村，却呈现出农业收入和务工收入结构的双弱局面。

洛村是黔西南望谟县的一个布依族村寨，主要的少数民族特点是讲布依话，很多没有外出打工的中老年人基本上不会讲汉语，在家庭内部和村庄内部也都是用布依语进行交流。洛村有 500 户，共 2246 人，是所属乡镇 6 个行政村中的贫困村之一。洛村农民家庭贫困的最主要特征是工农业收入低。在农业收入上，当地主要种植水稻、玉米等粮食作物和板栗、油桐、芭蕉等经济作物，但受人地资源条件的限制，平坦的土地面积有限，粮食作物产出很低，基本上只能用于自给自足。对于一般家庭来说，家里种点玉米可以喂养两头年猪、酿几百斤酒，种点稻谷可以够一年的口粮，养一头年猪够吃大半年，由此便形成了种植-养殖内部的自我循环[17]，粮食作物基本上不进入市场销售，也就产生不了经济收入。在经济作物种植上，虽然从 20 世纪 90 年代就开始在山地上种植板栗、油桐等，但基本上采取粗放式种植和管理，技术管理很少，每年就只是等着到山上捡拾板栗和油桐果，“能收多少算多少”，遇到价格不好的时候就不再去捡板栗、油桐果。价格好还能收大几千块钱，当年板栗价格在三四块钱一斤，家中如果种植有一二十亩，就可以有近一两万元的收入，但是洛村大部分家庭的板栗收入都只有几千块钱。

在务工收入上，外出打工的村民都表示打工很少有挣到钱的，一般每年的打工收入能有两万元左右，但到年底回来时就基本上留不下多少。

因此，外出打工很难有节余和存款，“打工就像旅游，像钓鱼，能钓多少算多少”。所以大部分家庭都没有用于家庭扩大再生产的积蓄，很多父母也都没有能力为儿子建新房。

相比较而言，西南民族贫困农村与中西部农村的最主要差距表现在务工收入上的缺失，从而不能构成支撑整个家庭的核心收入。洛村经济条件稍微好一点的家庭主要是依靠种植面积较大的经济作物和外出打一部分工，这样基本上能挣到一两万块钱，但这一部分钱大都是用于当年的各种开支，没有用于发展的多余资金，基本上是“一年过一年”。这种家庭生计模式的形成与当地的打工特征和打工行为紧密相关。

首先，民族农村外出打工进程晚，打工群体少。不像中东部农村开放较早，民族农村因为地理自然环境、历史因素和经济发展水平等因素的共同影响，呈现出相对封闭的特点，其接触市场和现代化的过程也要滞后很多。中国农村第一波外出打工浪潮的形成是在20世纪90年代，当时外出打工的群体大都是20世纪六七十年代后出生的人，他们构成了第一代农民工，20世纪八九十年代后出生的人则成为当前劳动力市场上的第二代农民工。然而西南民族农村的打工进程却刚刚开始，像洛村村民是从2008年左右才开始陆续外出打工，而且主要是村寨里的一部分20世纪八九十年代后出生的人，他们成为民族农村的第一代农民工，20世纪六七十年代后出生的人基本上没有外出打工经历。

其次，外出打工只能进入低端产业或从事临时性工作，打工收入低。在当前全国统一的劳动力市场上，收入较高的工作岗位大都需要懂技术、有经验和文化水平较高的农民工，而如果受教育水平低、又没有技术，则只能进入低端劳动力市场，从事一些技术含量低的纯体力劳动工作。洛村大部分外出打工的村民都是在亲戚、朋友的带领下，到浙江和广东等地的玩具厂、鞋厂、皮具厂打工，主要做一些技术含量低、利润低的组装工作，月工资一般在2000元左右，只有经常加班才会有稍微高的收入。还有一些村民在外出打工时只能做一些临时性的工作，如跟着小建筑工程做活,二十天或一个月工程就结束了,这时就只能另外再找工作。从事低端产业和临时性工作,就决定了打工收入不可能很高,一年的务工收入就只有两万元左右,再加上在城市的各种消费开支,等到回家时就所剩无几了。

再次,当地村民外出打工是一种被动选择而非主动行为,是为了应急而非积累。即当地人选择外出打工是为了应对家庭出现的临时性经济压力,如小孩读书等家庭原本经济开支中没有出现过的情况。以前是一种相对稳定的收支平衡结构,但随着小孩开始读书上学、家庭中有人生病等突发性或临时性的压力增大,原本依靠基本的农业收入可以维持家庭生计的状态就不能再持续下去,于是村民只能选择外出打工来缓解这种局面。洛村有很多年轻夫妻都是因为小孩要在县城读初中,花费大才选择出去打工,但挣到的钱也很少。一方面是要经常往家寄钱,还要支付租房、生活成本,年底回家时再购置一些礼物就所剩不多了。在访谈中,很多人都会说选择外出打工是因为家里有了大的开支而无法应对,但等到小孩初中毕业或者辍学后,家庭中的主要劳动力就迅速回到村庄中,不再选择打工。因此,当地人外出打工不是一种主动性选择,不是一种自然而然的到了一定年龄,不管家庭压力大不大都要作出打工选择的主动行为。他们外出打工不是为了存钱,而是为了应对读书、建房等事件开支。所以,当地人的打工收入基本上不会有节余,打工只能使家庭完成最低水平的扩大再生产。如使子女读完初中、高中,跟随村庄形势建好两层楼房,有没有装修都无所谓,只要达到村庄整体普遍的水平就够了,而没有动力去存钱,也就无法实施用于家庭发展的投资。

最后,当地人打工是一种短期行为而非长期准备,外出打工的时间短,没有稳定性。外出打工的短期性主要是因为打工的目标是为了应对临时出现的情况,等子女不再读书或者父母的身体康复后,就回到家中不再打工。即使有体力、精力和能力,也会选择回到村庄,再次进入到之前相对均衡的状态。有些家庭在房子建好后也不会再出去打工了,所以他们的打工选择不是出于对家庭的长期积累、积蓄的考虑,也就很少有人会做好长期打工的准备。打工时间短则是因为当地村民一般会在每年过完三月三节日后再出去打工,等到10月份左右就要考虑回家过年,这中间还会因为回家参加红白喜事、照看父母和小孩以及过中元节等事情而耽误打工,所以一年的打工时间就只有半年左右。同时,外出打工也缺乏稳定性,村庄中的未婚年轻人群体因为没有经济压力,文化水平也有限,就找不到很好的工作。再加上不能吃苦耐劳,在一个工厂里坚持不了太长时间,最后就不停地换工作,而且在外打工时间都只有几个月,在感觉到打工辛苦和累了的时候就回到家中。所以这就导致年轻人群体不能有稳定的工作,也就没有稳定的收入。

因此,当地农民家庭相对贫困的结果是由主要劳动力无法发挥最大价值造成的。这突出表现在村庄中有很多中青年人身体条件都很好,但都待在家中,平时只从事农业生产、做点小活路,帮别人盖房打点零工,其他时间就是参加人情,邻里之间互帮互助,有时间就三五好友聚在一起喝酒,每逢周日到县城赶场。一方面是有一部分中青年群体待在家中不出去打工,另一方面即便出去打工,但打工时间短、工作变动多,再加上要全部用于家庭开支,打工也挣不到多少钱。这种打工行为的逻辑就与村庄的社会文化传统有很强的关联性。

三、村庄吸附、逆向推拉与民族农村打工行为逻辑

在分析人口迁移、人口流动的理论研究中,推拉理论是应用最广泛和最有利的分析框架,其认为迁移行为是迁出地的推力与迁入地的拉力共同作用的结果。推拉理论的较早论述出现在莱温斯坦(Ravenstein)的"人口迁移法则"中[18]。巴格纳(D. J. Bagne)对推拉理论进行了系统的归纳,他认为人口迁移的目的是改善生活条件,流入地那些改善生活条件的因素就是拉力,而流出地的不利生活条件就是推力,推力因素包括资源的枯竭,失业,政治、宗教、种族等歧视或压迫,文化梳理,个人机会的丧失,

自然灾难等;拉力因素包括就业、收入、教育机会的增加,环境和居住条件的改善,亲属投靠,新的生活方式等[19]。国内学者也运用推拉理论分析农民工社会流动现象,虽然也有人分析农村在一些方面上的拉力和城市的推力[20],但基本上都是分析农村的推力和城市的拉力,并将"推力"和"拉力"具体化为影响农民流动的各种因素[21],来解释中国当前正在发生着的规模庞大的人口流动。总体来说,农民工的社会流动是流出地农村的排斥力和流入地城市的吸引力共同作用的结果。农村最大的推力首先是经济上的贫困,人地矛盾突出,农业生产成本高、收益低,发展机会和环境差,家庭关系和社会关系紧张也是一种推力。城市的拉力集中表现在有较多的就业机会和发展机会,从而能够获得较高收入,城市里的生活方式和文化也是重要的吸引力[22][23][24]。

但西南民族农村的人口流动,却正好是相反的逻辑,即逆向推拉,城市对农村剩余劳动力有较强的推力和排斥力,农村则具备很强的拉力。具体来说,城市对民族农村农民工的推力主要分为宏观经济因素和农民工自身因素两个层面,前者主要是指近几年经济形势整体不好,特别是受经济危机的影响,很多企业和工厂经济效益下滑甚至倒闭,这自然就会影响到西南少数民族剩余劳动力外出打工的就业机会,或者将在城市打工的人推回到农村,形成农民工返乡的现象。

城市的推力还间接与劳动力本身受教育的水平、适应城市的能力有关。黔西南洛村外出打工的主体是20世纪八九十年代出生的群体,但他们的受教育水平并不高,大部分人是小学毕业,就难以进入劳动力市场的中上层,只能从事一些上文所讲的低端行业和临时性工作。工资水平就只有2000元/月左右,有的甚至因为每个月的工作时间短,就只能拿到1000多元的收入,再加上他们在城市的各种消费,每年打工收入的节余实际上非常少。对外出打工者来说,务工收入少就意味着打工并不能在很大程度上改善他们的生活状态和生活水平,甚至与留守在家不外出打工的家庭是一样的结果,也即打工并不具备对家庭积累的重要意义。所以，很多年轻人就没有动力继续留在城市打工，而选择返乡。同时，民族农村劳动力外出打工还会遭遇到传统生活方式与现代社会的张力。即因为少数民族地区开放较晚，很多年轻人还保留着传统的生活方式，想劳动时就到山上劳动，累了就回到家，闲暇时间很多，如参与村寨里面的红白喜事、节庆仪式活动以及互相串门到亲戚或邻居家喝酒。这种慢节奏的村庄生活是与城市打工生活不相适应的，很多人都会觉得在城市打工又累、又脏，而且还要经常加班、受气，到了冬天还很冷，就不适应打工状态，这些都成为一些打工者返回家乡的推力。

另外，语言也是他们融入城市的很大障碍。对于村寨中的 20 世纪 70 年代出生的群体来说，他们基本上不会讲普通话，如果外出打工，都很难与人正常交流和沟通，因此他们也害怕远离家乡到很远的地方，其流动范围就限于在布依族聚居的望谟县内。对于 20 世纪 80 年代出生的年轻人等群体来说，他们的语言障碍要小一点，但他们在打工地形成了一个以同族人相聚的小群体，日常的生活活动都局限在这个“原初社会网络”中，很难在打工地建构起新的社会网络，而原初社会网络的封闭性也使得他们难以真正融入到城市中去[25]。

在影响民族农村劳动力流动的逆向推拉结构中，村庄的拉力要比城市的推力起到更为重要的作用。对于村庄中外出打工不久的年轻人群体而言，家庭和村庄生活对于他们仍旧有很强的牵扯力，这股强大的力量能够很容易地将他们从城市打工地拉回到村庄中来。也有学者分析过劳动力回流的动力因素，如已婚状况、配偶在家乡、农民工年龄的增长、家庭土地面积的增加等[20]，但这些都没有挖掘到最本质的因素。民族农村劳动力能够主动返乡的根本在于村庄社会文化系统具有强大的吸附力，主要表现在以下几个方面。

第一，民族村寨家庭关系对青壮年劳动力外出打工有很强的牵绊和吸附力。当前中西部农村大都形成了家庭内部的代际分工，即老年人留守在家从事农业生产、照顾孙代，年轻人外出打工获取务工收入，共同构成半工半耕的家庭经济结构。年轻人之所以能够将父母和子代留守在家，是因为教育、医疗条件相对较好，依靠年长的父母就能照顾小孩读书上学，老年人出现身体疾病也可以比较方便地得到医疗救济。但西南民族村寨的年轻人却经常受到家庭关系的掣肘，特别是在上有老下有小的情况下，父母身体不好或年龄增大就无法完成半耕和照顾孙代的责任，就要求年轻人必须回家照顾父母和小孩。虽然可能面临比较大的经济压力，但客观性的因素使得年轻人不能外出打工或者打工一段时间就要回来。家庭对外出打工者的吸附还表现在当地父母对年轻人外出打工的保护性态度，即父母不会积极鼓励子女外出打工，尤其是子女在打工过程中遇到坎坷和辛酸时，父母就会劝子女回来，不要再外出打工。这主要是因为父母一代并没有经历过打工生活，只能对外出打工进行自我想象，而且子代的务工收入也没有太多，并不能为家庭带来显著改变，于是就形成了家庭内代际之间的亲情拉力。

第二，村寨人情关系和伦理约束对外出打工行为的拉力。人情是村庄社会建构和润滑人际关系的重要渠道，对于民族地区农村而言，人情具有更重要的作用。在黔西南洛村，人情圈很大，基本上覆盖了整个村寨范围，即只要是生活在村寨内，其他农户家有红白喜事就必须要参加，而且在外打工的人无论多远也要回来。这成为一种村寨内生的规则，也决定了当地人情具有无选择性。而且，因为村庄中红白喜事的举办是全寨范围内的，需要很多人来帮忙做菜、杀猪、打糍粑等，中青年人就都能参与到这些事情中去，在举办红白喜事过程中，寨子里的每家每户都会到主家来吃饭。这种公共性的仪式活动使得人与人之间的感情都很亲密，关系很温情，因为经常有红白喜事，村民就有机会经常聚在一起吃饭、喝酒、打牌，村民之间的关系互动就很紧密和频繁。所以，这种温情关系也是对当地外出打工村民的一种吸力，大家都愿意待在家中，即使不能大富大贵，但生活过得很惬意。

民族村寨的人情关系之所以重要，是因为村寨本身自古以来就是一个高度凝聚的集体，是一个可以共同抵制外来侵犯、共同应对自然灾害以及在农业生产、日常生活中互帮互助的集体行动单位。因此，村寨首先形成一个紧密相连的地缘共同体。再加上村寨在地理环境上的相对封闭，交往圈和通婚圈很小，村寨内部通婚率很高，这样在历史发展过程中就形成了错综复杂的宗亲、姻亲关系，一个寨子内部基本上都是亲戚关系。所以，只要有一家举办红白喜事，就会有强制性的无形压力约束其他人参与，人情关系就成为无选择性、难以退出的交往。这种基于人情关系形成的村寨公共规则就会对外出打工者的行为产生重要影响，当地村民在外出打工时经常回到家中，就是因为要亲自参与村寨中的红白喜事。

调研期间，房东大叔的儿子与儿媳妇正准备从浙江打工地回来，因为这位大叔的一位同寨亲戚要办喜事，他儿子与婚礼主角有亲戚关系，就必须要回来。其实，这位大叔的儿子在浙江有不错的工作，一个月工资有四五千块钱，但必须要回来帮忙，如果不回来就是失礼，面子就没有了。像大叔所说的，在外面有点钱是没用的，更重要的是要保持人际关系的交往，只要钱不要仁义是不对的，“钱财是粪土，仁义值千金”。

第三，村寨内部有中青年文化圈，从而形成对外出打工者的吸引。即当地村寨很多不出去打工的中青年人都可以在村庄内部参与到同龄人的交往圈中，而不像很多中东部农村，村庄里基本上看不到年轻人的身影，如果有年轻人单独留在村庄，就很难找到可以交往的同龄人。而在黔西南农村，村庄中到处是年轻人的身影，他们要么参与到农业生产中去，要么参与到亲戚邻里的互帮互助中。如洛村很多家庭正在建设洗澡间和卫生间，基本上都是三四十岁的亲戚邻居过来帮忙。村庄前几年修建两层楼房时，很多人也都是找村寨中懂泥工、瓦工技术的人来帮忙。在忙完一天的劳动后，这些人便可以一起喝酒，第二天继续过来帮忙。年轻人群体还是村庄仪式性活动的主力，即参与红白喜事和三月三等仪式中的重活，如抬猪、杀猪、杀牛、抬嫁妆以及在白事上抬棺等。因此，中青年人留在家中就能够参与到村庄的生产、生活和仪式活动中去，成为这些活动的重要组成部分。中青年群体不外出打工，既能够完成农业生产，又能够参与到具有生活气息的节庆仪式活动中，还能在村寨内保持较好的人际关系，并与村庄整体的节奏相一致。

第四，村寨经济分化小，社会竞争弱，不会对村民形成很强的结构性压力。民族农村家庭在经济收入上的差距很小，大部分家庭都是收支低度平衡，很少有家庭能够有较多存款。洛村最有钱的家庭是在县城做餐馆生意、建筑材料生意的村民，除开少数最穷的家庭、其他人年收入都在一两万元左右。这就使得当地农民家庭的同质性比较强，再加上村庄内部都是宗亲、姻亲关系，村民之间的社会性竞争相对较弱，而不会像华北农村那样一定要在建房、家庭发展等各个方面超过其他人。而且，当地人的生活态度比较潇洒，只要生活能过得去就行，农业上能收多少算多少，打工能挣多少算多少，如果觉得打工太辛苦、挣不到钱，就回到村庄。因此，村庄内部的结构性压力小，不出去打工待在村庄或者打工挣不到钱都不会面对村庄的社会舆论压力，村庄对这种行为有很强的包容性，就使得青壮年劳动力可以心安理得地待在家里从事不挣钱的农业生产劳动，也可以很好地适应村庄内部的生活。因此，村庄社会结构性压力小，就使得那些本应该通过外出打工以积累家庭发展财富的村民可以悠闲地生活在村寨中。

进而，村庄文化没有对贫困家庭的排斥和压力，即经济条件较差的家庭在村寨内部也不会被边缘化。村寨内部的同质性高，没有产生很大的分化和竞争，就不会对家庭困难者产生排斥，因此家庭条件即使很差，年轻人待在家里不出去打工也不会有舆论压力和负面评价，反而家中有事还会有亲戚邻里来帮忙，呈现出的是富有温情的社会形态。

四、村庄吸附与贫困再生产

在逆向推拉结构中，民族村寨基于家庭关系和人情关系所形塑出的社会文化系统对村寨外出打工群体有很强的往回拉的力量，并将那些还没有外出打工的年轻人紧紧地吸附在村寨中。这种富有温情和人情味的社会结构使得每个人都能够在村寨中生活得很舒服,彼此之间互帮互助、信任度很高,生活幸福指数也很高。同时,不外出打工、只在家从事简单的农业生产,就能满足基本的家庭需要,实现自给自足,种植经济作物的收入可以用于家庭日常生活开支、人情消费和教育开支等事项。在这种家计模式下,村民通过农业生产满足自我需要,不出去打工也能将日子过下去,从而形成一种低度积累和低度平衡的状态。虽然村庄吸附让中青年劳动力能够留守在家照顾老人和小孩,不使其成为三留守群体,但却不断再生产出贫困状态。

第一,村庄拉力使得中青年劳动力不外出打工,导致家庭内部代际之间和夫妻之间劳动力资源配置不合理,难以实现劳动力的最大价值,整个家庭就难以创造足够多的收入和积累,从而造成家庭陷入收入性贫困。对于一般家庭来说,当处于家庭生命周期上升阶段时,父母应该依靠打工获取收入以支撑完成整个家庭的扩大再生产,即为儿子结婚、建房做准备。对于年轻一代来说,也应该借助年龄优势进入打工市场,形成半工半耕结构的核心组成部分。但对于洛村一些村民来说,这些完整劳动力都没有形成合理配置,而都留在家中,只构成了半耕的一部分,完全没有半工部分,家庭条件就只能是过得去,但却难以进行扩大再生产。也就是说,因为外出打工的收入少,大部分村寨家庭就呈现出维持型生计模式,主要表现就是家庭没有积蓄和积累。

第二,民族村寨将外出打工者拉回来的重要因素是参与人情交往,这也意味着人情消费的增加,导致家庭陷入支出性贫困状态。在当地农村,村民参与人情往来的事项主要是关涉到人生生命活动中的结婚、去世和出生三件大事,人情礼金一般在一两百元,亲戚之间的礼金要高很多,最少也要五六百元。虽然人情事项少、人情礼金相对较低,但当地人情最大的特点是范围广,人情圈覆盖到整个自然寨,这就扩大了人情消费的基数。如洛村是一个有 132 户的寨子,任何一家办事情都要去参加,一个家庭一年最少也要参与十多次，人情礼金就要5000元左右。而这对于本来收入就不高的农户家庭来说是一笔大额开支，因此就形成了民族村寨收入-开支上的低水平均衡，农户家庭将很大一部分资金用于人情这种不能带来增量生产的消费上，而这种人情消费只是农户之间的资金流动和简单再循环，也就意味着人情消费并没有带来农户家庭财富的积累和发展能力的提高。

第三，村庄拉力使得中青年劳动力在村寨中过着闲适的生活，但却不断消解着其发展的动力。村庄保护性结构造成村民在生活观念上的动力不足，村民都不想过得太累，也不想挣太多钱、存太多款，这样在价值观上的表现就是较为消极的状态。也就是说，大部分人都不会有很强的动力去积累更多财富以用于家庭发展，而只要达到村庄平均水平就可以了，如上文所讲的村民在建房和子女教育上都没有很强的竞争和攀比心态。基于此，当地人就没有更大的动力去拼搏努力，以使自己在各方面的表现强于别人，而是通过种植经济作物获取一点收入，通过外出打工再挣一点，只要收入能满足基本开支就行了，不需要通过更加劳累地到山上去捡拾板栗、油桐果，以及受苦受累地在工厂加班打工这种方式来增加收入。所以，表现在农业生产上就是粗放式的种植和管理，在打工上就是在外出和回村之间自由作出选择。

五、结论

少数民族农村因为其自古以来塑造的村寨社会文化系统，形成了对中青年劳动力的强有力吸附和拉力，再加上城市推力的影响，共同将村寨中的外出打工者拉回村庄，并将没有外出打工者吸附在家庭和村庄内。这一方面说明民族村寨仍旧保持着比较好的社会文化传统，且这种社会文化传统对村民的思想观念、人格结构和行为逻辑起着重要的约束作用。另一方面，也从侧面说明当前的打工经济并没有对民族村寨家庭和村庄社会生活构成冲击，即打工经济没有成为一个独立性的要素，而是仍然嵌入在村寨家庭结构和社会传统中。村寨中即使有人外出打工，但这种独立性也并不强，一是指村民希望借助打工以获取充足财富的愿望不强，不指望通过打工来改变家庭生计状态，而只将打工看成是一种临时性的应急方案，等到家庭紧急需要结束时，就会返乡不再打工。外出打工的独立性不强还体现在外出打工安排都是以家庭和村庄生活为核心进行的，而不是完全按照现代市场需求和节奏进行的。如在外打工时遇到家庭中有事情，寨子里有人办酒席或者要过六月六、中元节等，就都要不远千里返回家乡。

在这一前提下，治理民族地区农村的贫困首先就要改变当地村民的思想观念，在传承优秀传统文化的同时，逐步转变村民消极散漫的生活习惯、观念和行为方式，增强其发展动力。而村民自身是很难主动做到这一点的，这就需要政府部门在发展政策、资金等方面提供帮扶。

首先，宏观层面上加大对西南集中连片特困地区的资金投入，进一步改善限制其发展的外部环境，如加大道路、电力等基础设施的建设力度，从而使这些地区具备脱贫的硬件基础。同时要加大对绝对贫困人口的政策、资金帮扶。绝对贫困家庭是指那些家庭中主要劳动力因疾病、残疾等造成劳动力短缺，从而导致家庭人口结构不完整，也就无法创造家庭生活和发展所需要的收入的家庭。这部分家庭基本没有发展能力，因此政府兜底范围就要将其纳入，以解决其生活之忧。

其次，创造更多的就业机会，改善就业环境，以增加农户的非农收入。这是从城市拉力的角度来吸引民族农村的剩余劳动力进入市场，另外还要增加劳动力自身的技术、能力和素质，从而使其能够更加适应劳动力市场的需求。这需要政府部门加大对民族村寨劳动力的技术、技能培训和市场意识、市场能力培训，引导其进入市场，积极参与市场竞争，使其能够具备外出打工的核心竞争力。

再次，改善民族地区农村的受教育环境，加大教育基础设施的投入，提高受教育水平，这成为推动劳动力外出务工的软实力。对于西南民族农村而言，改善教育环境、降低教育成本是一项亟待解决的问题。对于望谟县村寨来说，前几年的撤点并校使得当地学生只能到距离较远的乡镇或县城上学，而这就意味着受到交通不便的限制，当地学生只能在学校寄宿。而这就需要家庭中要有一个劳动力专门租房陪同小孩读书，无形中就增加了家庭生活开支和教育负担，同时也牵扯到家庭劳动力的合理配置。因此，合理配置民族农村的教育资源也是教育扶贫的重要内容。

参考文献

[1] 向玲凛，等.西南少数民族地区贫困的时空演化[J].西南民族大学学报(社会科学版)，2013(2).

[2] 吴理财.论贫困文化[J].社会，2001(8).

[3] 童玉芬，王海霞.中国西部少数民族地区人口的贫困原因及其政策启示[J].人口与经济，2006(1).

[4] 汪晓文，等.基于空间贫困视角的扶贫模式再选择——以甘肃为例[J].甘肃社会科学，2012(6).

[5] 郭志仪，等.我国山区少数民族贫困成因的框架分析——基于市场参与率的视角[J].中南民族大学学报(人文社会科学版)，2009(5).

[6] 程厚思，等.边缘与“孤岛”——关于云南少数民族地区贫困成因的一种解释[J].中国农村观察，1999(6).

[7] 沈红.中国历史上少数民族人口的边缘化[J].西北民族学院学报(哲学社会科学版)，1995(2).

[8] 李昭楠.民族生态脆弱区慢性贫困问题实证研究——基于农户的视角[J].北方民族大学学报(哲学社会科学版)，2015(4).

[9] 刘华军.文化转型与少数民族脱贫[J].西南民族大学学报(社会科学版)，2016(8).

[10] 李德建.文化策略:民族地区反贫困的路径选择研究[J].黑龙江民族丛刊，2014(6).

[11] 汪三贵，等.少数民族贫困变动趋势、原因及对策[J].贵州社会科学，2012(12).

[12] 鲁建彪.关于民族贫困地区扶贫路径选择的理性思考[J].经济问题探索,2011(5).
[13] 王建民.扶贫开发与少数民族文化——以少数民族主体性讨论为核心[J].民族研究,2012(3).
[14] 王晓毅.反思的发展与少数民族地区反贫困——基于滇西北和贵州的案例研究[J].中国农业大学学报(社会科学版),2015(8).
[15] 李海鹏,梅傲寒.民族地区贫困问题的特殊性与特殊类型贫困研究[J].中南民族大学学报(人文社会科学版),2016(3).
[16] 贺雪峰.关于"中国式小农经济"的几点认识[J].南京农业大学学报(社会科学版),2013(6).
[17] 袁明宝.精准扶贫背景下农村贫困的类型、形成机制与治理[J].云南行政学院学报,2017(3).
[18] 黄少安,孙涛.中国的"逆城市化"现象[J].江海学刊,2012(3).
[19] 刘庆乐.推拉理论、户籍制度与中国城乡人口流动[J].江苏行政学院学报,2015(6).
[20] 罗芳.基于推-拉理论的农民工回流的实证分析[J].经济师,2007(2).
[21] 潘明明,李光明."推拉理论"视域下少数民族农民工外出务工动因探析[J].湖北农业科学,2014(10).
[22] 郭星华,王嘉思.新生代农民工:生活在城市的推拉之间[J].中国农业大学学报(社会科学版),2011(3).
[23] 邹树新.农民工向城市流动的动因:"推-拉"理论的现实解读[J].农村经济,2005(10).
[24] 崔丽霞."推拉理论"视阈下我国农民工社会流动的动因探析[J].江西农业大学学报(社会科学版),2009(2).
[25] 郭云涛.社会网络与山区少数民族农民工的非农职业流动[J].广西民族大学学报(哲学社会科学版),2014(1).

附录C 边缘与消极:农村光棍群体的贫困类型及生成机制分析

一、问题的提出

2016年底,中央扶贫开发工作会议提出要坚持精准扶贫、精准脱贫,坚决打赢脱贫攻坚战,并确保到2020年农村贫困人口实现全部脱贫。精准扶贫政策的提出为农村贫困问题的解决提供了重大契机。精准扶贫的首要重点是对贫困对象的精准识别,进而才能提高贫困瞄准率,实现精准帮扶。在当前农村贫困对象中,有很大一部分是光棍群体。60岁以上的农村光棍自动成为五保户家庭,很多人因为身体病残、精神状态不好而丧失劳动能力,只能依靠民政救济维持着基本生活。不到60岁的光棍群体也有很多人成为贫困户,主要分为两种情况:一种是三四十岁的青壮年与父母同居,还可以凭借劳力外出打工挣取少许收入;另外一种是四五十岁的人,父母大都已经去世,就维持着独居生活,身体差、精神也不好,或者游手好闲。总之,因为家庭原因或者个人身体、心理等原因,农村一部分光棍群体走向了贫困,并成为精准扶贫的重要对象。

已有关于农村贫困群体的研究主要是针对老年人和妇女群体展开的,如关注农村老年贫困的规模和特征[1],提出老年贫困的类型有经济、社会贫困,健康、心理贫困和精神贫困等[2]。对老年贫困的成因分析主要有两个角度:一是从制度层面入手,认为社会保障制度缺失、生产方式现代化的转变使得老年人群体处于边缘位置[3];二是从社会结构和家庭本身的视角讨论,如孝道文化式微、代际伦理责任减弱等[4]。对农村妇女贫困的研究中,叶普万(2010)认为制度因素、社会习俗和权利缺失造成了妇女贫困[5],其中很重要的是妇女权利贫困,这包括受教育机会、参与社会发展的能力贫困,家庭和社会地位上的不平等[6]。顾永红等认为脆弱性是导致连片特困地区妇女贫困的重要原因,生计资本贫乏和脆弱性叠加成为制约连片特困地区妇女脱贫的主要障碍[7]。还有学者分析了少数民族农村地区妇女和离异妇女的贫困形成原因[8]。

因此,已有关于农村贫困群体的研究并没有将光棍群体纳入进来,而针对光棍群体的研究也只是侧重于讨论其类型与形成机制。据国家统计局统计数据,2015 年中国人口出生性别比为 113.5,在此之前最高曾达到 120,失衡的出生性别比使得现在进入适婚年龄段的未婚农村大龄青年有 3000 万人左右[9]。庞大的数据使得光棍群体成为学界研究的重点。刘燕舞(2011)将农村光棍群体划分为历史塑造型、身心缺陷型、经济贫困型与缘分宿命型四种经验类型[10]。在对农村光棍群体形成原因的分析上主要有两种视角:一种是人口学视角,认为人口出生性别比失调导致婚姻挤压,形成了农村男性在婚姻要价市场上的不利局面[11];另一种是打工经济的兴起带来农村人口流动,也使得农村婚姻市场上的均衡局面被打破[12]。社会学视角主要是从农村社会排斥、家庭伦理责任以及在此基础上所形塑出来的光棍群体的人格结构、行为逻辑等方面来分析[13]。邢成举对光棍形成的区域差异分析也是从社会结构、家庭性质角度讨论的[14],陶自祥从家庭代际责任的角度分析光棍群体的形成原因,提出了代内剥削概念[15]。余练分析了农村光棍群体在家庭内部、人情交往、公共生活和政治参与等方面的社会排斥,而形成了多重边缘地位[16]。

本文将重点分析农村光棍群体的贫困特征及其形成机制,在此基础上为治理光棍群体贫困提供有效应对之策。

二、个案村情况及光棍群体的贫困特征

桂村是湖北省秭归县下属的一个行政村,村委会距镇政府 15 千米,

距秭归新县城30千米。全村版图面积为10.1平方千米，辖11个村落①，有486户，共1671人。桂村幅员广阔，土地以坡地为主，林地面积有5000多亩，耕地为1000多亩，柑橘种植地为2650多亩，茶叶种植地为300亩。2014年，全村经济总收入为1556万元，人均纯收入为9312元。桂村所在的秭归县位于鄂西山区，是三峡库区坝首。在地理环境上，山大人稀、交通不便，村庄都坐落在崇山峻岭间。因为土地面积少，当地粮食作物种植很受限，基本上只能种植玉米、红薯、土豆等，除了粮食作物，秭归山区主要发展柑橘、茶叶、核桃等经济作物。

秭归县属于国家级贫困县，贫困人口基数大，在当前国家实施精准扶贫政策下，农民脱贫成为重要目标。到2018年，秭归县制定了要实现"47个贫困村出列、2.22万户脱贫、5.95万贫困人口销号"的目标。在锁定的贫困人口中，光棍群体成为其中的重要组成部分。桂村的光棍问题非常突出，全村1600多人，30岁以上的未婚男青年就有近100个，占到了男性人数的10%，光棍比例极高。光棍最多的村落是六村落，总共50多户，就有17个光棍，而且还存在着一批潜在的光棍。在桂村调研时，我们主要统计了3个小组、共40例光棍的情况，在年龄段分布上，30～39岁的光棍有15个，40～49岁的光棍有11个，50岁以上的光棍有14个。在形成原因上，主要是由于家庭贫困、光棍自身有病残或者精神、智力问题，还有的光棍群体性格不好、游手好闲、不遵守社会规范，有的甚至小偷小摸、行为越轨[17]。

光棍是农村社会中的常见现象，因为各种原因没有在适婚年龄成家而保持着单身状态，但正是因为光棍群体没有建立一个完整的家庭，其人格结构和日常生活、行为逻辑都不同于一般农户，也更容易陷入贫困。在贫困表现上，光棍群体的贫困与一般贫困户有相似点，但更多的是差异。首先，与大多数贫困户一样，四五十岁独居光棍的收入水平和生活水平都

① 2012年8月，秭归县开启了"幸福村落"创建的试点活动，将全县的1152个村民小组重新划分为2055个村落，管理单元增加了903个。

很低,最直观的表现就是住房破旧、家徒四壁,没有像样的家电及家具,很容易成为低保户和五保户。如果遭遇病残、精神问题等致贫因素的叠加,其生活状态就更加悲惨。其次,独居光棍基本上维持着自给自足的生活状态,保持着较低的劳动-辛苦程度[18],或者干脆不愿意从事任何体力劳动。再加之没有父母的代际支持,就只能依靠亲戚的帮扶和政府的救济过日子。再次,有劳动能力的光棍大多数时候并不愿意发挥劳动力的最大价值,而只是挣取微小收入以保持自身生计的低水平均衡。桂村有一户,家里有一个老娘,3 个儿子都是光棍,但 3 个壮劳动力都在家种田喂猪,不愿意出去打工。而种田喂猪也只是低水平循环,因为一年喂 3 头猪,过年就要杀 2 头,只卖 1 头用于买点米、油,这样只能年复一年地过生活。

三、农村光棍的贫困类型及成因

根据光棍形成的原因和光棍群体的贫困表现,本文将农村光棍的贫困类型分为三种,即经济性贫困、社会性贫困和文化性贫困。

(1) 经济性贫困的成因及特征

光棍群体的经济性贫困是指收入不足、财富积累少,过着清苦的生活。这主要是因为光棍群体的劳动力不足或劳动力没有充分利用,导致获取的收入较少。在客观上,光棍群体中很多人有残疾、大病或精神问题,劳动能力不足,既不能外出打工,又不能在家种田。在主观上,光棍群体不愿意进行辛苦的勤劳劳动,消极的生活态度使其保持着勤劳劳动与消费的低水平均衡。

在个体层面的劳动力配置上,光棍群体选择外出打工的时间较短,而且是出去的晚、回来的早,即一年之内在外打工的时间也就五六个月。这种现象一方面与桂村村民选择外出打工的行业有关,即大部分人都愿意跟着工程干,而不愿意到工厂企业上班。跟随工程做工虽然收入相对高一点,但做完一个工程后却不能保证下一个工程会接续得上,或者做另一个工程就要换地点。所以很多光棍在做完一个工程后就会选择回家，一方面是因为还剩下两三个月就要过年，要准备回家；另一方面是劳累了将近一年也该回家休息下。这样，打工时间短和不可持续就使得收入相对有限，再加上打工收入用于日常开支，就无法形成较多的积累。

案例 1。桂村十一组组长的五弟是光棍，1970 年出生，2015 年出去打工的时间只有 6 个月。他年初跟村民一起到辽宁打工，这个工程做完后就不想再到其他地方打工，就回到家休息。另外也有一些跟他一起去辽宁打工的人后来又到云南继续打工了，这些人要到腊月十几才能回家。组长的弟弟出去打工已经有 5 年，每年打工时间都只有四五个月，然后就回来，回来之后就基本上将半年多的打工收入花销掉，等到第二年再继续出去打工。

光棍群体的经济性贫困还与整个家庭的劳动力短缺有关。因为光棍所在的家庭大部分比较贫困，父代家庭没有能力为子代成家积累足够的财富，才导致光棍的产生。所以，在后期发展中，父代家庭也无法形成对光棍群体的代际支持，使得子代光棍无法获得其他正常家庭所出现的代际剥削。

因此，光棍群体的经济性贫困主要有两个特征。首先，光棍群体大都维持着一种低收入-低开支的经济结构。因为劳动力不足或残疾，其难以通过务农和打工获得足够多的收入，大部分光棍群体并没有任何财富积累。在开支上主要是保持最低水平的自给自足，很多人连基本的日常生活用品都无力购置，更遑论家庭的大宗开支，如没有足够的资金用于修缮或建设新房，维持着最小范围内的人情交往圈且人情费用低于村庄的一般水平。其次，收入性贫困的光棍群体大都是绝对贫困，处于农村社会阶层分化中的底层或边缘化位置。

(2) 社会性贫困及其成因

社会性贫困指光棍群体在村庄社会中的结构性地位低，处于边缘化位置。本来，光棍也属于农村社会中的一份子，但由于以上所讲的经济性贫困和光棍的其他行为表现，其成为村庄中被忽视或忽略的群体，甚至有些人在村民眼中会成为“不正常”的人。

光棍群体的社会性贫困表现在三个方面。首先，光棍在村庄社会中的公共参与性低。这种情况不仅表现在家庭层面上的互帮互助少，在村庄人情往来、公共生活和公共活动上，光棍也同样参与较少。在家庭层面上，光棍群体的父母在世时，他们大都会依附于父代而成为家庭的一部分；当父母去世后，光棍群体所在的家庭就面临解体，从而不再是一个完整意义上的核心家庭。虽然光棍群体在村庄社会中仍然有其他血缘、姻亲关系，但因为光棍个体化的凸显，他们就逐步与这些血亲、姻亲中断联系，只在一些重要节日或红白喜事的场合出现。

退出家庭后，光棍群体就进一步退出村庄内的人情往来和人际交往。农村社会是一个熟人社会，自古以来村落共同体内部都会守望相助、疾病相扶，村落中的自己人更是会在生产生活上互帮互助，而这种紧密关系的维系很大程度上要靠人情往来。通过在红白喜事等事件上的礼尚往来，确立起一个村落中相对更亲密的人情圈、交往圈和互助圈，进而可以获得日常生活、生产中的互帮互助和其他一家一户难以完成的事情，并在这一过程中使得关系更加强化或润滑[19]。但光棍群体在父母去世后就基本退出了村庄内的人情，除了参加一些重要血亲和姻亲的人情外，就不再参与到社区内的人情圈中。一方面是因为光棍自身以后也没有事项要办人情，另一方面是其他村民也认为没有必要与光棍保持人情往来。

农户家庭在农村社会中的行为不仅包括家庭内的日常生活和村庄人情往来，还要参与公共生活和公共活动，如桂村村民在采摘柑橘时会互相帮工，在公共空间的闲聊，以及共同参与村庄内的公益事业建设。但对于光棍来说，因为没有成家立业，就不是一个完整意义上的社区性家[20]，进而就不会产生参与村庄公共生活和公共活动的动力。如在桂村，光棍群体很少会和其他农户换工采摘柑橘，也很少到公共场合与其他村民闲聊，而只与其他光棍保持一些交往。光棍群体在大多数时间都是一个人在默默地生活、劳作或处于清闲、自言自语状态，更不会积极参加社区组织的公益事业建设，如桂村经常在村落范围内组织农户打扫道路卫生、清沟、修路等集体活动，而光棍群体是不会参与进来的。

其次，光棍群体的社会性贫困还表现在不遵从村庄社会规范和对社会秩序的破坏上。村庄社会规范是村民在长久的生活、生产中不断形塑出来的一套公共规则，并被大部分村民所遵从。如桂村村民为了能够在村庄内部成为“自己人”，就需要谨慎处理与其他人的关系，即要遵循村落内部形成的公共规范，这样才能在地缘范围内建立起各种人际关联。如果不遵循这些规则，就会被大多数村民抛弃并处于村庄的边缘位置，而光棍群体就很容易属于这一类型。在桂村，有一些光棍就表现出不同于常人的越轨行为，如对村规民约的破坏，与其他村民发生纠纷、矛盾，甚至进行破坏行为等。桂村六村落有 4 兄弟都是光棍，平时经常破坏其他农户的庄稼。正像村民所说的，“单身汉天不怕地不怕，经常做一些偷鸡摸狗的事，还经常与村民争田界，大法不犯、小事不断”。而且光棍年纪越大，就越直率和不怕得罪人，即口无遮拦、肆无忌惮，说错说对都无所谓，在村民眼中的负面形象也就越来越被强化。光棍群体之所以表现出这种破坏社会秩序的越轨行为，主要是他们已经不在乎村民的评价和村庄中的社会评价了。

再次，光棍群体处于村庄社会阶层的最底层。按照马克斯·韦伯的社会分层理论，财富、权力和声望是社会分层的主要维度，而依照这三个标准光棍群体就处在了村庄社会中的最末端。在财富拥有上，光棍群体大都属于经济性贫困，因为劳动能力不足或动力不足，他们并没有多少收入；在权力维度上，光棍群体在社会层面上处于边缘位置，这就决定了他们要远离村庄政治结构；在声望上，光棍群体因其性格和行为而处于被嘲笑或看不起的地位，如桂村有很多光棍整天游手好闲、不务正业，村民对其的评价就很低，光棍毫无正面形象。而且，桂村的光棍因为缺少正常人的生活而容易转化为精神病人，从而出现行为失常的现象，更是得不到村民的认可。

(3) 文化性贫困

光棍的文化性贫困主要是指他们在生活意义和价值层面上的缺失,进而形塑出光棍群体在家庭和村庄社会内消极性的生活态度和行为表现。对于村庄大多数村民而言,生活不仅意味着柴、米、油、盐、酱、醋、茶等世俗性的日常行为,还要有对未来超越性的终极关怀,即如何安身立命的问题。村民在日常生活中要将有限生命与无限意义连接起来,在农民那里就是要通过传宗接代、香火延续来实现,这样就会产生一种祖祖辈辈而来、子子孙孙而去的历史感和厚重感,在过日子中实现了生活意义的再生产和伦理性生命的延续[21]。而对于光棍来说,因为没有成家立业,就不能实现子孙延续和家庭再生产,也就不能获得这种超越性的体验。所在,光棍在村民眼中就被贴上了“绝户”“绝代”的标签,这进而决定了光棍自身的身份认同和行为表现,即认为自己不能像正常人一样有子孙后代,就没有了对未来生活的预期和盼头,在家庭生活和村庄生活中也就迥异于常人。

农民作为个体是生活在社会中的,在日常生活中就要在乎他人的评价、与他人的竞争,正是在这种竞争中产生了生活的意义和价值,在建房、人情、生活水平等各个层面的竞争上占有优势,就会产生优越感,进而就会有村庄所认为的荣誉和声望,受别人尊重,有面子。而光棍群体则因为本体性价值的缺失[22],而不再遵从这一行为规范。首先,因为光棍没有成家立业,这就意味着他们没有可以与其他村民进行攀比、竞争的基础,光棍在日常生活行为中就不再追求面子、声望,因为他们在起跑线上就输掉了。所以光棍群体就会不思进取、消极堕落,过一天日子撞一天钟,甚至还出现上文所说的对村庄社会规范的破坏,成为行为越轨者。没有了这种超越性价值,光棍群体所能做到的只是满足生物性欲望,一方面忍受不了重体力劳动,只要挣到一点够临时性消费用的收入即可;另一方面,挣到钱后就一次性花完,喝到酩酊大醉,一醉好几天。也就是说,光棍群体在农村社会中遵循的只是过生活的逻辑，而不是“过日子”的逻辑。过生活追求的是每天要吃好喝好，挣一点钱就基本都消费掉，然后再出去挣钱，是一种满足自身临时性需求的逻辑。“过日子”追求的则是省吃俭用，为家庭做财富积蓄，从而可以为儿子结婚做好准备，如盖好房子、准备好足够多的彩礼等。所以，对光棍群体来说，因为没有长远预期和目标，他们就会不思进取，而不会拼搏努力。

光棍群体在父母去世后就失去了其所依附的家庭，但又不能建立真正意义上的社区性家庭，光棍的社会交往就会急剧缩水。没有真正意义上的家庭，就一个人生活，处于一人吃饱全家不饿的状态，要想吃好喝好就有动力挣钱，如果不想过好也就处于消极状态，整体的村庄社会也在他们面前丧失了意义。桂村一村落的项鹏，48 岁，一直处于单身状态，前几年还可以跟父母一起生活，但当父母去世后，生活水平就严重下降。他整天游手好闲、不务正业，在村落里经常偷偷摸摸，再加上身体差，还有点精神问题，连自己都养活不了，更谈不上获得生活的意义和价值体现。

四、边缘与消极：农村光棍何以走向贫困

农村光棍的贫困主要有三种：第一种是身体有病残、精神有问题的光棍，年轻时依附于父母，并将整个家庭拖入贫困深渊；第二种是光棍所在的家庭一开始就特别贫困，父母没有任何发展能力，这导致了光棍的产生和贫困的代际传递，对于子代来说，因为没有很好的发展资本，所以虽然有劳动能力，但却只能干一些工资收入低、技术含量不高的工作，这类光棍的年龄一般在三四十岁；第三种是年龄在 45 岁以上的独居光棍，没有动力去劳动，只能自给自足。桂村九村落的刘碧高，60 多岁，一个人生活，种了几分地的柑橘，一年只能收 3000 斤，可以卖 2000 块钱，这是他全部的收入来源。

第一种类型的光棍贫困是由先天性因素导致的，本文将重点分析后

两种光棍的贫困形成机制。

(1) 贫困代际传递和家庭生活观念、消费观念导致光棍贫困

30 多岁的光棍及其母家庭贫困,主要是因为父母有病或不能外出打工,挣不到钱,导致家庭经济条件很差。而子代生长在这种环境下也很难获取较多的发展资本,大多是早早辍学,到城市打工,但却没有任何积蓄,这既不能改变母家庭的贫困状态,同时又带来了自身的狼狈。

案例 2。桂村六村落的王某,30 多岁,现在在长江上当水手,之前去北京、广州等地打工,但一直挣不到钱,还不听父母的话,前几年因为与父亲吵架导致父亲自杀。现在与母亲一起过,母亲得了癌症,家里条件不好,住的还是土墙屋。

光棍群体的贫困还与整个家庭的生活观念、生活目标和动力有关。具体来说,农民家庭中父代和子代都没有长远预期和家庭再生产的较强动力,从而造成家庭积累较弱。父代家庭在年轻时不会选择辛勤劳动,为家庭再生产做积累,如在桂村,有的父母在 40 多岁年龄时,也只是在家种田、喂猪,从而只能形成家庭内部的自我循环和低度积累,甚至是没有积累。这样导致在面临家庭长远任务时,就会投入不足,而使得光棍容易产生,进而带来贫困的产生。

案例 3。桂村十一村落的一个老婆婆,73 岁,家里有 3 口人,儿子 42 岁还是光棍。虽然儿子没有成家,但老婆婆并没有任何心理压力,表现在生活中就是追求当前现实性、即时性的消费和需求满足。老婆婆每个月要买 3 斤烟叶,20 元一斤,共需 60 元。还要买散酒,8 元一斤,基本上一天喝一斤,一个月就要花 240 元。而且每年都要喂养两头猪用于三口之家食用,但她还嫌少,说"一个人平均不到一头",一头猪有 240 斤,100 斤猪能杀 80 斤肉,也即意味着老婆婆家基本上保持着一天一斤肉的生活状态。所以,从这里可以看出当地人的消费观念、生活观念,而这种生活观念使得整个家庭的积蓄就比较少,也难以对子代脱离光棍和贫困状态有所助益。

(2) 劳动力配置方式不合理导致光棍的贫困

家庭劳动力配置方式是指家庭内部对劳动力的安排方式，在光棍家庭内部，父代、子代大多没有进行合理的劳动力配置，父代年轻时不外出打工，子代打工时间也很短，没有形成市场经济条件下半工半耕的家计模式。因此，虽然家庭面临着生存挤压，但内生动力却不足，即家庭再生产意识淡薄。如桂村有一户家庭有两个儿子，但父代没有任何积蓄，两个儿子不到 30 岁，外出打工就是玩，也没有什么积蓄。因此，家庭要避免贫困，不仅需要父代有意识去积累，还要子代有自身发展的预期和动力。

(3) 拼搏动力弱化，光棍群体自我消解和边缘化

对于中青年光棍群体来说，本来具备足够的劳动力进入城市打工，可以通过挣得收入来改变自身的单身状态，但随着年龄增大，结婚成家的可能性越来越小。再加上母家庭并没有任何经济支援，自身又挣不到钱，一想到没有结婚就无比生气，就会借酒浇愁，几天不吃饭都没事。然后等清醒过来再去挣个两三百块钱，再去喝酒，一次两次就把钱花完。进入这样一种生活状态和心理状态后，光棍个体就很难走出来，而陷入心理郁闷中，时间一长也就不再往娶媳妇和积攒财富方面考虑，更多的则是自暴自弃，也不再在乎父母的看法和村民的态度，由此进入一个人的世界，生活中独来独往，也不太愿意到人群中去交流，性格变得孤僻起来，就更走向“不正常”的状态。

桂村有一个 30 多岁的光棍，现在已经成为流浪汉，天天去要饭吃。前几年父母在的时候他还可以跟父母去赶集卖东西，后来父母去世，他就没有想头了，也就没有奔头了。如果有奔头，就会想着结婚，结完婚就盼孩子。而对于一个家庭来说，“有了小孩就换了天地”，开始想着挣钱、攒钱，给小孩买好吃的回来，就能进入正常的家庭代际再生产的过程。但如果没有了奔头和拼搏的积极性，就不能按照正常人的思路去发展和积累，而会不断走向自我消解，认为自己活着并没有意义，挣多挣少、陷入贫困状态也都无所谓。因此，大部分光棍都只是天天混日子，最终走向单身、

精神不正常和贫困。

五、结论:光棍群体的贫困治理

当前,精准扶贫成为地方政府的重点工作。作为贫困县的秭归更是把精准扶贫作为县、乡、村三级的中心工作。精准扶贫主要有五种措施:即对有重大疾病的家庭进行医疗救助;对有教育困难的家庭进行教育扶贫;对住房困难的农户为其提供危房改造项目,或者对于高山地区的村落实行移民搬迁,实现统一居住;对于低保户、五保户等困难家庭,则实施民政兜底,为其提供基本的生活保障;对于缺少产业基础的村民和村落,则进行产业扶贫开发。在以上几种措施中,民政兜底最容易操作,即只要把低保户、五保户识别出来对其进行民政救济、救助就可以,包括一部分光棍群体。

根据上文对光棍贫困类型和成因的分析,针对光棍的扶贫可以分为两种:一种是因为身体有病残、患有精神疾病和年龄到60岁以后转为五保户的光棍。这部分光棍主要是因为疾病或年龄原因丧失劳动能力,自身不具备发展能力,只能依靠民政兜底对其实施救济和救助、大病救助和危房改造等。第二种是针对尚有劳动能力的贫困光棍,这部分人群年龄在四五十岁,基本上都是一个人生活,其贫困状态的形成主要是社会排斥和文化价值缺失,造成生活目标不明确和动力不足,再加上本身的积极性不够,就在村庄中混日子。因此,对于这一部分群体扶贫措施就很难产生作用,因为这种贫困主要是由社会文化原因造成的,即使让光棍群体发展产业或为其重新建房,但如果光棍有劳动能力但却不积极劳动、不合理配置劳动力资源,或者挣得的收入全部用于临时消费而没有用于发展的积蓄,则仍旧难以脱贫。因此,精准扶贫需要做的就是要加强对这部分光棍群体的培训引导,使其在观念上进行转变,形成积极拼搏的生活观念和人生观念,进而才能有动力去辛勤劳动、积累财富。同时要改变社会环境氛围,形成对光棍群体的积极鼓励和认可评价。

参考文献

[1] 杨立雄.中国老年贫困人口规模研究[J].人口学刊,2011(4).

[2] 乔晓春,张恺悌,孙陆军.中国老年贫困人口特征分析[J].人口学刊,2006(4).

[3] 王瑜,汪三贵.人口老龄化与农村老年贫困问题——兼论人口流动的影响[J].中国农业大学学报(社会科学版),2014(1).

[4] 仇凤仙.建构与消解:农村老年贫困场域形塑机制分析[J].社会科学战线,2014(4).

[5] 王翠琴.农村老年贫困的类型与成因探析[J].华中农业大学学报(社会科学版),2016(2).

[6] 叶普万.我国农村妇女贫困的现状、原因及解决对策[J].理论学刊,2010(9).

[7] 刘欣.近40年来国内妇女贫困研究综述[J].妇女研究论丛,2014(4).

[8] 顾永红.向德平.可持续生计视角下连片特困地区妇女贫困研究[J].江汉论坛,2014(6).

[9] 马东平.社会性别视角下的少数民族妇女贫困问题研究[J].甘肃理论学刊,2011(5).

[10] 杨成波.离异妇女贫困化原因的社会学分析[J].社会科学辑刊,2014(3).

[11] 中国青年报.剩下3000万——中国农村剩男现象调查之一.2016-2-23.

[12] 刘燕舞.农村光棍的类型研究——一种人口社会学的分析[J].中国农业大学学报(社会科学版),2011(3).

[13] 岳岭.姻缘难觅——中国农村人口性别比例失调与光棍大军的形成[J].青年研究,1995(1).

[14] 潘金洪.出生性别比失调对中国男性未来的婚姻挤压[J].人口学刊,2007(2).

[15] 桂华,余练.婚姻市场要价:理解农村婚姻交换现象的一个框架[J].青年研究,2010(3).
[16] 石人炳.青年人口迁出对农村婚姻的影响[J].人口学刊,2006(1).
[17] 何绍辉.社会排斥视野下的农村青年婚配难解读[J].南方人口,2010(4).
[18] 李永萍.不完整的家:宗族性村庄光棍的生活逻辑[J].吉首大学学报(社会科学版),2015(3).
[19] 邢成举.男性光棍构成差异的地域性解释——基于凤城和新县两个村庄的比较分析[J].青年研究,2011(1).
[20] 陶自祥.代内剥削:农村光棍现象的一个分析框架[J].青年研究,2011(5).
[21] 余练.多重边缘者:基于对D村光棍群体社会地位的考察[J].南方人口,2011(6).
[22] 余练.行为越轨与社区公共安全[J].待刊稿.
[23] A.恰亚诺夫.农民经济组织[M].萧正洪,译.中央编译出版社,1996.
[24] 杨华,欧阳静.农村人情的变异:表现、实质与根源[J].中州学刊,2011(5).
[25] 陶自祥,桂华.论家庭继替——兼论中国农村家庭的区域类型[J].思想战线,2014(3).
[26] 陈辉."过日子"与农民的生活逻辑[J].民俗研究,2011(4).
[27] 贺雪峰.农民价值观的类型及相互关系[J].开放时代,2008(3).

附录D　安徽宿州吕村调查报告

一、村庄概况

吕村是安徽省宿州市桃园镇的行政村，共有 7 个自然庄（吕大庄、庙前、圩子、庙东、欧寨、李家、蔡家），共有 820 户，共 3336 人，耕地面积为 4600 亩，人均土地为 1.38 亩左右。

吕村在地理范围上属于黄淮海平原地区，地势平坦、土壤肥沃，而且土地能连片成块。当前已基本实现机械化耕作，粮食产量也相对较高，小麦、玉米亩产都能达到 1000 斤左右。在农业灌溉方面，主要是利用地下水和河水灌溉。集体时期，村集体就在每块田地的周边打井，现在田地中每隔 50 米就有一口机井。因此，当地主要以农户为单位单独灌溉，基本上每家每户都有配套的灌溉设备，包括水泵、水管、电线等。由于机械化水平的提高，村民用于农业生产的时间大大压缩，一年两季的耕种、收割时间一般只需要一个多月，因此半工半耕程度较高。随着土地流转的推行，种田大户不断将村民的土地流转出来，农户可以得到土地流转的租金，还可以集中时间外出打工，土地流转对老人农业和打工经济都产生了很大影响。

二、村庄社会结构与村庄秩序

（一）“门子”与自然庄：血缘与地缘双重认同结构

在吕村调查期间，村民经常会提到两个概念：“门子”和“庄子”。“门子”是当地村民观念中最紧密的血缘关系单位，一个“门子”的范围基本划定在五服之内。在这个范围内，村民有最近的血亲关系，是先赋性的自己人认同单位。“庄子”就是指当地村民聚集而居的自然庄，华北农村在历史上基于共同防卫等功能性需求而围绕一个自然庄形成紧密的居住结构，一个自然庄的人因为通过人情走动、互助合作等建构起仅次于“门子”的紧密关系。这样，黄淮海平原农村就存在着基于血缘和地缘的双层认同结构。血缘认同的基本范围是五服或三服之内的“门子”，地缘认同的范围是相对独立的自然庄。“门子”和自然庄共同形塑出当地村民的人格结构、行为逻辑和社会结构。

1.“门子”认同的建构

传统上，“门子”认同的范围是以五服为标准的，但随着“门子”的不断分化，“门子”范围大都收缩到三服之内，即有着同一个老爷爷的村民可以形成一个“门子”。“门子”认同的表现主要是对祖辈的共同记忆，以及在日常生活、生产中的互帮互助，特别是红事上的相互帮助。在以前，同一个“门子”的村民会在清明节、春节等重要节日一起去上坟，祭拜共同的祖辈，在这种祭拜仪式中强化了“门子”内部的认同感。但现在“门子”发挥的作用就只在红事上表现出来，即在红事上来帮忙的大都是同一个“门子”的村民，而“门子”之外的村民是很少来帮忙的。而且，当本“门子”的人结婚时，需要在同“门子”范围内的村民门口贴上“囍”字，即使空间距离较远也要贴。“门子”成为一个基本的人情单位和红白喜事单位。

欧寨主要姓氏是欧、吕和陈，陈姓和吕姓都是从别庄搬过来的。在欧寨庄内，只要本庄有红事一般都得去。如欧姓结婚，则姓欧的基本都要来参加，而陈姓和吕姓则不一定全来，只是关系不错的要参加。而且从礼金数额上也能区分出亲疏远近，在红事上，本家一般出礼金200元，去陈姓、吕姓家一般100元。

当地农村“门子”认同结构的形成一方面是通过各种合作建构起来的，另一方面是通过“门子”内部的竞争来不断强化的。因为华北平原地区没有南方地区较为完整的宗族体系，而在历史发展过程中演变成碎片化的、以各种形式呈现出来的小亲族，“门子”就是其中的一种形式。因此，当地农村没有笼罩性的、结构性的规范和力量，只有相对独立的众多小亲族。在这样的样态下，每个小亲族、"门子"都希望发展壮大自己的力量，以在村庄内部占据主导地位，这就产生了村庄内部众多"门子"之间的竞争和张力。"门子"大代表着家族势力大，也就说明拳头大，说话就能硬气，最起码能在各种事情上不吃亏。这样，村庄内部就很容易形成各个"门子"之间的竞争，表现在村民日常生活和村庄政治上。

在日常生活方面，"门子"之间竞争的主要表现形式有建房子、办红白喜事、过日子以及对地方规范的遵守程度。家庭之间的竞争主要表现在追求外在形象上，房子就成为很重要的标志，为了建好房子，就对生活质量进行压缩。所以，大部分北方农村在吃穿上都不讲究，不讲个体享受，而更注重有没有建新房以及新房的外观等。村庄内部还存在对公共价值的竞争，如丧事上表演脱衣舞，村庄内部不但没有对这种现象进行指责和抵制，反而被大多数村民所认可、接受。第二是在村庄政治中的竞争，"门子"结构要想在竞争中占得优势，就必须援引国家力量，这样才能使自己的行为具有强大的合法性。每个"门子"结构都争相利用国家力量，就使得国家力量很容易进入到村庄内部，并被村民所接受。但在"门子"结构竞争中，只有成功的一方能赢得村庄竞争的胜利，从而进入村庄政治舞台。取得成功的小亲族为了在村庄中树立起权威，就要为村庄做公益事业，村庄中的各项事情都做得很民主。村庄政治精英在上台后也会拉拢、整合各派精英，以有利于治理的实现。因此，"门子"之间在各种竞争下也强化了对本"门子"的认同度。

2. 自然庄认同的建构

"门子"虽然是当地村民认同的基本单位，但因为"门子"范围过小以及"门子"结构的不断分化，有很多事情是"门子"本身无法解决的，如农业生产上的互帮互助、共同抵御外敌侵犯、举办白事等，这些事情都需要在一个更大范围的自然庄内解决。村民在谈论村庄事务时经常提起"我们庄"，从这种话语中可以看出自然庄在村民观念中的地位。自古以来，黄淮海平原地区都是战乱和洪涝灾害多发地，农民要想在当地生存下来，仅靠

“门子”力量是难以达成的，就逐渐形成以自然庄为单位的紧密居住结构和互助结构。

自然庄的认同主要通过白事表现出来。因为，白事需要的人手较多，单家独户或者“门子”内部是无法完成的，这就需要在整个自然庄内部进行统筹合作。村庄内只要有老人去世，自然庄内的村民大都要去帮忙、烧纸、送礼。而且，自从20世纪60年代“四固定”政策以来，各个生产小队的土地财产等都是以自然庄为基本单位进行分配的，农业生产和劳动也以自然庄为单位进行，这些都强化了自然庄内部的凝聚力量和认同观念。

3.“门子”和自然庄认同的特点

(1)“门子”结构的功能性和竞争性

“门子”主要发挥功能性和社会性的需求。“门子”结构并不像宗族地区存在相对较为完整的族谱、祠堂等象征性符号，也没有宗族内部较强的各种规范、伦理等，因此生发不出强有力的、超越性的价值规范。所以，“门子”就只能成为一种表达性的结构，即满足一些基本的现实需求，如为了在村庄中占有优势而通过多生育男孩来壮大“门子”力量，也能在村庄面子竞争中占有一席之地。

“门子”结构存在着竞争性。“门子”结构是位于原子化个体和宗族力量之间的中间形态，既能在一定程度上将个体凝聚起来，但又无法形成强有力的结构性规范。因此，随着家庭的分化、人口的增多，“门子”结构也在不断分化，一个大“门子”分化成若干个小“门子”，大都以三服为边界，即“远的分近，近的分寸”。如李家的李姓在历史上是一个李，后来由于人口增多，就根据血缘关系远近分化成前门、后门和东门。因为没有统一的、笼罩性的宗族规范，分化的“门子”之间、“门子”内部就在村庄生活、政治舞台上纵横捭阖，展开各种竞争。如日常生活中在建房、过日子等事项上的攀比和竞争，这种竞争最容易表现在兄弟之间，兄弟之间在赡养老人、分配利益等方面的互动接触最多，也容易产生矛盾和纠纷。特别是在面临征地这一蕴含巨大利益流量的事件时，兄弟之间、父子之间就爆发出各种利益纷争。

村庄内部的攀比和竞争，房子是很直观的表现。村民都想将自己的房子盖得比别人家的高、比别人家的宽，这样才不会被别人压住自己的风水，也能够在无形竞争中占有优势。其实，村民将房子盖高的心理不完全是出于对风水的考虑，更多的是为了一口气，“凭什么别人的房子比自己高”，这样就会不断攀比，只有房子一样高，心理才平衡。吕村房屋大都是20世纪七八十年代盖的老房子，而且很多房子都没有相连，但也可以看出相近房屋之间的高低不平，哪怕高出一点、宽出一点。吕村李家因为处于村庄整体规划的中间，可以原址建房。村委会在排房上进行了总体规划，但却不能要求每家每户按统一标准建设。因此，李家这几年建好的房子也高矮不等，现在楼房竞争的基础是第一层楼房，村民为了能够在总体高度上占优势，就将第一层楼盖到3.9米，而且越晚盖房的就盖得越高。邻居之间因为房屋高度问题而经常产生纠纷，李家有村民A先盖的房子，其邻居B是后来盖的，高度就比A家房子高一层砖。村民A就很不满意，先跟B吵架，后找到村委会调解，最后村民B就去掉了一层砖。

村民在日常生活中的攀比竞争表现在方方面面，他们会比较儿子有没有结婚、房子建得好不好，有没有生孙子，女儿外嫁后生活好不好，女婿孝顺不孝顺等。

吕景旺的大女儿嫁到了上海，男方给了3万多元彩礼，吕景旺都没要。大女儿现在月工资有4500元，生小孩后，吕景旺还花了8000多块钱。其女婿在逢年过节时都要给他寄1000多块钱的东西。二女儿现在23岁，也在上海打工。

在自然庄这一熟人社会内，儿女的生活状况自然成为村民日常的谈资，实际上是一种自我炫耀，这是村民无形竞争中的一部分。如果其他村民的儿女状况没有吕景旺家好，那么这个村民内心自然就产生不舒服感，就会有更大动力去努力，以为儿女未来能有好的生活。因此，在日常生活间的竞争不仅体现在同辈人之间，更体现在下一辈人身上。

另一方面，因为村庄内部存在很多竞争性的“门子”结构，也为小门小姓提供了在村庄中合纵连横的机会。黄淮海平原地区自然庄的名称都是以一个主姓命名的，这跟豫东平原农村是一样的。行政村内部是杂姓混居，但自然庄内部大都是以单一姓氏为主，夹杂着其他小姓。小门小姓大都是借助与当地村民的亲戚关系而落户的，最多的是以投靠姥娘家的名义。小姓能够在村庄中立足主要是依靠本地亲戚在村庄中的位置。作为外来户，小姓要时刻谨慎地处理与村民的关系，因为其在村庄中没有根的意识，要通过参与村庄中的各种公共事务来获得当地人的认可，如在村民需要帮助或家里举办红白喜事时要积极参与，这样才能与当地村民建立较好的人际关联。小姓一方面会受制于村庄中的结构性力量，另一方面也可以利用这种竞争结构之间的空隙，从而提升自身的位置。

吕村一共有7个自然庄，每个自然庄内部都有几个小姓，总体来说这些小姓是处于村庄社会结构中的边缘地位，但也有少数小姓能够利用自身能力进入到村庄社会结构和政治结构中。如吕大庄的李家环，1949年前他爷爷那一辈逃荒到吕村的姑母家，1949年之后不但分得了地主的一些财产，而且还被当时工作队选为四清积极分子。集体时期的小姓大都成为工作队开展工作的帮手，借助小姓力量可以打破村庄社会中原先相对均衡的结构。四清时期，李家环当过大队青年书记，还被推选为大队会计。这主要依靠的有两点：一是其贫农成分和党员的身份，二是因为其是学习毛主席著作的积极分子。但在20世纪70年代初期，李家环就退出了村庄政治舞台，主要还是因为小姓在村庄政治中不占优势，“小姓当干部是当不长的，因为外来人做工作时，当地人不一定认同和支持”。

孟光华是蔡家的外来户，当时是住在其姥姥家。孟光华借助其个人能力在20世纪90年代当上了计生专干，但这一角色是最容易得罪人的。很多村民至今都对孟光华有意见，以至于孟光华妻子去世时磕了两次门头才有人去帮忙。因此，小姓是能够凭借个人能力进入这种政治结构当中的，但只能做副职，而且时间也不会太长。

在宗族型农村，小姓是不可能参与到村庄政治中去的。而在黄淮海平原农村，小姓却可以利用当地“门子”结构的竞争缝隙进入到村庄政治舞台。但是小姓要在村庄中安身立命，仍然要遵守当地的社会规范，在为人处事上要特别谨慎。在做工作时，小姓必须“走正路”，即不能靠强硬手段，而大姓干部则可以依靠“拳头”。当然，小姓之间也可以达成联盟，形成自己人认同的小圈子。

吕大庄共有3个小姓：李、王、张。张姓是住在外婆家，现在有20口人；王姓是1949年前给吕大庄的富农打工的，1949年后就在庄里落户了，王姓现有十几口人；李姓是逃荒到姑母家的。在吕姓占据主导的村庄中，3个小姓只能处于村庄中的边缘位置。为了能够在村庄生活、生产上相互帮助，3个小姓从20世纪60年代就形成了紧密的关系。这样，每个小姓家遇到问题时，就可以求助其他两个小姓。如红事，基本上不用找吕姓人帮忙就可以。如李家环母亲去世时，办了60多桌酒席，这在吕大庄算是上等规模了。“自己是外来户，但白事规模却是最大的”，这也看出小姓也要积极参与到村庄日常生活的竞争中去。

(2) 地缘结构的规范性塑造及功能发挥

“门子”结构因为竞争性，不能形成较为统一的村庄规范和规则。而由于自然庄在村民生活、生产中具有重要作用，就在历史过程中形塑出一套公共规范，并被大部分村民所遵从。如自然庄村民为了能够在自然庄内部成为“自己人”，就需要谨慎处理与其他人的关系，即要遵循自然庄内部形成的公共规范，这样才能在地缘范围内建立起各种人际关系。如果村民在自然庄内部遵循公共规范，就很容易被自然庄内部的村民所抛弃，而处于村庄的边缘位置。所以，村庄内部的公共规范在塑造当地村民的人格结构和行为逻辑上有很大影响。公共规范还表现在村民对“道理”的认同，即在日常为人处事过程中，村民都要“讲道理”，不能依据个人兴趣爱好来与人交往。这种“道理”并不是宗族型农村先赋性的价值认同，而是当地村民在自然庄内建构起来的共同遵守的行为准则。

地缘结构的公共规范还体现在村庄内部的评价体系。如在大部分村民眼中，吃低保只能说明“人懒”，是没面子的表现。“如果两个家庭人口、经济条件都差不多，别人没吃低保，而你吃低保，就说明自己没有能力。”“村里有跟自己一样大的，田地比自己多，没盖新房，儿子也没结婚，他还觉着很潇洒，这就是懒的表现。”这样，自然庄内部在长期互动中形成了对各种事务的评价标准，如果没有按照公共规范行为，就会处于村庄评价体系的末端。

血缘认同和地缘认同对村庄社会结构和公共规范的塑造起到了重要作用。“门子”结构这一血缘认同建构起自然庄内部众多的小亲族，小亲族力量的强弱此消彼长，但都突破不了村庄社会结构的约制。小亲族之间直接或间接的竞争为国家力量的进入创造了条件，国家法律、政策等很容易进入到村庄中来，主要是通过基层组织的贯彻实施。黄淮海平原的村干部为什么能够强力贯彻国家政策和法律，如计划生育、火化政策、税费时期收缴三提五统等，这主要是因为基于小亲族结构。当上村干部后，必须赢得上级政府的赞赏，也要赢得村民的认同，这就需要村干部积极援引国家政策以确立自身的合法性，因为当地社会并没有生发出像宗族地区强有力的宗族规约，宗族地区农村村干部在执行国家政策时相对消极，主要是要顾及当地深厚的族规乡约。

因为血缘认同的范围相对较小，程度和紧密度也不深，促使当地村民要在地缘范围内建构另一重关系网络，就是基于自然庄而形成的自己人认同。在皖北农村很明显的体现就是当地人有很强的“我们庄”感，在谈论很多村庄事务时，村民大都会提到“我们庄”。这个“我们庄”与血缘认同有多大关系呢？其实，自然庄内部虽然是以大姓为主、小姓为辅，但村庄内部并没有形成对主导姓氏统一的高认同感。所以，“我们庄”更是在地缘村落的意义上来说的。在地缘认同的基础上可以形成地缘范围内的公共规范，这就弥补了血缘格局内不能形成笼罩性规范的局限。基于地缘认同上的外显行动有自然庄内参与白事、对村庄内违反规矩者的集体排斥、自然庄内对公摊地款分配的决定权等。

地缘认同形成的自然地理基础是黄淮海平原地区相对分散的居住形态,经济基础是土地集体所有者是自然庄或村民小组。这样,每个自然庄的形成和发展都是围绕着本庄的土地而建立起来的,即黄淮海平原农村因为地势平坦,为了耕种方便,村民大都将住宅建在离耕地较近的地方。而这对于很多南方丘陵稻作区来说是不可行的,水稻大都种植在水源条件较好的地方,而并不一定适合住宅建设,就形成了相对分散的居住结构。较为紧密的居住结构是地缘认同形成的前提,还有很重要的方面是自然庄内部人情关系、人际交往关系的确立。因为自然庄内部不止有基于先赋性血缘形成的自己人关系,还有很多血缘之外的关系,这就需要通过人情来建构自己人认同的基础。因此,自然庄这一地缘认同对村民来说有较强的功能性需求,如日常生活、生产互助;红白喜事上的相互帮忙等,这就使得自然庄内的村民在行为处事过程中既要积极遵守自然庄内形成的各种规范,又要谨小慎微,不能破坏这种结构规则,否则就会受到村庄舆论的批评。

形成对钉子户的村庄舆论压力。原子化农村地区的钉子户是相对个体和自由的,因为村庄内部根本没有形成较为强势的结构性规范,也没有村庄舆论的压力。但在皖北农村,钉子户很大程度上是与村庄统一的行为相反的,就很容易受到其他村民较为负面的评价。

2006 年,吕村修建了长 1000 米、宽 4 米的吕寺三路。后来随着工业园区建设和祁北新城的开发,原先设计的道路就显得太窄。于是,2012 年 4 月份村委会准备将吕寺三路拓宽为长 1000 米、宽 7 米。共占用土地 11 亩,补偿款达 40 万元,一共修完得花费 100 万元。到 2012 年 7 月份,整个吕寺三路只有一段长 20 米、宽 5 米的地段没有修成,这块地里主要栽种着几颗小杨树苗。这块地属于圩子的一户叫吕占学的村民,其不愿意卖地的原因是认为卖地不合适,坚决不让占地修路。吕占学跟吕村书记吕占浅关系很近,都是一个“门子”内的。吕占浅也曾去找过他好几次,想说服他统一卖地，但吕占学就是不愿意卖地。因此，长达1000多米的吕寺三路只剩下这样一个空缺，这引起了吕村村民的不满，包括圩子庄与吕占学关系很近的亲戚的不满，他们都认为吕占学是“露头青”，甚至有村民认为这是吕村的“耻辱”，不应该拿个人利益来影响全村的公共福利。当然，如果考虑个人权利的问题，吕占学有处置自己土地的权利和自由。但权利问题并不是纯粹个体性的，个人权利只有在集体权利下才具有合法性，在维护集体权利的前提下追求个体权利才有可行性。针对这种钉子户，大部分村民的态度都是相对负面的，这就对其形成了很强大的舆论压力。这是村民在地缘认同基础上形成公共规范的重要表现，因为在村民眼中，吕占学违反了村庄公共规范，有村民甚至支持村干部采取强硬措施将道路修通。

驱逐违反村庄公共规范者。李家有一户村民李庆凯，60多岁。年轻时到北杨寨镇小沈庄做上门女婿，在1995年村庄重新分地时回到李家。李庆凯回到村庄后，原先村干部和小组长就将自然庄的一点机动地分给他种。但他在李家居住期间，经常跟左邻右舍吵架，主要是他老婆骂完东家骂西家，甚至还动手打得自己亲侄女住院。李庆凯这种行为激起了整个自然庄村民的愤怒，主要是李庆凯违反了村庄既定的规则。这样，李家老干部李景思就动员村民联合签字，只要同意将李庆凯赶出村庄的就签字、按手印。当时，李家村民基本都签字了，连平时跟李庆凯关系不错的李建都签了字。针对这一情况，李庆凯到法院去状告李景思，认为是李景思故意排斥自己。按照法律，李景思联合村民驱赶李庆凯的行为是不对的。但基于李家村民联名签字这一事实，法院最终在尊重村庄内部规范的基础上判决李庆凯败诉。2007年，李庆凯重新搬回到小沈庄。现在李庆凯遇见李家人都不理睬，俨然成为了陌生人。

李庆凯之所以被村民联合驱赶出村庄，主要是因为其在村庄这一地缘范围内破坏了村民共同认可和遵守的规范，即村民之间在人际交往上要讲理，要懂得为人处事。而李庆凯作为“外来人”，不但不谨慎处理与村民的关系，甚至还处处闹矛盾，不仅处理不好邻里关系，甚至兄弟关系都无法处理，这自然触犯了众怒。在联名签字驱赶李庆凯的过程中，李庆凯的亲戚、兄弟等也基本赞成村民的决定。李庆凯被村庄驱赶的事件充分说明了村庄在地缘认同的基础上可以形成一致的舆论评价和行动能力，这种一致性的建立取决于地缘村庄的性质。在中国传统农村，家族、宗族力量都很强大，村民个体都要在家规族约规范下行为。特别是在南方宗族性农村，族长拥有很大的权力，甚至可以将破坏规矩者处以极刑。宗族性农村对个人行为的规训主要是凭借宗族力量进行的，而且有很强的合法性，村民个体必须服从宗族作出的决断。皖北地区自古以来就没有形成宗族势力，而只有分裂型的"门子"，"门子"结构只能对血缘系统内不遵守规矩者进行处罚，而不能约束村庄内的个体。村庄地缘认同的存在正好可以发挥这一功能，对违规者做出舆论上的谴责或行动上的驱逐。

以自然庄为单位承包工程并统一分配利益。征地谈判中，煤矿集团、乡村两级为了尽快完成征地任务，就给农民兑现了一些利益承诺，即只要农民愿意卖地，可以给其一些好处，如可以让自然庄承包附属工程、给予其门面房等。庙东庄在征地过程中就采取了这种办法，并与村民签订了合同，还专门盖有桃园镇政府的公章，这样，一部分村民才答应卖地。到2012年，祁北新城一期工程基本完成，开始进入附属工程建设阶段，但庙东庄村民到最后并没有承包到祁北新城内的任何附属工程。附属工程承包也采取了招标的形式，2012年4月份，附属工程招标结果出来，显示祁北新城内4个标段的附属工程都由上任书记王新荣和现任村副主任蔡永峰承包了。庙东庄村民在得知这一情况后相当愤怒，他们去镇政府找书记要说法，镇里的答复是祁北新城附属工程是拆迁公司通过正规招标程序进行的，当时庙东庄村民并没有看到招标公告。所以，这一责任并不在镇政府，主要是拆迁公司失职。因此，乡、村两级在这个事情上就把责任推掉了，村民只能与拆迁公司谈判。他们先是到祁北新城工地上堵路，不让工程队施工，但这并没有阻碍附属工程的施工进度。在这期间，承包商蔡永峰的弟弟还当众骂了庙东庄村民，这让他们更为恼火，于是，就以"门子”为单位选出5个村民代表，代表庙东庄村民去上访。但埇桥区和宿州市都没有给答复，于是他们就去国家土地督察南京局上访，他们不仅反映了附属工程的问题，还反映了上任书记王新荣建设工业园区属于私买私卖土地。南京局在接访后就给埇桥区回复信件，让其解决庙东庄村民的合理要求。庙东庄村民开始要30万元，作为没有获得附属工程承包的补偿，但后来拆迁办只给了15万元。这15万元就相当于庙东庄承包附属工程的额外收入，要在整个庙东庄平均分配。

跟庙东庄一样，欧寨庄在开始征地时也与地方政府签订了协议，即征哪个自然庄的土地，所涉及的附属工程就归哪个自然庄承包。因为占用欧寨的土地还没有施工，所以当前涉及自然庄的工程只是简单工程，如推平田地中的大土堆、在田地中铺设道路等。欧寨庄村民将这些小工程以一定价格承包给欧明生，工程之外的收益要在欧寨庄分配。

以上，自然庄在征地谈判中有很强的主体性，他们不但要求有承包附属工程的权力，而且所获得的收益要以自然庄为单位进行分配。从这一点可以看出，自然庄内部仍然有较强的行动能力，而这种行动能力的达成不是基于血缘认同，更多的是地缘村落所形成的对公共规范的追求。宗族性村落可以根据宗族传统形成强有力的村庄规范和规则，原子化农村因为缺少结构性力量，所以形成不了统一的规范，村庄内部的个体相对自由。黄淮海平原农村存在“门子”和地缘这两种混合的结构，共同形塑出较宗族性村庄弱小的村庄规范。这种村庄规范的特点是相对内隐，在村庄社会中并不能发挥积极性的功能，即不会很直接地指导和教育村民应该按照什么样的规则来行为，但却会在村民违反规则时发挥很强大的力量。李家驱赶李庆凯、自然庄要求承包附属工程并在自然庄内部分配工程收益，正凸显出自然庄有着很强的地缘认同，并在地缘认同的基础上遵循着公共规范。村民委员会对违反规范者做出反应，这不仅包括一般村民，还包括村干部。村干部在与村民的互动中也充分利用了这种村民遵守的各种规矩，即掌握了村民不会做“露头青”“难缠头”的心理，就能实现对村庄的“善治”。同时还有一个前提，即村干部也要遵守村民认可的公共规范，如果村干部违反了公共规范，不仅会受到村民的谴责，还会使得村民也违反规范。

血缘认同和地缘认同的双层认同结构，所要回应的问题是差序格局这一理想类型。差序格局指的是村落范围内农民根据亲疏远近来调整自己的行为准则，主要是血缘关系上的远近来判定自己人与他人的关系。但在现实中，还存在血缘之外的另一种规范农民行为准则的结构，就是地缘认同。在村庄范围内，农民首先会在“门子”范围内形成较强的自己人认同，这是基于血亲关系而形成的先赋性关系，但因为“门子”这一范围并不像宗族、房头那样可以满足基本的生产、生活和意义价值需求，华北平原农民还需要在地缘范围内建构另一套自己人标准，在血缘关系之外处理人际交往的逻辑就不只是遵循差序格局的原则，还要遵循地缘结构所形塑出来的公共规范和规则。

（二）生育观念与皖北农民的生活逻辑

在生育观念上，吕村跟整个黄淮海平原都属于同一类型，即传统上都保持着较强的生育冲动，有“多子多福”“养儿防老”“传宗接代”等观念。在吕村，出生于20世纪五六十年代的村民都天然地认为家庭中没有儿子是不行的，很多村民都是在生育三四个女孩后才生有一个男孩。

当地村民在生育观念上有很强的生儿子的冲动，而这种生儿子观念与宗族地区的出发点是不一样的，宗族地区农民生儿子有很强的价值性追求，即传宗接代、延续香火，从而可以实现个体在宗族内生命的延续。华北地区生儿子的冲动有很强的功利性考量，即生儿子是在村庄竞争结构中产生的。生育儿子一方面是为了农业生产中有充足的劳动力，并可以起到养老的作用，“没有男孩，别人都会说你，种地都没有男孩，就种不了地”；另一方面，生育儿子是为了在村庄内部各种竞争中不处于下风，如有儿子就可以为父母在村落中的各种努力找到归宿，即用于完成人生任务。如果没有儿子，那么父母的各种努力都没有用力的方向，而是一种软绵绵的、没有力度的生活方式。而且，没有儿子就使得村民在村庄竞争中不占优势，没有儿子父母就不需要努力挣钱为儿子盖好房子、娶媳妇，在与村民吵架过程中会被说成是“绝户头”。而且，没有男孩就经常容易受气，“总感觉没有男孩就低人一等，被人歧视”，“有儿子走路时头都昂着，没有儿子走路时就垂头丧气”。在平常生活中，没有儿子的家庭跟其他家庭还没有什么差别，最明显的表现是在农村妇女吵架这种场合，部分农村妇女经常因为小事而吵架，吵得厉害时，就经常揭双女户的短，“绝户，没有儿子”。双女户没有儿子，就会在言语、行动上表现出不同，“吵架时不敢说大话，人家有儿子的在吵架时就没有顾虑”。这些日常生活中的接触都强化了农民要儿子的愿望，而且大都是处于社会性和功能性的需求。村庄最能够体验这种感觉的是妇女，只有生育男孩后，妇女在家庭和村庄中的地位才能得以改变。

当地村民之所以形成这种生育观念，主要是受村庄结构的影响。正如前文所说，当地农村是一种相对分裂的“门子”结构，“门子”内部虽然有合作，但更有竞争。“门子”力量大小的最直接表征就是儿子的多少，有儿子并且儿子多就使得家庭和“门子”的力量壮大起来，从而在日常生活、日常竞争中才能获得意义和价值。这种意义和价值的来源不同于宗族性地区，前者主要是在日常生活琐事中建构起相对超越的人生意义和价值，后者主要是在各种集体仪式中获取。两者的共同点都是建立在血缘关系基础上的，只有范围大小上的差异。

李家的李景思虽然不再做村干部，但在李家还能当家，主要原因是其门户大。李景思有5个儿子，几个侄子在外面混得也不错，有一个还是祁县镇书记。所以，就能在自然庄内有势力，“说话能遮住一片天”。而村民李建父母家有4个女儿，1个儿子，在村庄内部就容易受门户大的欺负。李建姐姐招的上门女婿，户口都在吕村。2002年，姐姐一家4口都外出打工，李景思就占据了其姐姐家4亩多地，其原先的3亩多地等级较低、位置不好，就充作了自然庄的机动地，而李建姐姐家就失去了4口人的土地。李建也曾到镇政府反映这一情况，但因为“势力不如人家大”“有理不如人家嘴大”，就只能忍气吞声。

随着计划生育政策的执行、现代性因素的进入以及打工经济的影响，村庄中的年轻人已经不再坚守传统的生育观念。传统生育观念承载的是农民对本体性价值的追求，即正是通过生儿育女，村民能够使自身的有限生命获得无限意义，实际上是农民的一种生活宗教。而当生育行为不再承载村民的超越意义时，村民也就失去了本体性价值。

（三）代际关系、分家与家庭结构

皖北农村的代际关系跟整个北方农村相差不大，父代在儿女出生后就开始通过个人努力来完成抚养子女的义务，主要是将孩子养大、供其上学读书、盖房、娶媳妇和结婚生子。父代在孩子年龄小的时候还感受不到太大的压力，但随着子女逐渐成人，父代就要尽其所能为子女的未来做准备，主要是想办法积攒盖房、娶媳妇的资本。而只靠种田的收入是远远不够的，大部分父代家庭都要想出致富发财的门路来，有的是做副业，有的外出打工。总之，父代在完成子女的任务之前，将全部精力投入到子女身上，所挣的收入也都花销在子女身上。村民吕景旺50多岁，有一个儿子、两个女儿，儿子结婚之前，吕景旺在苏州吴江打了4年工，后来回家给儿子盖房子，3间平房、2间偏房，一共花了十几万元。

在村民观念中，父母为儿子盖新房、娶媳妇，是应尽的义务。而且，儿子在这一过程中也认为父母给自己盖房子是理所当然的。至于儿子以后会不会养老，则主要看儿子有没有良心，没有强制性的要求。反过来，老年人对儿女的责任却是无限的，很多老年人在已经完成人生任务后，还要努力干活，既要为自己积攒养老费用，还要考虑能为儿女减轻一些负担。李家环的老婆60多岁，每天都要去百亩良园干活，主要是蔬菜种植和管理，要打药、浇水、施肥等。上午工作时间是5:30至10:30，下午工作时间是1:30至6:30，一天干10个小时，但一天的收入只有30块钱，干了将近两年没有花一分钱，总共有一万块钱左右，主要是为闺女家存的，因为闺女家条件比较艰苦。

在儿子成家立业后，父代家庭就开始与子代家庭分家，主要是分土地、分灶吃饭、分开生活。分家后，子代家庭就脱离父代家庭成为一个独立的门户，开始以完整的家庭身份参与到村庄生活中去，这就是所谓的社区性家庭。即子代家庭只有在分家后，才能在各个方面脱离父代家庭，成立一个完整的家庭单位，并开始进行家庭结构的再生产。因此，分家过程就是父代联合家庭不断分化成为核心家庭的过程，父代的责任正是支持子代建立新家庭。

在子代核心家庭建立后，一方面，父代对子代的无限责任就基本完成了，虽然父代还要在日常生活中关注各个小家庭的成长和发展，但因为能力有限，就只能做力所能及的事情，如帮助子代照管农田房屋、照顾小孩等。另一方面，父代在分家之后就不断失去在家庭中的权威地位，不能主导每个子代的核心家庭，这就不同于宗族地区农村。

子代在脱离父代联合家庭后，一方面，各个子代家庭主要是考虑核心小家庭，致力于自身家庭的建设和发展；另一方面，子代家庭在分家后只存在纵向上与父代的互动，而且大部分是从父代家庭中获取资源和帮助，成为一种含情脉脉的代际剥削。而子代核心家庭之间却缺少横向上的关联，兄弟在分家之后就没有了对彼此的责任和义务。因为，主要责任是由父代承担的，其他儿子之间应该是公平的。如大儿子结婚、分家之后，就脱离开父代家庭，不仅在空间上也在责任上脱离，即大儿子可以不承担其他兄弟的盖房、结婚等任务，主要任务还是交由父母负责。如果分家后的兄弟经济条件不错，就可以凭个人良心为其他兄弟和父母操一点心，支持兄弟盖房子等。

吕家阔在结婚一年后就分家了，当时因为兄弟多、父母压力大，已经没有能力再为老四盖房，吕家阔因为在铁路上打工挣了一些钱，就帮父母给老四建好了3间房，父母出钱给老四修建偏房、拉院墙。老三在结婚时，父母在为其盖房上同样很困难，但吕家阔当时并没有帮助父母，主要是因为自身条件也不算好，就没有出钱帮着盖房子。

最后，分家后的小家庭之间存在着各种竞争和张力。子代家庭会在生活条件、社会地位等各个方面进行攀比。当核心小家庭涉及联合家庭中的利益分配时，就很容易产生矛盾，因为妇女主导下的小家庭大都想从联合家庭中获取更多的好处，而不会考虑联合家庭的利益。

因此，代际关系上的不平衡塑造了子代家庭不断分割父代家庭资源的分家模式，分家模式又使得联合家庭不断消解，核心小家庭之间形成了既合作又竞争的结构。

（四）农村人际关联的建构选择——红白喜事的视角

在吕村，村庄内部的公共生活事件已经越来越少，最主要的就是参加红白喜事。这也成为当地村民日常开支的重要组成部分，红事一般随礼在100～200元，白事随礼大都是统一标准，一般在50元。红白喜事虽然都是村庄中的公共事件，但两者在当地社会结构下有着不同的逻辑。

首先，红事的举办具有弹性和伸缩性，白事则具有强制性，而且红事范围小于白事。村庄中的白事大都是以地缘上的自然庄或临近的自然庄为基础的，即只要家庭中有老人去世，那么整个自然庄以及相临近的自然庄村民都要去参加，即要帮忙又要烧纸、送礼，礼金一般是50元。有白事时，自然庄内的村民都要去帮忙，一般需要50多人，要帮忙抬棺、烧水、做饭、择菜、端盘子等，光抬棺的就要20人左右。帮忙干活的主要是本庄人，外庄人大多是来烧纸、送礼和吃饭。白事的酒席桌数一般得三四十桌，红事的范围则大大缩小，一般是主要的亲属、邻居和朋友参加，亲属主要是血亲和姻亲，邻居和朋友的范围都是比较小的，红事的酒席一般在10桌之内。

红事的伸缩性主要表现在红事上可以拒绝收礼。即当有村民随礼参加红事时，主家可以根据自己与该村民的关系远近以及打算举办红事的准备情况作出收礼还是拒礼的选择。办红事时，主家要通知那些有条件来参加的血亲和姻亲，有的姻亲也可以不通知，这是具有选择性的，即只要没收到通知，关系好的亲戚也可以不参加，而这并不影响双方之间的关系往来。除了亲戚之外，主家就能根据日常交往计算出自然庄内谁会来参加红事，这样就在举办红事之前确定下酒席的范围，并根据此来购买红事所需要的材料。当有计划外的村民来随礼时，主家就可以拒绝收礼，一般的理由是“自己没准备办那么大”，这样客人就会明白主家的意思，这同样不会影响双方之间的正常关系。红事一般办十几桌酒席，小的也可以办六七桌。

欧寨欧明会家的大儿子结婚时办了7桌酒席，主要是本庄的亲戚，还有关系不错的朋友。欧明会是故意压缩了酒席桌数，不想办得太大。办婚礼时，欧明会的姑老表、姨老表他都没通知他们参加，光这些老表就有几十口人。红事办得小主要是图利亮，不麻烦。红事情办得大的主要是村干部和村庄内在外面混得不错的，因为这些人人际关系更广。

白事有很强的强制性，一个表现是白事上是不会拒绝收礼的，能来多少人就收多少礼。另外，当前很多村民全家外出打工，但是当“庄子”里有人去世时还必须要随礼，主要是让邻居帮忙垫付，如果不参加也不随礼，以后等自己父母去世时，别人也不会来帮忙送礼。当家中有老人去世后，家中的长子要到自然庄内每家每户“磕门头”，意思是请庄内人去帮忙。磕头范围主要是在本庄内，外庄不磕头，因为要帮忙的都是本庄人，外庄人主要是前去烧纸、送礼、吃饭。

吕大庄的吕景会常年在外打工，很少参加外庄的白事，在其母亲2004年去世时，庙前就来了8家，从那以后他就随大流参加外庄的白事。其父亲去世时，准备了20桌的菜，但最后来了35桌客，于是就立即派人再去买菜。

蔡家的孟光华妻子去世时，当他在“庄子”里“磕门头”请人帮忙时，却没几个人去。后来孟光华带着烟、酒等礼物再去请人帮忙，这才奏效。主要原因是孟光华以前在村里干过计生专干，得罪过不少人。而且孟光华在蔡家是小姓，只有他一家姓孟，如果处理不好与村民的关系，就在白事上受到限制。

欧明生现在是村里的副书记，几年前就已经在宿州买房并居住，但当欧寨有老人去世时，欧明生还要专门从宿州赶到庄内帮忙并随礼。庄内村民还经常到外面参加白事，因为吕村一些村民在外面打拼多年就定居下来，当其家庭中有人去世时，与其有关系的村民也要去随礼。

因此，村民在参加红白喜事上都有一套不成文的规则，如参不参加红白喜事、送多少人情等都是村民在日常生活中互动出来的，这在一定程度上不受个人喜好的影响，而更多的是受村庄规范的约制。如村庄中有村民家办婚礼时，村民会在婚礼前几天听到村民之间的信息传播，在婚礼前一天还会听到主家放礼花的响声。在得知这一消息后，村民就要进行综合判断，以决定是否去参加酒席，主要考虑的基点是关系远近、交往密切程度，如果属于一个"门子"，有亲戚关系、邻里关系、朋友关系，那就应该准备前去参加酒席，并给予相对较高的礼金。而村民对于是否参加村庄中的白事，需要考虑的标准相对较少，即只要是一个自然庄或邻近自然庄，基本都要去参加。自然庄内部的村民基本都要去参加白事，主要是去帮忙，外庄的村民主要是参加酒席而不帮忙。

其次，红事上没有攀比现象，人情没有异化，而白事上则存在很多攀比现象。在吕村，红事大都是以"门子"为单位进行的，村民很少将其扩展到整个自然庄或行政村范围。而且，红事的举办主要是象征新家庭在社区内的成立，不需要通过办酒席来收礼、攀比。

而白事上却存在攀比现象。即在村民观念中，送葬老人必须要办得体面、风光，来的客人也是越多越好。办白事时，主家要请乐队表演节目，甚至有跳脱衣舞的低俗节目。但正是通过这样一些吸引人的表演，才能获得村民对主家办事情的好评。白事具有很强的村庄公共性，白事的举办意味着向自然庄呈现村庄人的去世。所以，白事必须要办得隆重又体面。"白事办不好就会很丢丑，丢面子"，因此整个家庭都要齐心合力将白事办好。家庭条件好的自然要把白事办好，办不好就会让村民笑话，受到村庄舆论的背后谴责。

办好白事的标准有很多方面，要有主持人、总管负责坐镇指挥葬礼和酒席上的用人调度，要招待好前来参加酒席的亲朋好友，同时又要招待好前来帮忙的“庄子”内部的村民。另外，在葬礼上要有热闹的表演，如吹响、唱歌、跳舞等，而且要请最好的表演，“谁吹得好，就请谁。多花几个钱也没关系”。只有将这几个方面办好，才意味着白事能在村庄中得到好评。

吕景河父亲去世时，并没有尽全力去办，在酒席上既没有招待好客人，也没有招待好前来帮忙的村民。因此，吕景河母亲去世时，前来帮忙的村民就说，“先吃好喝好后，再去帮忙抬棺”。村民对吕景河至今不满的原因是他家有条件将白事办好，但实际上却没有尽心去办，从而获得了较为负面的评价。

第三，红事上的参加者是以核心家庭为单位的，白事上的参加者却以联合家庭为单位。

即当村庄中有人去世时，一个联合家庭中只要去一户就可以代表本家庭。如庙东庄村民吕家学有兄弟3个，当外庄有人去世时，兄弟3个中就要出一个人去参加白事，以代表本联合家庭。联合家庭中去一户不仅可以代表本家庭在场，还要出钱随礼，所以一般兄弟多的家庭都是轮流参加庄外的白事，以形成平衡。兄弟轮流参加外庄的白事，主要目的是在自家办事情时能够来更多的人捧场、帮忙。当父母去世后，几个兄弟就可以在参加白事上自由选择，即不需要再按照联合家庭的模式来参加，各个兄弟就可以以核心家庭为单位参与村庄中的白事。

因此，当地红事凸显的更多的是核心家庭的差序选择，白事则更多的是联合家庭的地缘选择。以家庭为单位参加白事，可以成为凝聚联合家庭关系的重要方式，即虽然儿子都已经分家，但因为母家庭的存在，兄弟子家庭就仍然负有对联合家庭的责任，这种责任最直接的表现就是养老和送葬。

最后，白事举办过程中要遵循很强的村庄规范。其中一个表现是白事上主管的选择，一般都是主家邀请自然庄内部的权威人物来担任，而很少会根据个人偏好来选择自然庄外的人当主管。庙东庄的吕家明在宿州做生意，有房有车，他父亲去世时，想请吕大庄的李家环来做主管，主要是觉着李家环曾经做过老师，有一定威望。但他却犯了个大错，即自然庄内部在办白事时一般都要请本庄的人来做主管，而如果请外庄的人做主管就表现出对本庄人的不尊重。所以，当在办酒席时，前来帮忙的本庄人对李家环都不太认同，也不按照李家环的安排去做事情，“在干活的过程中不出心去做”，就导致酒席中出了很多漏子。吕家明虽然在村庄外边混得很好，但却忽视了村庄内部的规则。

因为皖北农村在总体上还具有价值生产能力，村民在村庄之外的拼搏奋斗只有在村庄内部得到认同后，才有价值和意义。如果在村庄外面的成就没有在村庄内部得到体现和认同，也就失去了意义。吕家明的行为显然是没有得到村庄内部的认同，“虽然在外边呼呼的，但在家要恭恭敬敬”，即吕家明在办白事时，不能凭借自己的喜好去作个人选择，而是要遵从村庄内部的固有结构和规则，要请本庄内有威望的村民来担任主管而非庄外的他人。

通过对吕村红白喜事的对比，可以讨论黄淮海平原农村中红白喜事的性质问题。为什么不需要将红事办大？白事为什么会涉及整个自然庄范围？红事在很多农村都是村民之间建构、维持、润滑人际关系的重要手段，而当地村民因为有“门子”和自然庄这种双结构的存在，就不需要在额外的红事上建构人际关系。红事上的攀比也不严重，不会通过举办酒席大小来攀比。

华北农村，血缘上以五服之内的小结构为主要的认同与行动单位，没有笼罩性的宗族结构，家族内部没有庞大的自己人认同范围。破碎的“门子”结构维持在 20 户左右，可以满足红事需求，但却满足不了白事的需要，于是，就要在血缘之外的地缘上发展、扩大自己人认同的范围。血缘基础下形成的“门子”结构能够凝聚的自己人范围有限，就为村民提供了建构关系的机会。但建构性的关系只是满足功能性的需要，村民在日常生活交往中要把握基本的度。如红白喜事上，血缘关系上的自己人强制性参加的义务，而建构性的关系则要根据交往程度来定。

参考文献

[1] Dalton, George. Theoretical Issues in Economic Anthropology[J]. Current Anthropology, 1969, 10(1).

[2] Freedman M. The Family in China, Past and Present[M]. Stanford: Stanford University Press, 1979.

[3] Gallin, Bernard, Rita Gallin. The Chinses Joint Family in Changing Rural Taiwan[M]. New York: Praeger Publishers, 1979.

[4] Granovetter, Mark. Economic Action and Social Structure: The Problem of Embeddedness[J]. AJS Volume 91 Number 3, 1985, 11.

[5] H. Boeke. Economics and economic policy off dual societies, as exemplified by Indonesia[M]. New York: Institute of pacific Relations, 1953.

[6] Halperin ,R. H. Economies across cultures: Towards a comparative science of the economy[M]. New York: St. Martin' s Press Inc, 1988.

[7] Harrel Steven. Ploughshare Village: Culture and Context in Taiwan[M]. Seattle: University of Washington Press, 1982.

[8] Karl Polanyi, Conard M. Arensberc, Harry W. Pearson. Trade and Market in the Early Empires——Economies in History and Theory[M]. The Free Press Glencoe Illinois, 1957.

[9] Myron Cohen. Family Management and Family Division in Contemporary Rural China[J]. The China Quarterly, 1992.

[10] Pranab Bardhan, Christopher Udry. Development Microeconomics

[M]. London:Oxford University Press, 1999.

[11] Richard R. Wilk,Lisa Cliggett. Economics and Cultures: Foundation of Economic Anthropology[M]. Cambrige: Westiview Press, 2007.

[12] S. Popkin. The Rational Peasant [M]. Berkeley: University of California Press,1979.

[13] Weber, Max. The Religion of China: Confucianism and Taoism. Hans Gerth, trans. London:Free Press,1951.

[14] Wolf E. Types of Latin American Peasantry: A Preliminary Discussion[J]. American Anthropologist,1955.

[15] A. 恰亚诺夫. 农民经济组织[M]. 萧正洪,译. 北京:中央编译出版社,1996.

[16] 阿玛蒂亚森. 伦理学与经济学[M]. 王宇,王文玉,译. 北京:商务印书馆,2000.

[17] 保罗·萨缪尔森,威廉·诺德豪斯. 微观经济学(第 18 版)[M]. 萧琛,等,译. 北京:人民邮电出版社,2007.

[18] 本尼迪克特. 文化模式[M]. 王炜,等,译. 上海:生活·读书·新知三联书店,1988.

[19] 陈柏峰. 代际关系变动与老年人自杀[J]. 社会学研究,2009(4).

[20] 陈柏峰. 农村仪式性人情的功能异化[J]. 华中科技大学学报(社会科学版),2011(1).

[21] 陈柏峰. 去道德化的乡村世界[J]. 文化纵横,2011(3).

[22] 陈柏峰. 土地流转对农民阶层分化的影响[J]. 中国农村观察,2009(4).

[23] 陈辉. 过日子——农民的生活哲学[D]. 上海:华东理工大学,2013.

[24] 陈靖. 皖北光明村村治模式报告,2012.

[25] 陈平,茅于轼,陈禹,等. 西方经济学是否是科学(三)之陈平:反思新古典主义经济学的不同道路[J/OL]. 观察者网 http://www.

guancha. cn/MaoYuZuo/2013_11_11_184112_2. shtml.
[26] 陈庆德,郑宇. 经济人类学理论分析模式的演化[J]. 西南民族大学学报(人文社会科学版),2010(1).
[27] 陈庆德. 经济人类学[M]. 北京:人民出版社,2001.
[28] 成中英. 整体性与共生性:儒家伦理与东亚经济发展[J]. 浙江社会科学,1998(2).
[29] 程秀波. 消费主义及其伦理困境[J]. 河南师范大学学报(社会科学版),2004(5).
[30] 杜赞奇. 文化、权力与国家[M]. 王福明,译. 南京:江苏人民出版社,2010.
[31] 范成杰. 代际失调论——对江汉平原农村家庭养老问题的一种解释[D]. 武汉:华中科技大学,2009.
[32] 费孝通,张之毅. 云南三村[M]. 北京:社会科学文献出版社,2006.
[33] 费孝通. 费孝通文集(第 14 卷)[M]. 北京:群言出版社,1999:41.
[34] 费孝通. 家庭结构变动中的老年赡养问题——再论中国家庭结构的变动[J]. 北京大学学报(哲学社会科学版),1983(3).
[35] 费孝通. 江村经济[M]. 上海:上海世纪出版集团,2007:33.
[36] 费孝通. 乡土中国生育制度[M]. 北京:北京大学出版社,1998.
[37] 费孝通. 志在富民——从沿海到边疆的考察[M]. 上海:上海人民出版社,2007.
[38] 福武直,中国农村社会结构(福武直著作集第 9 卷)[M]. 东京:东京大学出版会,1976.
[39] 费正清. 美国与中国[M]. 张理京,译. 北京:世界知识出版社,2001.
[40] 弗兰克. 艾利思. 农民经济学——农民家庭农业和农业发展(第二版)[M]. 胡景北,译. 上海:上海人民出版社,2006.
[41] 弗里德曼. 中国东南的宗族组织[M]. 上海:上海人民出版社,2000.

[42] 弗洛姆.健全的社会[M].孙恺祥,译.上海:上海译文出版社,2011.

[43] 甘绍平.论消费伦理——从自我生活的时代谈起[J].天津社会科学,2000(2).

[44] 高原.市场经济中的小农农业和和村庄:微观实践与理论意义[J].开放时代,2011(12).

[45] 耿羽.从征地看当前农民的土地变现观念[J].南京农业大学学报(社会科学版),2011(4).

[46] 耿羽.类型比较视野下的中国村庄人情研究[J].青年研究,2010(4).

[47] 桂华,贺雪峰.再论中国农村区域差异[J].开放时代,2013(4).

[48] 桂华."过日子"与圆满人生——农民宗教生活的基本形态[J].二十一世纪,2013(12).

[49] 桂华."没有资本主义化"的中国农业发展道路[J].战略与管理,2013(6).

[50] 桂华."嵌入"家庭伦理的农民经济生活——基于华北与江汉地区农村的比较[J].中共宁波市委党校学报,2011(3).

[51] 桂华.论熟人生活面子——区域比较的视角[J].中央民族大学学报,2012(1).

[52] 郭继强.农民劳动供给行为的统一性解读[J].经济学家,2008(2).

[53] 郭俊霞.打工经济对农民家计安排的影响[J].华南农业大学学报(社会科学版),2010(2).

[54] 郭于华.代际关系中的公平逻辑及其变迁[M]//中国学术.北京:商务印书馆,2001(4).

[55] 郭于华."道义经济"还是"理性小农":重读农民学经典论题[J].读书,2002(5).

[56] 何平等.家庭欲望、脆弱性与收入-消费关系研究[J].经济研究,2010(10).

[57] 贺红梅.生活社会化:小农的经济压力与行为逻辑[J].华中师范大学学报(社会科学版),2009(1).
[58] 贺雪峰,董磊明.农民外出务工逻辑与中国城市化道路[J].中国农村观察,2009(2).
[59] 贺雪峰,罗兴佐.中国农田水利调查——以湖北沙洋县为例[M].济南:山东人民出版社,2012.
[60] 贺雪峰.村庄经济社会分层[M]//乡村社会关键词——进入21世纪的中国乡村素描.济南:山东人民出版社,2010.
[61] 贺雪峰.鄂西印象:家庭结构、消费方式、打工经济与村组干部[J/OL].三农中国网.
[62] 贺雪峰.关于中国式小农经济的几点认识[J].南京农业大学学报(社会科学版),2013(6).
[63] 贺雪峰.论农地的经营规模——以安徽繁昌调研为基础的讨论[J].南京农业大学学报(社会科学版),2011(2).
[64] 贺雪峰.论中国农村的区域差异:村庄社会结构的视角[J].开放时代,2012(10).
[65] 贺雪峰.农村家庭代际关系的变动及其影响[J].江海学刊,2008(4).
[66] 贺雪峰.农民价值观的类型及相互关系[J].开放时代,2008(3).
[67] 贺雪峰.取消农业税后农村的阶层及其分析[J].社会科学,2011(3).
[68] 赫伯特·马尔库塞.单向度的人——发达工业社会意识形态研究[M].刘继,译.上海:上海译文出版社,2008.
[69] 亨利·伯恩斯坦.农政变迁的阶级动力[M].汪淳玉,译.叶敬忠,译校.北京:社会科学文献出版社,2011:5.
[70] 黄宗智.中国过去和现在的基本经济单位:家庭还是个人?[J].人民论坛.学术前沿,2012(1).
[71] 黄宗智."家庭农场"是中国农业的发展道路吗[J].开放时代,2014

(2).
[72] 黄宗智.华北的小农经济与社会变迁[M].北京:中华书局,2000.
[73] 黄宗智.长江三角洲小农家庭与乡村发展[M].北京:中华书局,2000.
[74] 黄宗智.制度化了的"半工半耕"过密型农业[J].读书,2006(2).
[75] 黄宗智.中国的隐性农业革命[M].北京:法律出版社,2010.
[76] 吉登斯.亲密关系的变革:现代社会中的爱、性和爱欲[M].陈永国,汪民安,译.北京:社会科学文献出版社,2001.
[77] 加里·斯坦利·贝克尔.家庭论[M].王献生,王宇,译.北京:商务印书馆,2005.
[78] 加里·斯坦利·贝克尔.人类行为的经济分析[M].王业宇,陈琪,译.上海:格致出版社,2008.
[79] 金耀基.从传统到现代[M].北京:法律出版社,2010.
[80] 金耀基.人际关系中人情之分析[M]//杨国枢.中国人的心理.台北:桂冠图书公司,1993.
[81] 卡尔·E.凯斯,雷·C.菲尔.经济学原理[M].李志明,等,译.北京:清华大学出版社,2003.
[82] 卡尔·波兰尼.大转型——我们时代的政治经济起源[M].冯钢,刘阳,译.杭州:浙江人民出版社,2007.
[83] 克劳福德·格尔茨.文化的解释[M].韩莉,译.上海:译林出版社,2008.
[84] 李昌平.我向总理说实话[M].北京:光明日报出版社,2002.
[85] 李德瑞.家庭结构、代际关系与养老问题[OL].http://www.snzg.net/article/2007/0925/article_7075.html.
[86] 李国庆.关于中国村落共同体的论战——以"戎能-平野论战"为核心[J].社会学研究,2005(6).
[87] 栗本原一郎.经济人类学[M].王名,等,译.北京:商务印书馆,1997.

[88] 梁漱溟. 乡村建设理论[M]. 上海:上海人民出版社,2006:31.

[89] 梁漱溟. 中国文化要义[M]. 上海:上海人民出版社,2011:25.

[90] 林辉煌. 江汉平原的农民流动与阶层分化:1981-2010——以湖北曙光村为考察对象[J]. 开放时代,2012(3).

[91] 刘凤芹. 土地的规模效率和农业经济组织绩效研究[M]. 沈阳:东北财经大学出版社,2011:37.

[92] 刘怀宇,李晨婕,温铁军. "被动闲暇"中的劳动力机会成本及其对粮食生产的影响[J]. 中国人民大学学报,2008(6).

[93] 刘茂松. 现代家庭经济活动的资源约束与新经济人假设[J]. 湖南师范大学学报,2001(6).

[94] 刘锐. 土地流转、阶层分化与乡村治理转型——基于湖北省京山J村的调查[J]. 南京农业大学学报(社会科学版),2013(2).

[95] 刘锐. 中农经济:微观实践与理论意义——湖北京山J村调查[J]. 西北农林科技大学学报(社会科学版),2014(1).

[96] 刘玉照. 家庭经营的成本核算与经营决策——以白洋淀塑料加工户为例[J]. 社会,2009(2).

[97] 卢倩云. 当前中国农民阶层分化与现代化关系的社会学探视[J]. 广西师范大学学报(哲学社会科学版),2000(s2).

[98] 陆学艺,张厚义. 农民的分化、问题及其对策[J]. 农业经济问题,1990(1).

[99] 陆学艺. 当代中国农村与当代中国农民[M]. 北京:知识出版社,1991:45.

[100] 罗岗. 再论勤劳革命与共同富裕[R/OL]. 观察者网,http://www.guancha.cn/luo-gang/2012_11_24_111113.shtml.

[101] 麻国庆. 家与中国社会结构[M]. 北京:文物出版社,1999.

[102] 马克思,恩格斯. 马克斯恩格斯全集(第3卷)[M]. 北京:中央编译局译,人民出版社,2007.

[103] 马克斯·韦伯. 新教伦理与资本主义精神[M]. 于晓,译. 北京:商

务印书馆,1987.
[104] 马克斯·韦伯.儒教与道教[M].王容芬,译.北京:商务印书馆,1995:115.
[105] 马林诺夫斯基.西太平洋的航海者[M].梁永佳,译.北京:华夏出版社,2002.
[106] 马塞尔·莫斯.礼物[M].汲喆,译.上海:上海人民出版社,2002.
[107] 马斯洛.动机与人格(第3版)[M].北京:中国人民大学出版社,2007.
[108] 曼昆.经济学原理(第三版上册)[M].梁小民,译.北京:机械工业出版社,2003.
[109] 牛忠光.西方经济人类学的学科化:反思与展望[J].国外社会科学,2013(6).
[110] 潘璐."小农"思潮回顾及其当代论辩[J].中国农业大学学报(社会科学版),2102(6).
[111] 彭慕兰.大分流:欧洲、中国及现代世界经济的发展[M].史建云,译.南京:江苏人民出版社,2010.
[112] 齐格蒙特·鲍曼.个体化社会[M].范祥涛,译.三联书店上海书店,2002.
[113] 齐美尔.金钱、性别、现代生活风格[M].刘小枫,译.上海:学林出版社,2000.
[114] 齐心,田翠琴.中国北方农民的生活时间配置[J].江苏行政学院学报,2003(3).
[115] 秦晖.当代农民研究中的"恰亚诺夫主义"[M]//农民经济组织.北京:中央编译出版社,1996.
[116] 让·波德里亚.消费社会[J].刘成富,全志钢,译.南京:南京大学出版社,2006.
[117] 萨林斯.石器时代经济学(新版前沿)[M].张经纬,郑少雄,张帆,等,译.上海:生活·读书·新知三联书店,2009.

[118] 萨林斯.文化与实践理性[M].赵炳祥,译.上海:上海人民出版社,2002.
[119] 杉原薰.东亚经济发展之路——一个长期的视角[M]//东亚的复兴——以500年、150年和50年为视角,2006.
[120] 申端锋.新农村建设的文化与伦理维度[J].学习与实践,2007(8).
[121] 盛洪.论家庭主义[R/OL].http://www.aisixiang.com/data/17282.html.
[122] 施琳.边疆民族志——经济人类学的视角与方法[J].广西民族大学学报(哲学社会科学版),2011(3).
[123] 施琳.论美国经济人类学的历史理论源流[J].中央民族大学学报(哲学社会科学版)2000(1).
[124] 舒尔茨.改造传统农业[M].梁小民,译.北京:商务印书馆,2006.
[125] 斯科特.农民的道义经济学[M].程立,译.上海:译林出版社,2013.
[126] 宋丽娜.村庄经济基础与农民外出务工[J].湖北财经高等专科学校学报,2009(2).
[127] 宋丽娜.人情的社会基础研究[D].武汉:华中科技大学,2011.
[128] 宋丽娜.原子化村庄缘何人情异化[J].中国乡村发现,2012(5).
[129] 宋丽娜.中国式农民工的社会性质[J].华南农业大学学报(社会科学版),2013(1).
[130] 孙新华.交换型代际关系——农村家庭代际关系的新动向[J].民俗研究,2013(1).
[131] 索尔斯坦·凡勃伦.有闲阶级论[M].赵伯英,译.西安:陕西人民出版社,2011:13.
[132] 唐忠新.贫富分化的社会学研究[M].天津:天津人民出版社,1998.
[133] 陶自祥.分裂与继替[D].武汉:华中科技大学,2013.

[134] 仝志辉,温铁军. 资本和部门下乡与小农户经济的组织化道路——兼对专业合作社道路提出质疑[J]. 开放时代,2009(4).
[135] 万能,原新. 1978年以来中国农民的阶层分化:回顾与反思[J]. 中国农村观察,2009(4).
[136] 王德福,桂华. 大规模农地流转的经济与社会后果分析——基于皖南林村的考察[J]. 华南农业大学学报(社会科学版),2011(2).
[137] 王德福. 做人之道——熟人社会中的自我实现[D]. 武汉:华中科技大学,2013.
[138] 王铭铭. 社会人类学与中国研究[M]. 桂林:广西师范大学出版社,2005.
[139] 王铭铭. 溪村家族[M]. 贵阳:贵州人民出版社,2007.
[140] 王斯福. 乡土社会的秩序、公正与权威[M]. 北京:中国政法大学出版社,1997.
[141] 王跃生. 婚事操办中的代际关系——家庭财产积累与转移:冀东农村的考察[J]. 中国农村观察,2010(3).
[142] 乌尔里希·贝克. 风险社会[M]. 何博闻,译. 上海:译林出版社,2004.
[143] 吴飞. 论"过日子"[J]. 社会学研究,2007(6).
[144] 吴力子. 农民的结构性贫困:定县再调查的普遍性结论[M]. 北京:社会科学文献出版社,2009.
[145] 吴晓燕. 社会化小农:货币压力与理性消费——以府君村农民日常生活消费为例[J]. 华中师范大学学报(人文社会科学版),2006(3).
[146] 西美尔. 货币哲学[M]. 陈戎女,译. 北京:华夏出版社,2002.
[147] 向益红. 从"虚假需求"到"异化消费"——"西方马克思主义"现代消费观批判及其现实意义[J]. 重庆工学院学报,2006(6).
[148] 徐嘉鸿. 农村土地流转中的中农现象——基于赣北Z村实地调查[J]. 贵州社会科学,2012(4).

[149] 徐勇,邓大才.社会化小农:解释当今农户的一种视角[J].学术月刊,2006(7).

[150] 徐勇."再识农户"与社会化小农的建构[J].华中师范大学学报(人文社会科学版),2006(3).

[151] 许烺光.祖荫下:中国乡村的亲属、人格与社会流动[M].台北南天书局,2001.

[152] 薛桂霞,刘怀宇.家庭理性:一个分析农户经济行为模式的框架[J].农村经济,2013(4).

[153] 阎云翔.礼物的流动:一个中国村庄中的互惠原则与社会网络[M].李放春,刘瑜,译.上海:上海人民出版社,2000.

[154] 阎云翔.私人生活的变革:一个中国村庄里的爱情、家庭与亲密关系(1949—1999)[M].龚小夏,译.上海:上海书店出版社,2009.

[155] 阎云翔.中国社会的个体化[M].陆洋,等,译.上海:译文出版社,2012.

[156] 杨华,欧阳静.农村人情的变异:表现、实质与根源[J].中州学刊,2011(5).

[157] 杨华."中农阶层":当前农村社会的中间阶层[J].开放时代,2012(3).

[158] 杨华.传统村落生活的伦理——基于湘南宗族性村落的研究[J].湛江师范学院学报,2008(2).

[159] 杨华.农民阶层研究的范式转换:从实体论到关系论[J].南京农业大学学报(社会科学版),2013(3).

[160] 杨懋春.一个中国村庄:山东台头[M].南京:江苏人民出版社,2012.

[161] 叶航,陈叶烽,贾拥民.超越经济人:人类的亲社会行为与社会偏好[M].北京:高等教育出版社,2013.

[162] 叶敬忠,贺聪志.静默夕阳:中国农村留守老人[M].北京:社会科学文献出版社,2008.

[163] 叶敬忠,潘璐.别样童年:中国农村留守儿童[M].北京:社会科学文献出版社,2008.

[164] 叶敬忠,吴惠芳.阡陌独舞:中国农村留守妇女[M].北京:社会科学文献出版社,2008.

[165] 余练."多重边缘者":基于对D村光棍群体社会地位的考察[J].南方人口,2011(6).

[166] 袁明宝.耕地被流转,消极中农产生[J].改革内参,2011(37).

[167] 袁明宝.农地流转实践表达与农业经营主体差异分析[J].古今农业,2014(2).

[168] 袁明宝.生计农业:中国小农的现实表达与发展转型[J].南京农业大学学报(社会科学版),2013(6).

[169] 袁松.消费文化、面子竞争与农村的孝道衰落——以打工经济中的顾村为例[J].西北人口,2009(4).

[170] 岳谦厚,张文俊.晋西北抗日根据地的"中农经济"——以1942年张闻天天兴县14村调查为中心的研究[J].晋阳学刊,2010(6).

[171] 岳跃.中国农户经济行为的二元博弈均衡分析[M].北京:中国经济出版社,2006:231.

[172] 臧的顺.从波兰尼到格兰诺维特:"社会人"对"经济人"假设的反拨与超越[J].甘肃行政学院学报,2009(6).

[173] 张国雄.明清时期的两湖移民[M].西安:陕西人民教育出版社,1995.

[174] 张红.半工半耕家庭经济模式对村庄的影响研究——基于关中陈文村的调查[J].生态经济,2011(12).

[175] 张江华.工分制下的农户经济行为——对恰亚诺夫假说的验证与补充[J].社会学研究,2004(6).

[176] 周长城,韩秀记.当代中国经验下的家庭制度主义分析——兼论贝克尔"家庭论"[J].黑龙江社会科学,2010(4).

[177] 朱静辉.中农经济形态的村庄——京山县青树岭村调查随笔之一

[R/OL]. 三农中国网.
[178] 朱启臻,杨汇泉:谁在种地——对农业劳动力的调查与思考[J]. 中国农业大学学报(社会科学版),2011(1).
[179] 朱晓莹. 人情的泛化及其负功能[J]. 社会,2003(9).

后　　记

本书的写作是一个系统过程，包含着前期对问题的积累和思考，然后经过反思，再经过较长时间的调查和文献阅读，从而能够不断完善和丰富本书的框架和核心主题。正是因为有对主题的“念念不忘”，才有不断的反思和“回响”，并最终完成了这本书。当然，在这一过程中并不是自己一个人在孤军奋斗，而是有很多老师和同学给了自己指导和鼓励，正是因为他们的存在，本书的写作和完成才不至于成为痛苦和纠结的事情，反而充满了乐趣和成就感。

在此，首先要感谢我的导师朱启臻教授，在三年学习期间，朱老师在学习和生活上都给予我很大帮助。朱老师有深厚的学术积累和敏感的问题意识，他在很多场合下都亲自指导我如何思考问题和研究问题。而且，他对问题的认识和把握极准，并富有创造精神。很多时候，朱老师的一个核心论点就充满着丰富的内涵，这都是需要自己去深刻体会和挖掘的。更重要的是，他在学术上的认识充满了现实主义关怀，所研究问题的出发点都是站在农民立场上，不管是在学术会议上的发言还是在外出调研中，朱老师所关心的核心主题是一成不变的，就是希望能够为农民群体发出声音，并希望对政府政策产生影响，这是我在以后的工作和学习道路上需要继续向他学习的。朱老师对本书的写作也给予了极大帮助，他虽然不会在具体细节问题上给予具体性意见，但每一句话都能在总体方向上为我作出指导。朱老师对本书的写作也给予了很大的包容，并不明确要求我做哪一方面的研究，而认为只要是我所关心和感兴趣的问题即可。他的学术品格和现实关怀都激励我在以后的学习、工作道路上不断前行。还要感谢同一师门的师兄师弟师妹们，作为朱老师师门的弟子，我们同门之间的交流自然很多，这包括学术上的讨论和日常生活上的交流。而且，虽然每年都有很多人毕业参加工作，但我们还能够不时地聚在一起，相互了解彼此的现状，这也是非常难得的感情。

还要感谢我的硕士导师贺雪峰教授，虽然已经离开了硕士所读学校，但他仍旧关注我的学习和生活情况，经常提醒我要严格要求自己，不断勤奋调研、勤奋思考和勤奋写作。他的关心和催促也使得我在博士学习期间不致过于懈怠，而更充满了学习的动力。在写作本书期间，贺老师也给予了很大的关心、帮助和启发。还有华中科技大学中国乡村治理研究中心的其他老师、师兄、师姐和师弟、师妹，正是因为他们，我感觉到在学习研究道路上充满了乐趣和动力。还要感谢那些在地理空间上区隔的其他同学和师兄师弟，虽然在空间上有分割，虽然不在同一所学校，但我们经常有交流和联系，尤其是在武汉的同年级同学和在北京的师兄、师姐和师弟、师妹，我们之间的联系就更多。另外，要感谢桂华博士后在本书写作中给予的帮助，在此特别感谢。

感谢很多老师给我提出的宝贵修改意见，他们是中国农业大学人文与发展学院的高启杰教授、齐顾波教授、武晋教授、简小鹰教授、汪力斌教授，还有中国社科院的李国祥教授，中国农科院的李秀峰教授。

感谢给我的调研提供帮助的老师和一些乡村领导干部，正是有他们的帮助，我才得以比较顺利地进入到调研场域中，并在调研过程中能很自由和深入地关心自己要探讨的问题。更重要的是感谢调研村庄中接受我访谈的所有乡亲，他们朴实、善良，对于我这个外来人的介入没有丝毫抵触之心。不但花费他们农忙和务工的时间来跟我聊天交流，还经常会将我留下来一起吃饭喝酒，有时还会骑摩托车送我到其他村庄和乡镇上。他们的热情和大方都让我感动。因为本书的调研要一个人相对长时间地进行访谈、思考，这其中既有意外发现时的喜悦之情，也有长时间不能突破的苦闷之情。特别是遇到下雨天时，淅淅沥沥的雨下个不停，就一个人待在房间中整理调查笔记、梳理思路，那种感觉既惬意又悲壮。但因为要不停地与当地村民进行互动，整个调研过程充满了乐趣，相信这种经历也将成为以后美好的回忆。

最后要感谢我的父母。随着时间的流逝,父母年龄逐渐增大,但他们却仍然要为我付出极多,不仅包括物质上的付出,更有精神上的付出。将近 20 年的校园生活和学习意味着自己还不能为父母做出任何回报,更多的还是索取,这使自己在心理上承受了很大压力。在博士阶段,父母可能关心自己的学业情况,但更关心以后的发展和个人问题,这是由他们天生具有的人生任务观决定的,这也是自己在本书写作过程中所讨论的内容。父母的正直、善良和勤奋激励着我在以后的工作学习道路上更加努力和不断前行！这本书稿献给他们！